中国国际
战略评论
第19辑

CHINA INTERNATIONAL
STRATEGY REVIEW

王缉思／主　编

世界知识出版社

图书在版编目（CIP）数据

中国国际战略评论. 第19辑 / 王缉思主编. -- 北京：世界知识出版社，2024. 12. -- ISBN 978-7-5012-6874-0

Ⅰ. D5；D820

中国国家版本馆 CIP 数据核字第 2024UF5256 号

书　　名	中国国际战略评论·第19辑 Zhongguo Guoji Zhanlüe Pinglun · Di Shijiu Ji
主　　编	王缉思
策划编辑	袁路明
责任编辑	蒋少荣
责任出版	赵　玥
责任校对	陈可望
封面设计	张远航
出版发行	世界知识出版社
地址邮编	北京市东城区干面胡同51号（100010）
网　　址	www.ishizhi.cn
电　　话	010-65233645（市场部）
经　　销	新华书店
印　　刷	北京虎彩文化传播有限公司
开本印张	710mm×1000mm　1/16　10⅞印张
字　　数	226千字
版次印次	2024年12月第一版　2024年12月第一次印刷
标准书号	ISBN 978-7-5012-6874-0
定　　价	68.00元

目　录

冲突管理再思考[*]

［美］理查德·内德·勒博[**]

内容提要： 本文将对战略威慑进行评论，并提出更高效应用威慑、示善、外交的战略性精密组合的建议。在适合现实具体环境的组合与框架中，应用此类冲突管理战略可以减少战争的可能性并促成和解。然而，如何或是否落实这些战略的决定，对于这两个目标来说都高度取决于环境。

关键词： 威慑　示善　外交　冲突管理　和解

一、前言

在理论与实践当中，冲突管理的各种战略都有人分别作出过分析和实践。对于威慑（deterrence）这一被许多人视为管理冲突和避免战争的主要战略来说，尤其如此。笔者认为，实行威慑应采取更标准化、更谨慎、更克制的方法，并且，同样重要的是，应与其他冲突管理战略协同实行。笔者主张采用一种更全面的方法来理解冲突管理，既探讨国际冲突的成因与表现，也接纳和协同采用威慑、示善（reassurance）和传统外交。有效的冲突管理需要对这些战略如何能够相互加强或相互削弱有扎实的理解。这不仅需要充分理解有关概念，也需要充分掌握有关政治环境和成熟外交的知识。

笔者首先会概括地评论一下威慑与胁迫（compellence），接着考察示善和

---

* 原文刊载于北京大学国际战略研究院主办的英文期刊 *China International Strategy Review*（Vol. 4, No. 1, 2022, https://doi.org/10.1007/s42533-022-00104-3）。此处刊载已获得作者本人及 *China International Strategy Review* 出版商施普林格·自然（Springer Nature）出版集团的授权许可。

** ［美］理查德·内德·勒博（Richard Ned Lebow），伦敦国王学院教授。

外交。这三种战略都试图操纵对手的成本算计，其中，威慑与胁迫旨在提高不顺从的代价，而示善和外交则可提升顺从的吸引力。它们的机制不同且各有不同的心理动力，这些对它们的相对风险、副作用与成功机会都有重要影响。单独分析这三种战略后，笔者又将它们关联起来，并提出了可以有效地结合或筹划它们的方法。

冲突管理不是什么灵丹妙药。出于很多原因，即使是最精巧且协调得最好的战略也可能失败。因为领导人怀有进攻性目标，缺乏对其政府或武装力量的权力或控制，惧怕如果显得软弱或易于妥协就会失去职权，或相信任何走向和平的行动比承受现状的风险与代价更大，所以很多冲突是没做好被真正改善的准备的。

冲突管理战略通常需要时间才能产生积极的效果。一般性威慑旨在长期阻止对手将使用武力视为一种可行的选择，而即时性威慑则旨在当挑战显得有可能或即将发生时防止一个具体的动武行为。理想情况下，这两种战略可以协同运用以防止挑战，并说服敌对方领导人认同采取军事手段是徒劳的，只有达成某种和解才最符合他们的国家利益和政治利益。威慑一旦成功，不仅能预防武装冲突，还能为对手提供一个寻求和解的诱因。示善和外交也需要时间，但有产生更显著结果的潜力。

我们必须分清冲突管理和冲突解决。冲突管理是用于抑制冲突的一般性术语，旨在减少冲突。它可能意味着防止冲突的军事升级（例如，武装力量的使用或开发、新武器的部署或现有武器的前沿部署），或防止将冲突扩散到新的区域或参与方的政治性升级。当然，这两种升级是相关的。

冲突解决旨在以化解冲突成因来缓和紧张局势，其最小限度的努力目标只是减少或消除敌对方之间发生战争的可能性。1978年以色列和埃及之间在美国支持下达成的协议便实现了这一目的。这些国家之间的关系并未明显改善。相比之下，基辛格访华后的中美关系，以及冷战后的美苏关系（美俄关系），都或多或少变得正常了：双方领导人在多个问题领域开展合作，贸易、移民和旅游壁垒降低，双方媒体对彼此的刻板印象减少。可惜，后来证明这些和解只是暂时性的。（只有）英法关系于1904年双方签订协约后变得积极友好，且得以一直保持。

二、强制性战略

威慑的目标是以提出抵抗或惩罚进犯方的威胁来阻止特定行动。它所依据的假设是，可信的威胁可以使计划中的行动因代价太大而无法实施。历史上有关威慑的记录成败参半，它经常失败或者挑起了它本来想要阻止的行为。笔者与多伦多大学芒克全球事务与公共政策学院的贾尼丝·斯坦（Janice Stein）教授曾对威慑进行过评论，以解释其貌似无序而偶发的效果。我们的评论分为三个相互关联的部分——政治部分、心理部分和实践部分，每个部分都揭示了威慑的一系列不同的理论和实践问题。

在政治部分，我们调查了外交政策挑战背后的动机。威慑是一种赤裸裸的"机会"理论。它断言对手会寻找获利的机会，且他们在找到这样的机会时会发动突袭。于是，它将可信的、施加不可承受代价的能力作为防止挑战的最佳手段。实证研究为诉诸武力提供了另一种解释，笔者称之为"需求"理论。历史证据表明，战略脆弱性和国内政治制约常构成使用武力的动机。当领导人陷入绝望时，即使在军事平衡不利且没有理由怀疑对手决心的情况下，他们也可能动用武力。在这种情况下，威慑可能就是一种不合适甚至危险的策略。若领导人的动机并非期望获利而是惧怕损失，那么，威慑政策就可能因加大对手采取行动的压力而引发其本打算阻止的行为。

在心理部分，我们对威慑挑战的动机进行了直接讨论。如果领导人一定程度上相信有挑战对手决心的必要，他们就会倾向于认为自己的目标是可以实现的。这会诱发信息处理过程中的动机错误。领导人可能会歪曲他们对威胁的评估，且对他们所坚持的政策最终可能导致灾难的警示无动于衷。尽管证据恰恰相反，但他们还是自以为他们可以挑战某项重要的敌对性决定而不至于引发战争。因为他们自知自己能够让步到哪一步，所以他们指望对手能够认识到这一点，并予以配合。领导人还可能抱有如此幻想，即若危机失控导致战争，自己的国家只要付出一点代价就会取得胜利。这种一厢情愿的想法可以击败也已经击败过威慑。

在实践部分，我们描述了一些影响成功实施威慑的最重要障碍。这些障碍包括：认知偏见和直觉启发式思考的扭曲效应、同理共情的政治和文化障碍，以及威慑方和潜在挑战方用以构建和解读信号的不同认知参考系。这类问题不是威慑和胁迫所独有的，它们在国际关系的结构中根深蒂固。不过，它们还是对这些战略构成了特别严重的障碍，因为威慑方需要理解潜在挑战方领导人所见之世界，以有效地操纵他们的成本效益计算。如果不能正确这么做的话，就可能导致威慑政策使被禁行为变得对挑战方更有吸引力，或者在胁迫的案例中让被要求的限制不那么有吸引力。

国际冲突的案例研究表明，脆弱的决心既不是作出侵略性挑战的必要条件，也不是它的充分条件。在历史的不同时期，脆弱的决心有时未曾受到反击，而大部分观察者觉得可靠的决心有时却受到反击。由此表明，威慑理论最多只能辨识出侵略的一个原因：直截了当的敌意。这其中反映着某种冷战思维。有如一般情况下的美国国家安全精英，威慑理论家想当然地认为，希特勒的动机是对邻国的仇恨和征服世界的意图。他们假设斯大林、赫鲁晓夫也是如此。这种同源归类是某种想当然的产物，而不是仔细分析的结果。他们将这些特例引申到一般意义的冲突上，更是突发奇想，毫无根据。威慑理论和实践因此被植根于一个后来为证据所驳斥的冷战观点，且与之难舍难分。

　　威慑理论想当然地认为，当领导者进行代价算计并最终认为他们面对的更强大对手捍卫自己的决心可信时，他们就不会发起挑战——至少不会发起不可逆转的挑战。然而，有很多冲突却是弱国对强国发起了挑战。领导者自认为他们可以设计避开对手的优势，正如1861年南方联盟、1941年日本或1973年埃及所做的那样。[1] 在《国际关系的文化理论》和《国家为何而战：过去与未来的战争动机》两部著作中，笔者论证了荣誉、愤怒和民族自尊心是如何推动领导人发动他们并不指望获胜的战争的。[2]

　　威慑（理论）误将侵略的表象倒果为因，忽略了政治上和战略上的脆弱性，这些能与领导人的认知和激发过程相互作用，促使他们决心选择动武或反击和对抗。这可以归因于狂妄自大，但往往更有可能的是，他们以为有必要发起挑战以应对紧迫的国内外威胁。与威慑理论和战略的预期相反，相当多的证据表明，考虑发起挑战或使用武力的领导人在进行任何类型的严肃风险评估上往往都失败。在《和平与战争之间：国际危机的性质》一书中，笔者论证了1897—1898年法国的失败，1914年奥地利、德国和俄罗斯的失败，1962年印度的失败，以及1962年苏联的失败。[3] 在《心理学和威慑》一书中，笔者和斯坦以及哥伦比亚大学政治科学教授杰克·斯奈德（Jack Snyder）所写的各章又对1914年的俄罗斯、1973年的以色列、1981年的阿根廷和英国作了同样的论证。[4]《国际关系的文化理论》[5] 提供了更多关于1914年事件以及英美在2003年决定打击伊拉克的有关证据。

　　当挑战方脆弱或觉得自己脆弱时，威慑方为确保重要决心更可靠和更可信而作出的努力将产生不确定且不可预测的影响。最好的情况下，它们也不会起到劝阻作用。它们还可能加剧那些促使领导人选择动武的压力。第一次世界大战之前十年间的大国互动以及1940—1941年美国对日本的石油和废金属禁运展示了这一相互作用。[6]

　　一旦下定决心发起挑战，领导人就倾向于认为自己的目标可以实现。动机错

1 Michael A. Barnhart, *Japan Prepares for Total War: The Search for Economic Security, 1919–1941*, Ithaca, NY: Cornell University Press, 1987; Gerhard L. Weinberg, *A World at Arms: A Global History of World War II*, Cambridge: Cambridge University Press, 1994; Janice Gross Stein, "Calculation, Miscalculation and Deterrence: The View from Cairo," in Robert Jervis, et al., eds., *Psychology and Deterrence*, Baltimore, MD: Johns Hopkins University Press, 1984, pp. 34–59.

2 Richard Ned Lebow, *A Cultural Theory of International Relations*, Cambridge: Cambridge University Press, 2008; Richard Ned Lebow, *Why Nations Fight: Past and Future Motives for War*, Cambridge: Cambridge University Press, 2010.

3 Richard Ned Lebow, *Between Peace and War: The Nature of International Crisis*, Baltimore: Johns Hopkins Press, 1981.

4 Robert Jervis, et al., *Psychology and Deterrence*.

5 Richard Ned Lebow, *A Cultural Theory of International Relations*.

6 Michael A. Barnhart, *Japan Prepares for Total War*; Gerhard L. Weinberg, *A World at Arms: A Global History of World War II*, Cambridge: Cambridge University Press, 1994.

误可能导致错误的评估和不切实际的期望；领导人可能认为，对手在受到挑战时要么会退缩，要么就恰好按照他们预期的那样打上一场。对于其所选行动路线可能引发严重危机或战争的警示，领导人也可能变得麻木不仁。在这种情况下，威慑无论被执行得多么好，都可能被挑战方的一厢情愿所击败。受鼓动的偏见阻碍了接收信号的能力，减弱了防御方努力使其决心更可信的行为的影响。即使是最精巧的展示实力和决心的努力，也可能不足以挫败一个坚信发起挑战或使用武力是维护重要战略和政治利益所必需的挑战方。[1]

许多实际问题困扰着威慑。可以这么说，威慑理论假设所有人都理解吠叫的看门狗、铁丝网和"禁止入内"标识的意义。这个假设是不切实际的。信号只有在被解读的情境中才有意义。当发送方和接收方使用相当不同的情境来构建、传递或解读信号时，误判的可能性将倍增。接收方可能会将信号视为噪声，或在识别出它们是信号时曲解它们。由于制定决策的精英们各有不同的历史经验和文化背景，所以这个问题在国际关系中司空见惯，绝不只限于威慑。然而，在紧张的关系中这种情况更容易发生，因为双方都在为最坏的情况做打算，而且情绪都还很激动。

若可信的惩罚威胁总是加大算计者的成本——威慑理论认为这是理所当然的，那么潜在的威慑方就没必要去复制目标领导人的价值层次和偏好。这种方便的假设已被实践证明是错误的。如前所述，领导人可能主要是被"脆弱性"而非"机会"所驱动。如此一来，提高军事行动的代价可能并不会影响他们的态度，因为在他们看来，不采取行动的代价更高，他们更不愿容忍。即使是被机会所驱动，领导人也可能在面临威胁时朝着与预期相反的方向重新估算成本。他们最终可能会认为，屈服于这种威胁比抵抗的代价更高，尤其是在他们认为对手会将他们的服从理解为软弱的迹象并提出新要求的情况下。[2]

威慑聚焦于可信度，而可信度反过来又会促生象征性的保证。一个典型的例子是美国国务卿约翰·福斯特·杜勒斯试图"保卫"台湾当局所占领的近海岛屿金门岛和马祖岛。[3]这样的保证很容易变得纠缠不清，因为对领导人来说，它们往往变得与那些为捍卫实质利益所作的保证同等重要。它们被夸大了的重要性在很大程度上可能是决策后合理化的有害影响所导致的。一旦作出了保证，领导人就会对于因抽象的象征性理由冒战争风险而感到不安，就会设法为他们对自己和他人的保证正名。这种需求促使他们去为这些保证"找出"重要的实质性理由，而

1 Richard Ned Lebow, *Between Peace and War*; Robert Jervis, et al., *Psychology and Deterrence*; Richard Ned Lebow and Janice Gross Stein, *We All Lost the Cold War*, Princeton: Princeton University Press, 1994.

2 Richard Ned Lebow and Janice Gross Stein, *We All Lost the Cold War*.

3 Morton H. Halperin and Tsou Tang, "The 1958 Quemoy Crisis," in Morton H. Halperin, ed., *Sino-Soviet Relations and Arms Control*, Cambridge: MIT Press, 1967, pp. 265–304.

这些理由在他们原本的谋算中不存在且无关。

在台湾海峡的案例中，之前曾质疑过近海岛屿重要性的顶级行政官僚们后来将它们视为整个亚洲安全的关键。大多数高层政策制定者都严肃地赞同一个惊人版本的"多米诺骨牌"理论。艾森豪威尔和杜勒斯在一份仅供内部使用的机密政策声明中都认为，失去这些岛屿不仅可能危及台湾当局，也可能危及日本、韩国、菲律宾、泰国和越南的亲美政府的生存，并将使柬埔寨、老挝、缅甸、马来亚和印度尼西亚"落入共产党势力的控制下"。[1]这种"逻辑"的最深远影响体现在越南问题上。美国领导人在该国没有实质利益，却为"守卫"它派遣了军队，这在很大程度上是因为他们相信，不能捍卫他们对东南亚的保证会鼓励莫斯科怀疑美国在世界其他地方的决心。[2]

威慑的案例证据显示，它有机会在小范围的冲突中取得成功，这种范围包括：在敌对领导人主要是被获利的前景而非受损的恐惧所激励时，在他们有施行克制的自由，不会被严重扭曲的政治军事形势评估所误导，且面对潜在威慑者能够可靠地制造的那种威胁确实脆弱时。威慑也必须在对手下定发起挑战的决心，并相应地对显示其行动可能会遭到报复的警告变得麻木不仁之前尽早实行。除非满足这些条件，否则威慑充其量只能是无效的，在最差的情况下还会适得其反。

三、示善

示善战略的出发点来自一套不同于威慑的假设。它们也假设存在持续的紧张关系，但认为这种紧张关系的根源是极度的脆弱感。示善要求防守方传达他们的善意给潜在挑战方。防守方必须努力减少可能导致矛盾升级和战争的恐惧、误解和不安全感。示善寻求减少挑战的预期收益，并增加合作的预期收益。即使领导人认为冲突无法解决，他们仍然可以采用示善措施，以避免意外的或因误判导致的战争。这样做，他们可能同时促进对冲突根本原因的缓解。[3]

在最雄心勃勃的示善应用中，领导人试图改变冲突的轨迹，并通过互相就实质性问题进行谈判和将危急度降级的互惠行为来促成合作。他们可以从单边且不可撤销的让步做起。如果他们对这种方法可能取得的成功持悲观态度，或在政治上受到尝试它的限制，他们可以寻求更适度的示善。为了不加剧国内外压力和不迫使对手作出侵略性举动，他们可以实施自我克制。他们可以尝试制定非正式的

---

1 Morton H. Halperin and Tsou Tang, "The 1958 Quemoy Crisis."

2 Brian VanDeMark, *Into the Quagmire: Lyndon Johnson and the Escalation of the Vietnam War*, New York: Oxford University Press, 1995; Fredrik Logevall, *The Origins of the Vietnam War*, London: Routledge, 2001.

3 Janice Gross Stein, "Reassurance in International Conflict Management," *Political Science Quarterly*, Vol. 106, No.3, 1991, pp. 431–451.

"竞争规范",以调节冲突并减少误判升级的可能性。他们可以通过外交手段以及设计好的非正式或正式体制来建立信任,减少不确定性,并减少因误判导致战争的可能性。这些战略既不相互排斥,在逻辑上也不是详尽无遗的。

就像威慑和胁迫战略一样,成功落实示善战略是很难的。它们也必须克服战略、政治和心理上的障碍。例如,就像可能对威慑造成阻碍一样,信号传递的认知障碍也可能对示善造成阻碍。[1]其他的障碍是示善所特有的,并源自领导人们在试图向对手进行示善时所面临的政治和心理上的限制。然而,示善是可以被有效使用的,并且是所有长期较量中解决问题的重要组成部分。

示善有许多机制。互惠互利(reciprocity)是最常见且代价最小的一个。它要求对手们之间采取依情况而定的、连续的、互惠的步骤。美国和苏联对此类举措的加强助力了冷战的结束。[2]

示善的第二种机制是通过"不可撤销的承诺"(irrevocable commitment)进行的。当领导人意识到误解和刻板印象在支配着对手的判断时,他们可以通过作出不可撤销的承诺来打破这堵不信任之墙。[3]实际上,他们试图通过"学习"来改变冲突的轨迹,并使合作、互惠的战略更具可行性。成功的话,了解对手的意图会降低走向和平的成本,因为在领导人看来这降低了自己被利用或误解从而引发新要求的可能性。[4]埃及总统安瓦尔·萨达特曾公开宣布,他愿意前往耶路撒冷并以和平为主题向以色列议会发表演讲。因为其代价和不可逆性,这是一个戏剧性的、有风险的让步。出于这两个原因,他希望这被视为埃及意图的一个有效指标,而不是一个模棱两可的信号,或者一个其含义随后可能被发送者操纵的信号。萨达特成功越过以色列的领导层向其公众发言的能力也使这个要求获得了额外的力量。通过鼓舞以色列人民对和平的支持,他消除了一个对该国领导人的限制,并创造了一个实现互惠的政治性诱因。[5]

戈尔巴乔夫也曾作出过不可撤销的承诺。他公开承诺了从阿富汗撤出苏联军队,并在西方没有事先承诺不利用这一逆转时就开始这样做了。1989年10月,

1 Robert Jervis, *Perception and Misperception in International Relations*, Princeton: Princeton University Press, 1976; Richard Ned Lebow, *Between Peace and War*.

2 Raymond L. Garthoff, *The Great Transition: American Soviet Relations and the End of the Cold War*, Washington, D.C.: Brookings, 1994; Richard K. Herrmann and Richard Ned Lebow, eds., *Ending the Cold War: Interpretations, Causation and the Study of International Relations*, New York: Palgrave-Macmillan, 2003; Robert Service, *The End of the Cold War 1985–1991*, London: Macmillan, 2016.

3 Thomas A. Schelling, *The Strategy of Conflict*, Cambridge: Harvard University Press, 1960.

4 Janice Gross Stein, "Reassurance in International Conflict Management," *Political Science Quarterly*, Vol. 106, No.3, 1991, pp. 431–451.

5 Janice Gross Stein, "Reassurance in International Conflict Management"; Shibley Telhami, *Power and Leadership in International Bargaining: The Path to the Camp David Accords*, New York: Columbia University Press, 1992; Yaacov Bar-Simon-Tov, *Israel and the Peace Process 1977–1982: In Search of Legitimacy*, Albany, NY: State University of New York Press, 1994.

他在芬兰发表了一次演讲，在某种程度上相当于萨达特在耶路撒冷的演讲。他否认了苏联在其他国家进行军事干预的任何权利，这一承诺迅速地加快了东欧的政治变革和整个地区亲苏联共产主义政权的终结。他还推行了苏联内部的政治变革，以及他的"公开性"和"改革"计划，这些行动进一步证明了他的意愿。这些行动，加上军备控制协议，打破了冷战的僵局。[1]

不可撤销的承诺是有风险的，因为它是不可逆转的。这就是为什么萨达特在宣布他打算去耶路撒冷之前秘密试探了以色列人的心声。在中国邀请亨利·基辛格访问北京之前，美国和中国也举行了秘密会谈。那次访问的成功带来了对尼克松总统访华的邀请。[2]在作出任何不可撤销的承诺之前，领导人必须自己确保他们的对手很可能积极地作出回应，并且有达成有意义和解的同等动机。

第三种也是更为复杂的一种示善形式，是试图建立"竞争规范"（norms of competition）。对手们会在有争议的利益领域制定非正式的或明确的竞争规范。非正式的、共同的规范可以预防某些各方都不能接受的行动，从而减少危机和战争的风险。非正式规范还可以建立行为的边界，减少一些可能导致误判性态势升级的不确定因素。[3]

美国和苏联曾尝试建立明确的对于限制中东竞争的理解。它们默认，如果对方盟友以灾难性的军事打击威胁己方盟友，它们各自都可以向己方盟友提供帮助。为了避免这种干预，超级大国会迫使那些威胁造成如此压倒性打击的地区盟友停止军事行动。[4]苏联分别在1967年和1973年援引了这一默认规范，而美国尽管试图对苏联的干预予以威慑，但它同时采取了行动，迫使以色列停止军事行动，并立即就其意图向苏联进行了示善。威慑和示善是相辅相成的，确实，很难将两者对有效管理这场冲突的影响予以区分。[5]

通过有限安全机制（limited security regimes）实现示善是一项更为精细的战略，需要清楚明白的谈判与合作。对突然袭击的恐惧会鼓励领导人试图建立有限安全机制，这种机制可以使有关国家通过提供更完整和可靠的信息、提高各方的监测能力或通过援引作为监测者的外部人士的协助，以更大的信心监测彼此的

---

1 Archie Brown, *The Gorbachev Factor*, Oxford: Oxford University Press, 1996; Robert Service, *The End of the Cold War 1985–1991*.

2 Evelyn Goh, *Constructing the US Rapprochement with China, 1961–1974: From "Red Menace" to "Tacit Ally"*, Cambridge: Cambridge University Press, 2005; Margaret Macmillan, *Nixon and Mao: The Week that Changed the World*, New York: Random House, 2006.

3 Janice Gross Stein, "Reassurance in International Conflict Management."

4 Bradford Dismukes and James M. McConnell, eds., *Soviet Naval Diplomacy*, New York: Pergamon Press, 1979; Alexander L. George, "US-Soviet Global Rivalry: Norms of Competition," *Journal of Peace Research*, Vol. 23, No.3, 1986, pp. 247–262.

5 Janice Gross Stein, "Extended Deterrence in the Middle East: American Strategy Reconsidered," *World Politics*, Vol. 39, No.3, 1987, pp. 326–352.

行动。自1974年以来，美国定期在埃及和以色列之间实行的有限安全机制中向双方通报有关另一方军事部署的情报信息。通过增加可用的警告时间，这样一个机制可以给领导人更多本来没有的回旋余地去应对潜在的背叛。这使得对能力和意图的评估变得不那么困难，并降低了误判的可能性。[1]

从长远来看，通过建立有限且重点突出的安全机制来进行示善，在减少对手之间的恐惧、不确定性和误解方面可以起到相当大的帮助作用。至少，对手们可以获得更可靠、更低价的关于彼此活动的信息，这可以减少不确定因素和判断失误的发生率。在一个复杂、信息匮乏的国际环境中，有效的信息可以成为更有效地管理冲突的一大有利因素。

另一种形式的示善旨在通过交易（trade-offs）来减少冲突。它具有消除对手之间冲突根源的短期优点，并为在其他领域建立信任与合作提供了长期前景。在国际上它可能被认为相当于戴维·米特兰尼（David Mitrany）提出的功能主义。[2]英法和解是通过交易实现示善的最好例子。英法敌对关系有着深厚的历史渊源，可以追溯到英法百年战争时期。它们的殖民主义对抗在18世纪和19世纪十分激烈，是它们在欧洲冲突的延伸。1898年的法绍达危机几乎引发了战争，是它们争夺非洲影响力的高潮。危机过后，因为法国政府成员将德国视为其主要敌人，法国联合政府寻求与英国和解。英国首相索尔兹伯里勋爵表示，英国支持法国在摩洛哥建立保护国，以换取法国放弃对苏丹或埃及的任何主权要求。这一殖民性对等补偿为两国在双方有共同利益的欧洲安全问题上的合作奠定了基础。[3]

对等补偿在埃以和解中也发挥了重要作用。两国之间的初步协议要求以色列撤出西奈半岛，而埃及承认以色列国。对这些承诺的履行建立了推进其他问题并最终达成一项和平条约所必需的最低信任。[4]自1949年中华人民共和国成立以来，台湾问题一直是北京和华盛顿之间争论的一个焦点。中国声明台湾是中国的一个省，但美国支持其事实上的"独立"，并向其国民党政权提供武器和军事保护。基辛格和尼克松对中国的访问促成了1972年的《上海公报》，实际上淡化了中美之间的上述分歧。这份文件至少在公开场合被两国政府以不同的方式解读，它为

1　Alexander L. George, "US-Soviet Global Rivalry: Norms of Competition," *Journal of Peace Research,* Vol. 23, No.3, 1986, pp. 247–262; Janice Gross Stein, "Reassurance in International Conflict Management."

2　Jens Steffek, "The Cosmopolitanism of David Mitrany: Equality, Devolution and Functional Democracy beyond the State," *International Relations,* Vol. 29, No.1, 2015, pp. 23–44.

3　Roger Glenn Brown, *Fashoda Reconsidered: The Impact of Domestic Politics on French Policy in Africa, 1893–1898,* Baltimore, Md: Johns Hopkins University Press, 1970; Richard Ned Lebow, *Between Peace and War: The Nature of International Crisis,* Baltimore: Johns Hopkins Press, 1981.

4　Shibley Telhami, *Power and Leadership in International Bargaining: The Path to the Camp David Accords,* New York: Columbia University Press, 1992; Yaacov Bar-Simon-Tov, *Israel and the Peace Process 1977–1982.*

随后两国的经济、政治和战略合作奠定了基础。[1]在这里，没有对等补偿，有的是对两国政府之间持续存在的分歧进行处理，从而减少过去毒害两国关系的问题的努力。

四、外交

外交是管理和解决冲突的第三种通用战略。长期以来，人们一直认为外交在管理和解决冲突方面至关重要，有许多经典著作赞扬外交在18世纪和19世纪的欧洲以及20世纪的全球所发挥的积极作用。[2]近几年来，国际关系理论对外交的运作方式越来越感兴趣。[3]所谓的外交转向强调的是外交构建国家和其他外交行为体的方式、外交官拥有的独立角色，以及外交主张如何影响外交手段和目的上的正当性共识以及如何被其影响。

有大量文献论及调解、第二轨道外交——私人和团体之间的会谈——以及其他形式的非官方民间外交。[4]这里笔者将本文的范围限定于官方外交，因为笔者的兴趣在于它如何能最好地与其他战略相协调，而这与政府相关。不过，也可以利用非政府组织或个人进行非正式的调查和讨论。这些做法可以提供有利于信任的因素，就像曾在几十年间参与帕格沃什会谈的苏联和美国科学家团体一样。[5]如果某些讨论在政治上是困难或不可取的，这些做法允许领导人退后并否认这些讨论或由此产生的建议。

没有外交就不可能减少和解决国际冲突，即使是单边的行动也需要解释说明才能达到预期效果。它们很可能是起始性的举措，就像在示善战略中它们常做的那样，它们需要后续行动和外交手段以从成功破冰走向实质性的成就。

1 Evelyn Goh, *Constructing the US Rapprochement with China, 1961–1974*; Raymond L. Garthoff, *Détente and Confrontation: American-Soviet Relations from Nixon to Reagan*, Rev., Washington, D.C.: Brookings, 2011.

2 Jean-Robert Leguey-Feilleux, *The Dynamics of Diplomacy,* Boulder, Co.: Lynne Rienner, 2009; G.R. Berridge, *Diplomacy: Theory and Practice*, London: Palgrave-Macmillan, 2015.

3 Paul Sharp, ed., *Diplomacy Theory of International Relations*, Cambridge: Cambridge University Press, 2009; Ole Jacob Sending, et al., eds., *Diplomacy and the Making of World Politics*, New York: Cambridge University Press, 2015.

4 William D. Davidson and Joseph V. Montville, "Foreign Policy According to Freud," *Foreign Policy,* Vol. 45, 1981, pp. 145–157; Joseph Montville, "Track Two Diplomacy: The Arrow and the Olive Branch," in *The Psychodynamics of International Relations*, Vol. 2, *Unofficial Diplomacy at Work*, Vamik D. Volkan, et al. eds., Lexington Books, 2003, pp. 161–175; Hussein Agha, et al., *Track-II Diplomacy: Lessons from the Middle East*, Cambridge: MIT Press, 2003; Louise Diamond and Ambassador John McDonald, *Multi-Track Diplomacy: A Systems Approach to Peace*, West Hartford, Conn.: Kumarian Press, 2006.

5 Matthew Evangelista, *Unarmed Forces: The Transnational Movement to End the Cold War*, Ithaca, NY: Cornell University Press, 2002.

当新领导人带着缓和现有冲突的强大国内或外部动机上台，是最有可能寻求和解的时候。萨达特渴望重振埃及经济，并以西方的援助、投资和技术助推它的启动。对于法国领导人和戈尔巴乔夫来说，既有国内激励，也有国外激励。法国领导人希望与英国和平相处，这与他们将德国视为威胁的程度成正比。他们想这样做也是为了推进他们的国内计划，涉及削弱亲德的殖民部和反德雷福斯的天主教会的权力。对理查德·尼克松、亨利·基辛格、毛泽东和周恩来而言，动力主要来自外部：随着中国与苏联的冲突变得更加尖锐，与美国接近在战略上是有利的。[1]

关于新领导层重要性的其他证据，可以从分裂和被分割的国家中得出。前者是曾经统一但因冷战而分裂的国家。它们是或曾经是两个德国（民主德国和联邦德国）、朝鲜（朝鲜民主主义人民共和国和大韩民国）和越南（越南民主共和国和越南共和国）。被分割的国家是前殖民帝国破裂和对立民族之间分割有争议领土的产物。它们包括两个爱尔兰、希腊和土耳其属塞浦路斯、以色列和巴勒斯坦，以及印度和巴基斯坦。联邦德国和民主德国、两个爱尔兰以及塞浦路斯的关系正常化运动，只有在与分治有关的一代领导人和其他重要政治和军事官员退场后才能开始。[2]

当战争、其他形式的暴力、军备竞赛和威胁性部署被证明适得其反，并被普遍认为适得其反时，外交就有可能取得更大的成果。法绍达危机中的法国领导人、1973年战争中的埃及和以色列领导人、北约（NATO）在西欧部署潘兴–II导弹和地面发射巡航导弹事件中的苏联领导人，都深刻认识到了这一点。爱尔兰的情况也与这一模式相符合，但方式更为复杂。针对英国的独立战争引发了爱尔兰的内战，一方是愿意为32个郡中的26个勉强和解的温和派，另一方是坚持要战斗以获得对整个岛屿的控制权的强硬派。后来，爱尔兰民族主义者和阿尔斯特新教准军事组织都未能将其意志强加于北爱尔兰，而他们最终在各自相应团体中丧失了支持，在一定程度上分裂了这些群体，为更温和的行为体上台开辟了空间。[3]

外交本身就很重要。如前所述，它在所有和解中都发挥了关键作用。法国愿意放弃在埃及和苏丹的任何利益，英国愿意支持法国在摩洛哥的殖民主张，为协

---

1 John Garver, *China's Decision for Rapprochement with the United States, 1968-1971*, Boulder, Co.: Westview, 1992; Robert S. Ross, *China, the United States, and the Soviet Union: Tripolarity and Policy Making in the Cold War*, London: M. E. Sharpe, 1993; Evelyn Goh, *Constructing the US Rapprochement with China, 1961–1974*.

2 Gregory Henderson, et al., eds., *Divided Nations in a Divided World*, New York: David Mackay Company, 1974.

3 Feargal Cochrane, *Northern Ireland: The Reluctant Peace*, New Haven: Yale University Press, 2010; Robert S. Ross, *Negotiating Cooperation: The United States and China, 1969–1989*, Stanford: Stanford University Press, 1995.

约铺平了道路。这种精明的对等补偿并不是显而易见的，它需要想象力和技巧来实现。德国糟糕的外交政策巩固了协约国的团结。1904年，德皇威廉与其外交大臣伯恩哈德·冯·比洛在摩洛哥引发了一场危机，将法国推入了英国的怀抱，而英国支持了法国，让两国关系从谨慎的和解转变为事实上的联盟。研究中美和解的学者还赞扬领导人进行了谨慎、循序渐进的试探，这些试探大多是秘密进行的，带来了基辛格和尼克松的访华之旅，随后双方进行了迅速有效的外交，澄清了问题，并达成了一项双方在各自发布的公报中以各自的方式表述的协议。[1]

领导人必须灵活思考，就像法国外交部长德尔卡塞和英国外交部长在法绍达危机的余波中那样。德尔卡塞在法绍达事件发生后改变了态度，而原来一直处于与法国开战边缘的索尔兹伯里，对德尔卡塞在危机后的友好姿态非常欢迎。[2]尼克松和基辛格克服了对中国的敌对印象；早在20世纪50年代，尼克松就愿意超越僵化的冷战思维，并探索除共产主义意识形态之外的其他对中国敌意的解释。[3]尼克松上任时，对于在中国领导人帮助下找到所谓体面的方式摆脱越南战争的希望，引发了尼克松对中国领导人及其动机的看法的积极变化。个人接触改变了尼克松和基辛格对毛泽东和周恩来的看法。[4]笔者之前指出过，里根与他的副总统及其诸多顾问在对戈尔巴乔夫的接受程度上形成对比。如果当时是乔治·布什而不是罗纳德·里根担任总统，那么在美苏和解方面似乎不太可能取得很大进展。[5]在这几次和解中，最不灵活的领导人是梅纳赫姆·贝京，他最后仅仅是在吉米·卡特总统的鼓励和承诺下才同意和解。[6]然而，与他在利库德集团中的同事们相比，贝京对与埃及和平的前景仍是更加开放的。

最后，要伸出或抓住"橄榄枝"，领导人必须有足够的政治空间。领导人有时可能会通过巧妙的策略为自己留出耍花招的空间，例如分散对手的思路、建立积极联盟和巧妙地吸引公众意见。理查德·尼克松受益于共和党人的身份，但仍要去对付冷战观点和右翼反对者。1971年7月，56%的美国人认为中国是世界上

---

1 Evelyn Goh, *Constructing the US Rapprochement with China, 1961–1974*.

2 Roger Glenn Brown, *Fashoda Reconsidered: The Impact of Domestic Politics on French Policy in Africa, 1893–1898*, Baltimore, Md: Johns Hopkins University Press, 1970.

3 Evelyn Goh, *Constructing the US Rapprochement with China, 1961–1974*.

4 Evelyn Goh, *Constructing the US Rapprochement with China, 1961–1974*.

5 George Breslauer and Richard Ned Lebow, "Leadership and the End of the Cold War: A Counterfactual Thought Experiment," in Richard K. Herrmann and Richard N. Lebow, eds., *Ending the Cold War*, New York: Palgrave-Macmillan, 2003, pp. 161–188; Robert Service, *The End of the Cold War 1985–1991*, London: Macmillan, 2016.

6 Shibley Telhami, *Power and Leadership in International Bargaining: The Path to the Camp David Accords*, New York: Columbia University Press, 1992; Yaacov Bar-Simon-Tov, *Israel and the Peace Process 1977–1982*.

最危险的国家。[1] 尼克松和基辛格成功地运用现实主义论调将反对派与亲台派、反共派及一些商业利益团体隔离了开来，并利用其支持和平的言论赢得了共和党和民主党中温和派的支持。[2] 在尼克松北京之行被电视高调播报后，盖洛普民意调查显示，96%的美国公众对中国人民持赞许态度。戈尔巴乔夫就没那么成功，因为苏联的军事、工业和共产党的许多群体仍然对他的国内改革和外交政策怀有敌意。他启动了一个最终削弱了其支持力量的进程。[3] 萨达特面临更大的障碍：他未能赢得埃及大部分政治、军事精英或公众舆论的支持，还被暗杀了。

和解是个互相回报的过程。在1959年戴维营会议结束后，本来德怀特·艾森豪威尔总统和尼基塔·赫鲁晓夫总书记似乎即将在冷战的紧张局势中实现重大缓和。由于艾森豪威尔持续支持U-2飞越苏联上空，并且他需要安抚由反对和解的基督教民主党领导的联邦德国盟友，他的努力付诸东流。赫鲁晓夫本就已经在担着风险，艾森豪威尔则实际上断送了和解。相比之下，因为林登·约翰逊和赫鲁晓夫的继任者勃列日涅夫都有强大的国内支持，而且约翰逊还有国际支持，所以这两位领导人达成了一项缓和协议。[4]

艾森豪威尔的反面案例、约翰逊和勃列日涅夫表面上的成功以及1993年以色列和巴勒斯坦解放组织之间的《奥斯陆协议》，揭示了外交进展停滞不前的负面影响。U-2事件导致赫鲁晓夫抵制了1960年巴黎峰会，这部分是为了保护自己免受苏联强硬派的攻击。[5] 缓和协议引起的期望没有实现，反而导致冷战加剧。[6]《奥斯陆协议》因另一个原因而破裂：反对和解的强硬派利用暴力使公众舆论两极分化，并从内部分裂了温和派的立场。关键事件是，1995年11月一名犹太极端民族主义者暗杀了以色列总理伊扎克·拉宾。北爱尔兰冲突中，双方的强硬派周期性地试图并成功破坏了任何朝向和平的行动。看起来跨宗派政治合作的可能性越大，暴力事件就越多。[7]

这些失败的和解尝试为领导人和外交官们提供了一些教训。首先且最重要的

1　Leonard A. Kusnitz, *Public Opinion and Foreign Policy: America's China Policy, 1949–79*, Westport, Conn: Greenwood, 1984.

2　Evelyn Goh, *Constructing the US Rapprochement with China, 1961–1974*.

3　Raymond L. Garthoff, *The Great Transition: American Soviet Relations and the End of the Cold War*, Washington, D.C.: Brookings, 1994; Archie Brown, *The Gorbachev Factor*.

4　Richard Ned Lebow and Janice Gross Stein, *We All Lost the Cold War*, Princeton: Princeton University Press, 1994; Raymond L. Garthoff, *Détente and Confrontation: American-Soviet Relations from Nixon to Reagan*, Rev.

5　Richard Ned Lebow and Janice Gross Stein, *We All Lost the Cold War*, Princeton: Princeton University Press, 1994; William Taubman, *Khrushchev: The Man and His Era*, New York: Norton, 2003.

6　Raymond L. Garthoff, *Détente and Confrontation*.

7　Feargal Cochrane, *Northern Ireland: The Reluctant Peace*, New Haven: Yale University Press, 2010; Richard English, *Armed Struggle: The History of the IRA*, Oxford: Oxford University Press, 2003.

一点是，在和解与其他目标之间需要作出艰难的选择。如果那些表示愿意缓和紧张局势或回应对手友好姿态的领导人失败了，他们会让自己容易受到政治指责，而且即使他们成功了也可能会如此。伸出或抓住"橄榄枝"也会增加被另一方利用的可能性。艾森豪威尔为保护自己和他的国家免受以后的威胁而授权进行最后一次U-2飞越，是因为他要寻求苏联不部署第一代洲际弹道导弹（ICBM）的示善。艾森豪威尔知道有风险，因为苏联已经部署了一种新的地空导弹，但他让中央情报局向他保证他们可以避开打击。受鼓动的偏见也可能偏向于和解。就像威慑所面对的问题一样，提出和平倡议的领导人可能说服自己他们将取得成功。萨达特和戈尔巴乔夫的自信超越了所找到证据能支持的恰当范围，使他们的乐观变成了自说自话。[1]

　　在和解上的努力应推行得缓急得当。为确保领导人在国内地位安稳，且不容易在国外被利用，谨慎和保密是必要的。一旦友好姿态被获知，领导人必须尽快采取行动，以限制反对派联盟通过媒体或暴力去组织、动员公众意见的可能性。《奥斯陆协议》原本旨在成为巴以之间通过直接谈判达成和平条约的前奏。双方都知道，双方都希望和平，而如果不能达成协议，将面临政治风险。相应地，双方都期望对方作出更多让步，而谈判拖延的时间太久了，以至于让以色列强硬派破坏了和平进程。比尔·克林顿总统在促成1993年著名的拉宾和阿拉法特在电视上的握手以及达成《奥斯陆协议》方面发挥了核心作用，但总统及其外交官未能保持对双方的施压以进一步促使双方迅速落实协议。随着谈判的拖延，阿拉法特退缩了，而对拉宾的刺杀改变了以色列方面的政治盘算。奥斯陆进程的失败加剧了冲突，以至于之后的外交倡议再没有产生积极影响。[2]

　　倡议和平之前，需要对国内外风险进行仔细评估。国内外的重要观众将如何回应？一旦领导人的努力被知晓，他们还将有多大的自由度去寻求和解？这些评估可能是时对时错的，因为通常其他人的目标和风险评估是不透明的，而基于不同假设时更是不透明。如前所述，这个问题经常困扰着威慑或胁迫战略；对于示善来说，这也同样是个挑战。示善有一个相对优势，即它通常可以小步实施，是可逆的，低成本的，并且可以试探出一个对手至少将如何回应的一些迹象。在英法协定和尼克松访华之前，外交官们之间的秘密磋商就是这方面的例子。然而，走向和解的不可逆转的单边步骤更为可信，且对于打破牢固的不信任之墙是必需

　　1 Richard Ned Lebow and Janice Gross Stein, "Understanding the End of the Cold War as a Non-Linear Confluence," in Richard. K. Herrmand and Richard Ned Lebow, eds., *Ending the Cold War: Interpretations, Causation and the Study of International Relations*, Publisher Palgrave-Macmillan, 2003, pp. 189–218.

　　2 Ofira Seliktar, *Doomed to Failure? The Politics and Intelligence of the Oslo Peace Process*, Boulder Co.: Praeger, 2009; Robert Rothstein, Moshe Ma'oz, and Khalil Shikaki, eds., *Israeli-Palestinian Peace Process: Oslo and the Lessons of Failure, Perspectives, Predicaments, Prospects*, Eastbourne: Sussex Academic Press, 2014.

的。对萨达特和戈尔巴乔夫来说，他们可以说达到了这个目的。一部分当代俄罗斯的主流观点认为，戈尔巴乔夫是个叛徒，或者至少太天真，被西方所利用。[1] 由于很多原因，就连成功的和解也是可逆的。

五、全面的思考

目前为止，笔者分别对威慑、示善以及外交作了单独分析。任何复杂的冲突管理战略都必须将它们结合起来，因为严重的冲突总是有与它们都相关的成因或表现。政策制定者的关键任务是，探究他们正在解决的冲突的成因，看看哪些冲突管理战略与之相关，以及如何协同使用这些战略。

> 政策制定者的关键任务是，探究他们正在解决的冲突的成因，看看哪些冲突管理战略与之相关，以及如何协同使用这些战略。

一个有用的起点是，认识到大多数冲突都有主要成因和次生成因，即初始成因和后续成因。拿冷战来说，依笔者判断，它的主要和初始成因是德国战败后在中欧留下的权力真空。苏联和美国事先就各自的占领区达成了协议，但当双方都试图以与自己眼前利益相符的方式管理这些领土时，冲突就产生了。冲突在被迅速分裂的德国最为尖锐，那里成为 1949—1962 年出现战争威胁的三次危机的焦点。意识形态也可能被视为冲突的深层原因，因为它促成了不同且不相容的占领政策。最初的欧洲冲突很快蔓延到了世界上的其他地区：朝鲜变成了分裂国家，后来的越南也是如此。[2] 在阿以冲突中，以及之后在南亚和非洲，苏联和美国都支持了对立的两方。冷战引发了军备竞赛，并在 1949 年苏联引爆其第一个核装置且两国竞相开发热核武器后进一步加剧。

到 1986 年戈尔巴乔夫掌权时，核武库及其运载系统成了双方争执的主要焦点，它们在第一次核打击中即可斩首双方的领导层。1975 年《赫尔辛基最后文件》解决了欧洲领土问题，而此次冲突的表现——在发展中国家的军备竞赛和竞争——如今自身却变为了成因。[3] 冷战表明，成因随着冲突的发展而累积产生，其初始成因的解决可能对其次生成因没有显著的改善作用。它进一步揭示了，主要的与次生的成因可以以多种方式联系在一起。

意图管理或解决冲突的领导人必须相应地探究导致冲突的可能成因，评估其相对重要性，并决定解决它们的顺序。在一些冲突中，成功地解决主要成因使解

---

1 "Russians Name Brezhnev Best Twentieth Century Leader, Gorbachev Worse," RT Question More, 2013, https://www.rt.com/politics/brezhnev-stalin-gorbachev-soviet-638, 2021-11-15; "What Do Russian People Think of Gorbachev?" Quora, 2015, https://www.quora.com/What-do-Russianpeople-think-of-Gorbachev, 2021-11-15.

2 Gregory Henderson, et al., eds., *Divided Nations in a Divided World*.

3 Raymond L. Garthoff, *Détente and Confrontation*.

决次生成因或表现更为容易。边界争端的解决往往具有这种积极影响，就像它在美国独立后的英美关系中一样。反过来讲，边界争端的解决可以为改善邻国间关系铺平道路。[1]20世纪60年代，中国率先试图解决与其12个邻国的边界争端。除了与印度和越南的冲突升级，中国与其他邻国成功进行了谈判，实现了关系正常化，并帮助自己摆脱了美国施加的包围圈。[2]

有时候，先解决次生冲突再解决主要冲突更有效。英法协约、埃以和中美的和解就是这样。台湾问题是中美之间争执的主要焦点，20世纪50年代的两次台海危机曾带来了引发两国战争的威胁。如前所述，"乒乓外交"使中国和美国能够巧妙处理其分歧，从而实现两国关系正常化，并减少恐惧和敌意。和德国与其邻国之间的领土问题不同，台湾问题仍未得到解决，并定期引发着中美的紧张局势。[3]

这几起冲突表明，关于首先解决哪个成因的一般性规则是不存在的。机会决定战略。领导人应该以他们对哪个冲突成因最容易解决的判断为向导。这些判断从来都不是科学的，但反映或应该反映对冲突成因的政治性知情理解、他们对解决冲突的开放性，以及早先提到的启动和解进程的所有条件。分析是有用的，但领导力是关键。

不同的冲突成因各有更合适的不同解决战略。我们可以用一个冲突三角形来表示这些选择，以每个顶点代表一个一般性的冲突源头，见图1。笔者聚焦于地位与恐惧，因为以追求物质福利为形式的欲望自18世纪末以来一直不是大国之间冲突的重要根源。[4]敌意可能是冲突的根源，就像希特勒时期的德国与其邻国（如果不是与世界）之间的冲突一样。更多情况下，敌意是冲突的后续效应。领导人，也许还有公众舆论，都变得坚信他们的对手是始终怀有敌意且致力于灭亡他们的。我们在冷战中观察到了这一现象。美国人认为苏联和中国试图摧毁他们的政治制度，苏联和中国的领导人也持同样的观点。

---

1 Richard Ned Lebow, *A Democratic Foreign Policy: Regaining American Influence Abroad*, New York: Palgrave-Macmillan, 2019.

2 M. Taylor Fravel, *Strong Borders, Secure Nation: Cooperation and Conflict in China's Territorial Disputes*, Princeton: Princeton University Press, 2008; Nie Hongy, "Explaining Chinese Solutions to Territorial Disputes with Neighbor States," *Chinese Journal of International Politics*, Vol.2, No.4, 2009, pp. 487–523.

3 Mark Lander and David E. Sanger, "Trump Speaks with Taiwan Leader, an Affront to China," *International New York Times*, 2016, http://www.nytimes.com/2016/12/02/us/politics/trump-speaks-with-taiwans-leader-a-possible-afront-to-china.html?hp&action=click&pgtype=Homepage&clickSource=story-heading&module=a-lede-package-region&region=top-news&WT.nav=top-news, 2021-12-03.

4 Richard Ned Lebow, *Why Nations Fight: Past and Future Motives for War*, Cambridge: Cambridge University Press, 2010.

敌意

地位　　　　　　　　　恐惧

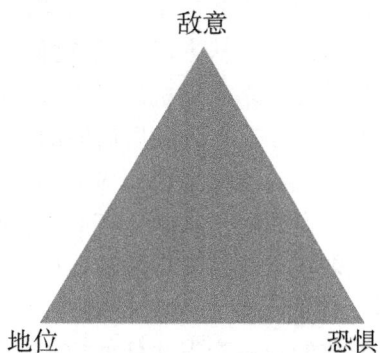

图1　冲突三角形

若相信只有更胜一筹的武力才能阻止某个对手发起进攻，威慑就是恰当的战略。但是，只有当这种看法准确时，它才可能起作用，正如我们前面所述，情况往往并非如此。只有当敌方领导人的动机主要是期望获利而不是害怕受损，能够自由地进行克制，不被过于乐观的政治军事平衡评估所误导，并且在威慑方能够可靠制造的威胁面前确实脆弱，威慑才有可能成功。如果挑战者不具备这些动机性、认知性和政治性特质，威慑战略就更有可能加剧冲突。威慑的时机也很重要。如果及早使用，即在对手下决心进行挑战或使用武力并相应地对警告和威胁不敏感之前使用，其效果会得到增强。

恐惧和敌意是紧密相关的。如果领导人认为对手怀有敌意，他们就会变得恐惧。示善试图通过改变这种观念来减少恐惧。如希特勒鼓励法国和英国的绥靖政策时那样，示善可以被双重使用。更常见的是，它旨在通过表现出善意或合作的意图来缓解紧张局势。如前所述，示善的尝试必须克服目标领导人的不信任。他们可能会正确，也可能会错误地认为，他们的对手始终怀有敌意，并将相反的沟通和行为解读为邪恶的，旨在哄骗他们或公共意见放松警惕。里根政府的关键成员对戈尔巴乔夫就曾怀有这样的感觉，并曾试图阻止然后破坏军备控制谈判。[1]

笔者列举的几个成功的示善案例取得了重大突破，至少实现了第一层次的和解：大大降低了战争可能性。笔者想强调的是，即使当和解不是一个可行的目标时，示善也是一个有用的战略。当潜在挑战者主要是被需求鼓动，并在国内外受到严重的约束时，各种形式的示善可以对威慑或胁迫予以补充。它们可以在一定程度上减少可能推动挑战的不信任和恐惧。

古巴导弹危机中示善和胁迫的搭配是史上最好的案例。它表明，对古巴的海上封锁、入侵古巴的威胁以及对该岛上苏联导弹基地的空袭如何提高了战争风险，而肯尼迪总统实行的示善又如何降低了赫鲁晓夫的让步成本。这位苏联领导

1　Robert Service, *The End of the Cold War 1985–1991*, London: Macmillan, 2016.

人逐步相信，肯尼迪并不是美国军方和华尔街银行家的工具，而是一个具有相当程度独立性并致力于避免战争的人。从古巴撤回导弹不会给他招致美方向他提出新的要求，而是会解决危机并降低未来危机的可能性。赫鲁晓夫和肯尼迪在博弈最后关头和危机结束后变得亦敌亦友，为随后局面的缓和铺平了道路。[1]

基于威胁的战略和示善都能对地位造成积极和消极的影响。威慑是对行为方自尊的威胁，且因为其要求他们屈服于威胁，有时他们还因为这样做而蒙受公开的羞辱，胁迫则更是如此。即使不使其变得叛逆，明显的从属地位也会使行为方愤怒。当这种情况发生时，他们可能会重新界定冲突，以致使其变得更加尖锐。这是因为，不屈服于敌方威胁的目标变得比任何攸关的实质性利益更为重要。基于威胁的战略也会催生出强烈的报复欲望，正如德国在1908—1909年波斯尼亚吞并危机中对俄罗斯的威胁和美国在土耳其部署"朱庇特"导弹对赫鲁晓夫所造成的威胁一样。[2]

示善和外交是冲突三角形中与"地位"一角相关的战略。对承认、荣誉和地位的竞争总是很激烈的，且冲突会随着行为方所感到的自己被否认或轻视的程度而发生。关于国际关系中的承认及其与减少冲突的相关性，已有越来越多的文献。[3]承认、荣誉和地位通常被描述为"象征性"目标，暗示着它们不如"实质性"目标重要。没有比这更远离真相的了。在《国家为何而战》[4]中，笔者建立了一个战争数据集，内含从1648年到现在所有涉及大国和新兴大国的国家间战争的数据。该数据集识别了战争的始作俑者（通常是多个）、他们的动机（安全、物质优势、地位、报复和国内政治）、结果（赢、输或平局）、主导战争的规则（如果有的话）的性质、战争的持续时间和强度、和平协议的性质。与现实主义预期相反，笔者发现94场战争中只有19场是因安全而起的。物质利益是战争的一个更弱的动机，只是8场战争的成因，其中大部分发生在18世纪。相比之下，作为主要或次要动机，地位是62场战争的成因。报复，也即一种精神的表现，是另11场的原因。毫无疑问，地位是几个世纪以来战争的主要原因，而迄今为止，国

1　Richard Ned Lebow and Janice Gross Stein, *We All Lost the Cold War*, Princeton: Princeton University Press, 1994.

2　Richard Ned Lebow and Janice Gross Stein, *We All Lost the Cold War*.

3　Axel Honneth, *The Struggle for Recognition: The Moral Grammar of Social Conflicts*, Cambridge: MIT Press, 1996; Richard Ned Lebow and Janice Gross Stein, "Understanding the End of the Cold War as a Non-Linear Confluence," in Richard K. Herrmand and Richard Ned Lebow, eds., *Ending the Cold War: Interpretations, Causation and the Study of International Relations*, Publisher Palgrave-Macmillan, 2003, pp. 189–218; Nancy Fraser and Axel Honneth, *Recognition or Redistribution? A Political-Philosophical Exchange*, New York: Verso Press, 2003; Thomas Lindemann and Erik Ringmar, eds., *The International Politics of Recognition*, Boulder, Co.: Paradigm, 2012.

4　Richard Ned Lebow, *Why Nations Fight*.

际关系文献几乎完全忽视了它及其后果。[1]

对承认、荣誉和地位的关心，有时可以不通过在其他目的上进行交易就能得到解决。艾森豪威尔总统在赫鲁晓夫访问美国时热情接待——尽管他只是总书记也待他为国家元首——就是一个恰当的例子。艾森豪威尔邀请他去戴维营的总统度假地，对这位缺乏安全感的苏联领导人在其对自身和其国家价值评估上产生了明显的积极影响，使他更愿意接受合作。[2]1972年5月，苏联领导人勃列日涅夫和美国总统尼克松在莫斯科会面，签署了第一份重要的战略武器限制协议，并就防止有战争威胁的危机的方法进行了讨论。显然，防止战争是两个超级大国压倒一切的目标，苏联领导人称赞这一缓和为一项重大成就。[3]他们也对通过这些协议获得的同等超级大国地位作了强调。对莫斯科尤为重要的是《美苏关系基本原则协定》的第二条，其中写道，"在平等原则基础上承认各方的安全利益，放弃使用或威胁使用武力"，并承认"以直接或间接损害他人利益为代价获取单方面优势的努力与这些目标不符"。[4]对于政治局成员来说，这些协议象征着他们的长期目标，即美国将他们的国家接受为一个与其同等的全球大国。苏共中央委员会国际新闻部主任列昂尼德·扎米亚京在代表勃列日涅夫发言时解释说，作为美国公认的对等大国，苏联现在期望全面参与解决重大国际冲突。[5]其中明确的含义是，一旦其地位主张得到承认和尊重，苏联就会表现得更像一个令人满意的大国。

然而，这些例子仍然发人深省，因为艾森豪威尔与赫鲁晓夫的关系解冻和约翰逊与勃列日涅夫的关系缓和都是短暂的，令人遗憾。中美和解似乎也是如此。它们引起了错误的期望，而局势的缓和允许了，也许还鼓励了相互矛盾的解读，这不仅导致了和解的消亡，而且还导致了相互背叛的感觉、愤怒和紧张局势的加剧。然而，毫无疑问，承认对手享有平等的地位或权利，并与其领导人建立一定程度的个人信任，对于有意义的和解至关重要。外交是这些努力的核心。外交官和其他特使们必须为建立积极关系的各种接触和协议铺平道路，而领导人则必须尽可能地发展这些接触和协议。索尔兹伯里勋爵和法国大使保罗·康邦，理查

---

1 Richard Ned Lebow, *Why Nations Fight*.

2 Nikita S. Khrushchev, *Khrushchev Remembers: The Last Testament*, trans., New York, Bantam: Strobe Talbot, 1975; Richard Ned Lebow and Janice Gross Stein, *We All Lost the Cold War*.

3 Georgi Arbatov, *Soviet-American Relations at a New Stage*, Pravda, July 22, 1973; Raymond L. Garthoff, *Détente and Confrontation: American-Soviet Relations from Nixon to Reagan*, Rev., Washington, D.C.: Brookings, 2011.

4 TASS, "Daily Report: Soviet Union. June 25, 1973," in US Department of State, ed., *Foreign Broadcast Information Service, Department of State Bulletin*, 26 June 1972, pp: 898–899.

5 Murrey Marder, "Brezhnev Extols a Pact," *Washington Post*, June 24, 1973; TASS, "Daily Report: Soviet Union," June 25, 1973, in US Department of State, eds., *Foreign Broadcast Information Service, Department of State Bulletin*, June 26, 1973, pp. 898–899; Raymond L. Garthoff, *Détente and Confrontation*.

德·尼克松和亨利·基辛格与毛泽东和周恩来，以及戈尔巴乔夫与英国首相玛格丽特·撒切尔和美国总统里根，他们之间的良好个人关系可以说是英法和解、中美和解以及冷战结束的关键。正如埃以和平条约和中美和解所表明的那样，这种关系并非绝对必要。在戴维营，吉米·卡特总统分别会见了贝京和萨达特，并充当了关键的中间人，因为他们无法自行达成协议。[1]

　　成功的冲突管理必须将威慑、示善和外交的成分结合起来，这是一项必要但困难的任务。这些战略的成功，无论是单独还是集体施行，都面临着巨大的障碍。没有一种战略可能在战略、政治和心理条件不同的各案例中都奏效。然而，对每项战略的限制条件、其相对优缺点及其相互影响保持敏感，是管理和解决冲突以及防止冲突升级到危险程度的第一步。

（王润潭翻译，耿协峰校对）

---

1 Shibley Telhami, *Power and Leadership in International Bargaining: The Path to the Camp David Accords*, New York: Columbia University Press, 1992; Yaacov Bar-Simon-Tov, *Israel and the Peace Process 1977–1982: In Search of Legitimacy*, Albany, NY: State University of New York Press, 1994; Yaacov Bar-Simon-Tov, *Israel and the Peace Process 1977–1982: In Search of Legitimacy*, Albany, NY: State University of New York Press, 1994.

中美新两极体系下美国战略的

地缘政治基础[*]

［挪威］荣英格　［挪威］奥斯汀·腾斯强[**]

内容提要：美国在国际政治中称霸的单极时代已成过去，取而代之的是中国和美国两个大国的新两极体系。没有其他国家能够与中美的综合实力相匹敌。然而，两极格局的回归并不会导致新的冷战。与之前的两极体系不同，地缘政治塑造新的超级大国之间的相互作用和国际秩序。中国作为边缘地带大国的地理位置，使美国针对当前这个竞争对手制定的是制衡战略，这与其曾用来对付作为中心地带大国的苏联的遏制战略有所不同。

关键词：两极体系　地缘政治　边缘地带　要点防御

一、引言

中国的崛起引发了一场关于中美竞争是否会演变成新冷战，以及美国是否会

---

　　* 原文刊载于北京大学国际战略研究院主办的英文期刊 *China International Strategy Review*（Vol. 4, No.1, 2022, pp.39-54, https://doi.org/10.1007/s42533-022-00109-y）。此处刊载已获得作者本人及 *China International Strategy Review* 出版商施普林格·自然（Springer Nature）出版集团的授权许可。

　　**[挪威]荣英格（Jo Inge Bekkevold），挪威防务研究所亚洲安全研究中心主任；[挪威]奥斯汀·腾斯强（Øystein Tunsjø），挪威防务研究所教授。

寻求遏制中国的激烈争论。[1] 然而，中美两极化与美苏两极化截然不同。即使任何两极体系中的两个超级大国都会视对方为竞争对手，21世纪的两极体系也不太可能演变成另一场冷战。当今的全球化、经济相互依存、技术发展和制度关联的水平，以及意识形态基础都不同于冷战时期。"新冷战辩论"中经常缺失的另一个维度是地理。本文认为，中美新两极体系的独特地理条件塑造了一种与冷战截然不同的超级大国竞争。

中国作为边缘地带大国的地理位置，使美国针对当前这个竞争对手制定的是制衡战略，这与其曾用来对付作为中心地带大国的苏联的遏制战略不同。美国的冷战遏制战略基于四大支柱：在欧亚边缘地区对苏联的周线防御，在美国及其盟国之间的综合威胁评估，对莫斯科打"中国牌"，以及协调一致的经济遏制措施。中美竞争的地缘政治格局在这四个方面均不符合冷战时期的遏制蓝图。

第一，冷战期间美国实施周线防御战略以保护所有欧亚大陆边缘地区免受苏联的入侵和影响。如今，中国的边缘位置排除了周线防御作为东亚战略的可能性。作为亚洲的优势陆上力量，中国以苏联前所未有的方式控制着边缘地带，让美国只能通过以日本、澳大利亚和印度，以及"印太"海军战区内的岛屿和海上移动平台为中心的要点防御战略来制衡中国。

第二，美国针对位于中心地带的苏联的周线防御战略巩固了美国在欧洲和东亚的联盟。然而，中国的边缘地带位置限制了其地理覆盖范围和中美竞争的范围，使其对美国仅构成一个单侧的挑战。因此，美国对中国的制衡在更大程度上具有以"印太"为基础的区域性，而对跨大西洋这一侧的考虑则会较少。此外，

---

1 Thomas J. Christensen, "There Will Not Be a New Cold War: The Limits of U.S.–Chinese Competition," *Foreign Affairs*, Mar 24, 2021, https://www.foreignaffairs.com/articles/united-states/2021-03-24/there-will-not-be-new-cold-war, 2022-04-29; Xuetong Yan, "Bipolar Rivalry in the Early Digital Age," *The Chinese Journal of International Politics,* Vol. 13, No.3, 2020, pp. 313–341; Robert S. Ross, "It's Not a Cold War: Competition and Cooperation in US–China Relations," *China International Strategy Review,* Vol. 2, No.1, 2020, pp. 63–72; Avery Goldstein, "U.S.–China Rivalry in the Twenty-First Century: DÉJÀ Vu and Cold War II," *China International Strategy Review,* Vol. 2, No.1, 2020, pp. 48–62; Odd Arne Westad, "The Sources of Chinese Conduct. Are Washington and Beijing Fighting a New Cold War?" *Foreign Affairs*, September/October 2019, https://www.foreignaffairs.com/articles/china/2019-08-12/sources-chinese-conduct, 2022-04-29; Niall Ferguson, "The New Cold War? It's with China, and It Has Already Begun," *New York Times*, Dec 2, 2019, https://www.nytimes.com/2019/12/02/opinion/china-cold-war.html, 2022-03-14; Robert D. Kaplan, "A New Cold War has Begun," *Foreign Policy*, Jan 7, 2019, https://foreignpolicy.com/2019/01/07/a-new-cold-war-has-begun, 2022-05-20; Melvin P. Leffler, "China Isn't the Soviet Union. Confusing the Two Is Dangerous," *The Atlantic*, Dec 2, 2019, https://www. theatlantic.com/ideas/archive/2019/12/cold-war-china-purely-optional/601969, 2022-05-23; Xi Jinping, "Special Address by Xi Jinping, President of the People's Republic of China | DAVOS AGENDA 2021," YouTube Video, Jan 25, 2021, https://www.youtube.com/watch?app=desktop&v=fp0HXMlStBA, 2022-05-18; Antonio Guterres, "UN Chief Guterres Warns Against 'New Cold War'," YouTube Video, September 23, 2020, https://www.youtube.com/watch?app=desktop&v=eYVVLh6Ufw, 2022-05-20.

由于中国与欧亚大陆的接壤部分比苏联的少，所以中国对更少的国家构成直接军事威胁。这使得美国及其欧洲盟友对"中国威胁"的看法产生分歧，增加了跨大西洋国家出现分歧的风险。

第三，自20世纪70年代初期以来，美国就有能力对苏联打"中国牌"，迫使苏联采取代价高昂的双侧翼军事布势。

今天，中国有限的地理范围及其与美国的海军竞争增强了中俄合作的持久性，使美国更难用俄罗斯对付中国。乌克兰危机进一步降低了美国对中国打"俄罗斯牌"的可能性。

第四，苏联的中心地带位置使美国相对容易实施经济遏制以孤立苏联，促成两个阵营明显的经济分裂。而今天，尽管两极格局本身所蕴含的动力将驱动中美两国彼此"脱钩"，但中国的边缘地带位置将延缓这一进程。与冷战时期相比，中美竞争时代的国际经济秩序将不那么两极分化，但可能会更加难以预测和不稳定。

二、两极的回归

我们可以根据排名靠前的大国在"人口和领土规模、资源禀赋、经济能力、军事实力、政治稳定和政治能力项目上的得分"来衡量国家权力及其在国际体系中的分配情况。[1] 当前国际体系是否已经从单极体系转变为两极体系由三个标准决定：一是中美之间的实力差距，实力均等或不对称不是排名靠前的条件；二是中国与其他大国之间的实力差距；三是目前国际体系中的能力分布是否与前一个两极体系开始时的分布相似。[2]

20世纪90年代初期，美国经济规模约为中国的15倍。而目前中国的国内生产总值大约是美国的75%。以购买力平价衡量，中国是世界上最大的经济体。在军事上，美国的国防开支在90年代初大约是中国的20倍，但现在美国的国防开支是中国的2倍到3倍。在过去30年中，中国在制造业和技术领域稳步向价值链上游移动，正追赶美国的技术优势。[3] 尽管目前中国仍未与美国同样强大，但过去30年中国已经大幅缩小了两国的实力差距，成为美国在经济、军事、技术和外交上的战略竞争对手。

此外，中国与其他国家之间不断扩大实力差距。多年来，学者和政策制定者们将金砖国家（巴西、俄罗斯、印度、中国和南非）视为新兴多极化以及世界

1　Kenneth N. Waltz, *Theory of International Politics*, Long Grove, IL: Waveland Press Inc., 1979.

2　Øystein Tunsjø, *The Return of Bipolarity in World Politics: China, the United States and Geostructural Realism*, New York: Columbia University Press, 2018.

3　Tian Zhu, *Catching up to America: Culture Institutions and the Rise of China*, Cambridge: Cambridge University Press, 2021.

权力扩散的来源。然而，这种观点是具有误导性的。中国的名义国内生产总值（GDP）是巴西、俄罗斯、印度和南非名义GDP总和的两倍多。俄罗斯是许多人在提到多极化时提到的国家，但其国内生产总值仅为中国的十分之一左右。中国的国防预算大约是俄罗斯的5倍。但中国的国防支出仅占其GDP的不到2%，而俄罗斯的国防支出占GDP比例是中国的两倍。乌克兰危机也可能会扩大中俄之间的实力差距。即使印度、德国、日本、英国和法国等国在未来几年增加国防开支，中国与任何第三大国之间的实力差距也比中国和美国之间的差距要大。

虽然目前中国的总体实力不及美国，但苏联在两极时期也从未像美国那样强大。即使在顶峰时期，苏联的名义GDP也不超过美国的50%，而中国已经超过这个水平。从绝对数值来看，1950年和1980年苏联的国防支出比美国的高，而1960年和1970年美国的国防支出更高。[1]虽然GDP只有美国的一半，但苏联的国防支出占GDP比重是美国的将近两倍（在整个冷战期间，苏联和美国的国防支出分别占其GDP的20%和10%）。这项军事开支成为苏联的沉重负担，也导致了苏联解体。

当前两极体系初期时两个顶级大国之间的国防开支差距比以前两极体系开始时的差距更大。然而，过去30年里苏联从未经历过中国这样的经济繁荣。如果中国国防支出占GDP比例达到美国的两倍（就像冷战期间的苏联那样），约占其GDP的7%，那么，今天中国在国防方面支出的绝对值将超过美国。但即便中国将其GDP的7%用于国防，中国的军事支出占GDP的比例还是没有超过1950年的苏联，而且这一水平的支出低于整个冷战期间苏联军事支出占GDP的比例。

两极体系不需要是对称的。如果中国经济继续增长，目前倾向于美国的两极格局可能会逐渐走向倾向于中国的两极格局。[2]中国崛起改变了国际体系中深层的权力分配。虽然中国的总体实力不足以与美国匹敌，但其明显缩小了与美国的实力差距，并跃居世界前列。同样重要的是，没有任何其他国家的实力足以与这两个国家抗衡。既然中美两个顶级大国目前比任何第三个国家都强大得多，那么，国际体系的格局就已经从单极格局变成中美两极格局。

三、权力与地理

回归两极格局可能会形成两个大国之间的全面竞争，并在军事与安全事务以及商业和其他非安全领域产生各自集团之间的两极分化。[3]冷战的特点就是全领域

1 Charles Wolf, et al., *Long-Term Economic and Military Trends 1950–2010*, Santa Monica: RAND, 1989.

2 同样，多极体系的特点也不是对称，而是三个或更多大国之间不对称的权力分配。

3 Kenneth N. Waltz, *Theory of International Politics*.

的竞争，包括激烈的制衡、军备竞赛和深度的两极分化。然而，当前的两极体系并不都具有冷战时期两极体系的这些特征，对国家行为的影响可能也与之不尽相同。

中美两极体系中，权力与地理的相互作用不同于冷战时期。正如保罗·肯尼迪（Paul Kennedy）所强调的，新的领土秩序总是随着大国的兴衰而出现，反映着国际体系中大国之间的权力再分配。[1]虽然战争带来的是国际秩序的突然变化，而一个国家以和平崛起带来的财富和权力的变化是渐进的，但无论这种变化是怎样发生的，情况都是如此。从权力的平衡可以看出一个国家的邻国是弱国还是强国，这个国家必须防卫的前线数量，以及它是否能够轻易地投射战力或轻松地面对被包围的可能性。[2]权力平衡的转变能够改变地理和战略位置的优势和劣势。

中国的崛起，以及以"印太"海军战区为核心的中美两极体系的出现，代表着历史上的一个重要地缘节点。历史性的重要地缘节点标志着大国之间的权力平衡，以及国际体系中领土秩序的重大重组。中美两极体系的到来是一个重大历史性转变，标志着世界政治的纽带500年来首次从欧洲和跨大西洋轴心转移到亚洲和跨太平洋轴心，也标志着中国自明初以来600多年间首次成为重要海权国家。这也是有史以来第一次，美国作为海权国家与欧亚大陆的边缘地带国家成为两极国际体系中的两个主要角色。

两位地缘政治学者哈尔福德·麦金德（Halford J. Mackinder）和尼古拉斯·斯皮克曼（Nicholas J. Spykman）的著作中提出的心脏地带理论和边缘地带理论，是对中美两极体系和冷战两极体系的地缘政治逻辑差异的最好解释。他们都担心，某个霸权国家或联盟可能会利用欧亚大陆的物质优势来组建征服世界的海上力量，以补充其陆权优势。[3]

麦金德强调欧亚腹地的霸权威胁。而斯皮克曼则认为，欧亚大陆沿海的边缘地带拥有关键的地理位置。斯皮克曼的担忧在于美国的安全，他认为能够控制两个边缘地带中任何一个的大国都能挑战美国。他指出，边缘地带在财富、人口和军事潜力方面拥有更丰富的资源，而且从边缘地区更容易通过大西洋和太平洋进入海洋和美国大陆。依斯皮克曼之见，为平衡欧亚大陆的大国，美国必须"在

---

1 Paul Kennedy, *The Rise and Fall of the Great Powers: Economic Change and Military Conflict from 1500 to 2000*, New York: Vintage Books, 1987.

2 Nicholas J. Spykman, "Geography and Foreign Policy, I," *American Political Science Review*, Vol.32, No.1, 1938, pp.28–50; Nicholas J. Spykman, "Geography and Foreign Policy, II," *American Political Science Review*, Vol.32, No.2, 1938, pp.213–236; Paul Kennedy, *The Rise and Fall of the Great Powers*.

3 Halford J. Mackinder, "The Geographical Pivot of History," *The Geographical Journal*, Vol.23, No.4, 1904, pp.421–437; Nicholas J. Spykman, *America's Strategy in World Politics: The United States and the Balance of Power*, New York: Harcourt, Brace & Company, 1942; Nicholas J. Spykman, *The Geography of the Peace*, New York: Harcourt, Brace & World, 1944.

岸"平衡，也就是说在边缘地带实际存在。这就是美国平衡苏联的方式，例如冷战期间在欧亚大陆边缘地带进行的周线防御。

随着边缘地带的中国取代中心地带的苏联成为美国的主要竞争对手，另一种具有不同超级大国动态的地缘政治逻辑出现了：中国作为边缘地带大国所塑造的两极体系与冷战期间相比，其特征是制衡不那么激烈，军备竞赛和两极分化也更少。但是，新的两极体系也可能更不稳定，更容易发生冲突。

四、从周线防御到要点防御

冷战初期，杜鲁门政府讨论过两种不同的制衡战略。一种战略是以与西方主要经济大国紧密结盟为核心的要点防御战略，区分美国安全利益的关键地理区域和外围地理区域。另一种周线防御战略则没有作这种区分。1950年4月提交给杜鲁门总统的NSC-68秘密战略报告给出的结论是：要点防御是不够的，美国应该实施周线防御战略，并致力于支持苏联周围的所有欧亚边缘地区。[1]1950年2月的中苏友好条约影响了这一选择，同时，朝鲜战争无疑使苏联对所有欧亚大陆边缘地带构成威胁，从而对美国安全构成双侧翼威胁。冷战期间，美国对韩国和越南进行军事干预，在泰国进行军事部署，并在20世纪70年代初与中国接近。美国干预中东和阿富汗问题，并在欧洲创建北约，通过其在边缘地带的存在来平衡欧亚大陆上的苏联。

中国的边缘位置使得周线防御战略成为泡影。从其边缘地带的位置来看，中国地处东亚大陆。自苏联解体以来，中国的安全一直没有受到重大的陆基威胁，并且其面向俄罗斯和印度的战略后方相对安全，可以将资源用于建设海上力量。中国目前运营着世界第二大商船队（按吨位计算）、世界最大的远洋捕鱼船队和世界最大的海岸警卫队。2010—2016年，其大型巡逻舰队的舰船从60艘增加到130艘，增加了一倍多。以水面舰艇和潜艇的数量衡量，中国人民解放军海军已经超过美国海军，其舰艇数量从2005年的216艘扩大到2012年的271艘，又在2021年扩大到约350艘（包括舰艇和潜艇）。[2]就吨位而言，中国也是世界上最大的造船国。2019年，中国造船厂建造的新船占世界总吨位的35%，而美国造船厂仅占0.2%。这些发展展示出中国建设海上力量的强大生产能力。

中国的边缘地带位置及其不断增长的海权能力塑造了美国要点防御的内容。中国海上力量的主要目的是增强中国日益增长的反介入/区域拒止（A2/AD）能

1　John L. Gaddis, *Strategies of Containment: A Critical Appraisal of American National Security Policy During the Cold War*, Oxford: Oxford University Press, 1982.

2　Congressional Research Service, "China Naval Modernization: Implications for U.S. Navy Capabilities—Background and Issues for Congress," March 8, 2022, https://sgp.fas.org/crs/row/RL33153.pdf, 2022-05-03.

力。中国海军、空军、导弹和太空能力的综合实力现在已经将中国周边的三个近海——南海、东海和黄海变成了热点区域,中国在这里挑战了美国的传统掌控权。举例而言,在朝鲜战争期间,美国可以不受阻碍地将部队从日本渡运到韩国;在越南战争期间,美国海军在南海也享有海上控制权。在中美竞争的背景下,美国再采取类似的行动就会有风险。中国目前在边缘地带的主导地位和海上力量使其能够从陆地和海上对朝鲜半岛和中南半岛施加战略压力,极大地限制了美国在东亚陆地上制衡中国的能力。此外,如后文所述,俄罗斯正在与中国联手,进一步削弱美国在陆上制衡中国的能力。

此外,中国的导弹能力对美国沿"第一岛链"的周围基地构成重大"威胁",对在"第二岛链"(从日本和菲律宾海以东到马里亚纳群岛和帕劳群岛)内活动的美国海军水面舰艇以及位于关岛的资产也日益构成"威胁"。而且,中国正在建造越来越多的蓝水阵地,中国人民解放军海军越来越频繁地在"第一岛链"之外航行,甚至驶入印度洋和北太平洋。

美国沿着"第一岛链"周围的布势被称为美国在太平洋的"海防防线"。这一"岛链"从千岛群岛穿过日本列岛、琉球群岛、台湾岛和菲律宾群岛,一直延伸到婆罗洲。冷战史学家约翰·加迪斯(John L. Gaddis)认为这是有误导性的,因为这种布势根本无法保护整个周围,而只能保护选定的岛屿要地。[1]在海军战区,保卫固定防线是不可能的,相反,美国必须依靠优势要地。

美国对东亚的长期战略是防止地区霸权崛起,其动机在于防止竞争对手利用太平洋"孤立和威胁"美国,并希望保护整个"印太"海域的贸易和军事资产"自由流动"。[2]美国在亚洲持续的前线军事布势反映了这两个目标。然而,由于中国日益增长的军事能力,美国被迫再平衡"印太"地区并放弃其东亚海上霸权。美国部队未来的部署对于实现这些目标至关重要,并且,当美国面对一个边缘地区的竞争对手时,部队部署将以地缘政治为指导。

中国日益增长的海上力量正在扩大中美竞争的地理范围——从中国的近海到更广阔的"印太"战区。由于"印太"战区幅员辽阔,岛屿和岛屿国家将成为范围内投射战力至关重要的集结待命区和跳板。因此,日本、印度和澳大利亚这三个合作伙伴对美国在"印太"战区的要点防御至关重要:日本使美国在西太平洋的前线布势得以实现;印度可能是欧亚大陆上能够让美国进入朝鲜半岛和中东之间的唯一潜在的安全切入点,并且还是印度洋地区海军行动的合作伙伴;澳大利

1　John L. Gaddis, *Strategies of Containment*.

2　Michael J. Green, *By More Than Providence: Grand Strategy and American Power in the Asia Pacific since 1783*, New York: Columbia University Press, 2017; Robert S. Ross, "US Grand Strategy, the Rise of China, and US National Security Strategy for East Asia," *Strategic Studies Quarterly*, Vol.7, No.2, 2013, pp. 20–40; Nicholas J. Spykman, *America's Strategy in World Politics: The United States and the Balance of Power*.

亚是太平洋和印度洋之间的重要集结待命区和天然枢纽。海上平衡创造的安全环境比陆上制衡更富动态性，因而会增加小规模冲突和升级的风险。[1]

2021年秋季发生的两起事件清楚地表明，美国正在采取针对中国的要点防御战略。从美国从阿富汗撤军可以看出，美国在与中国的竞争中对中亚的兴趣有限。此外，在塔利班接管喀布尔的几天内，美国即宣布与澳大利亚和英国签订战略防御协议"美英澳三边安全伙伴关系"协议（AUKUS），在"印太"地区建造核动力潜艇并开展三边合作。AUKUS协议已扩展到高超音速和反高超音速武器的开发。由于美国无法在东亚边缘地带进行陆上制衡，中美竞争的地缘政治排除了以周线防御作为制衡中国的可行战略的可能性。因此，要点防御作为一种替代战略应运而生。

五、从双侧翼威胁到单侧翼威胁

冷战期间，苏联对包括欧洲和东亚，以及南亚和西亚的所有欧亚边缘地区都构成"威胁"，对美国跨太平洋和跨大西洋两侧翼也构成挑战。这是西方集团内部对苏联的一致看法。

由于中国与欧亚大陆腹地的接壤部分比苏联要小，中国只对美国构成跨太平洋的单侧翼挑战。中国地处东亚边缘地带，能够在这一侧翼向美国施加比苏联在任何侧翼都更大的压力。苏联在亚洲专门通过与中国结盟来拒绝美国进入边缘地区，但它没有控制中国及其战略选择。在欧洲，苏联凭借其强大的陆上力量，迫使美国遵守"相互确保摧毁"（MAD）原则，并在欧洲的东西方分界线上设置机关绊网。然而，美国和北约联盟在欧洲边缘地区制衡了苏联的势力。另外，中国是一个边缘地带大国，也是目前亚洲的主导陆上大国。与在欧洲相反，美国无法在欧亚大陆的边缘地带制衡中国。

此外，中国正在建设海军力量。苏联解体后，中国第一次摆脱对其陆基安全的威胁，进一步巩固了其在亚洲的主导陆上力量地位。由于其战略后方面对的是相对安全的俄罗斯和印度，中国可以将其大部分资源投入海上前线。中国不断增长的蓝水能力将中美军事竞争区域从西太平洋扩展到更大的"印太"地区。[2]

奥巴马政府宣布的"重返亚洲"政策在整个欧洲敲响了警钟。然而，东山再起的俄罗斯以及2014年克里米亚并入俄罗斯很快促使美国加强其对欧洲的军事投入。与此同时，中国的地位自2014年到2020年进一步加强。在这6年中，中

1　Øystein Tunsjø, *The Return of Bipolarity in World Politics*; Øystein Tunsjø, "Another Long Peace?" *The National Interest,* Vol.158, 2018, pp. 34–43.

2　Jo Inge Bekkevold and Bobo Lo, eds., *Sino-Russian Relations in the 21st Century*, London: Palgrave Macmillan, 2019; Jo Inge Bekkevold and S. Kalyanaraman, eds., *India's Great Power Politics: Managing China's Rise*, London: Routledge, 2021.

国的GDP（名义数字）增长了50%。

边缘地带的中国迫使美国优先考虑其跨太平洋侧翼，这对美国同时完全介入跨大西洋侧翼的能力有潜在负面影响。此外，中国的边缘地带位置限制了其地缘影响范围，减轻了中国在"印太"地区以外的影响。欧洲在地理上比美国更不容易受到中国军事力量的影响。中国是东亚地区占主导地位的陆上强国，可能会在陆地上投射力量，波及东北亚和东南亚的所有欧亚边缘地区，但地理距离和国家数量（"缓冲国家"）使得中国不太可能将力量投射到中东和欧洲边缘地区。这也导致美国及其盟国对"中国威胁"的看法出现分歧。例如，最近发布《北约2030》分析报告的作者们指出，中国不会对欧洲-大西洋地区构成像俄罗斯那种规模的直接军事"威胁"。[1]

乌克兰危机的爆发对美国的战略分别有短期和长期两类影响。短期而言，它迫使美国将更多资源集中在欧洲战区，花费大量外交时间和努力来维持大西洋关系的凝聚力，以及与欧洲盟国和伙伴合作对俄罗斯实施经济制裁。然而，乌克兰危机暴露了俄罗斯的弱点，也显示出欧洲各国承担本国国防安全责任的能力。长远而言，这些发展使美国能够集中精力关注中国。正如2022年美国新国防战略报告所强调的，五角大楼将"优先考虑中国在'印太'的挑战，然后是俄罗斯在欧洲的挑战"。该报告还建议美国"采取紧急行动以维持和加强威慑力，将中华人民共和国作为我们最重要的战略竞争对手"。[2]

乌克兰危机对中欧关系也产生了影响。俄罗斯在乌克兰边境部署了军队后，2022年2月4日与中国发表的联合声明宣布中俄战略合作将"没有止境"，引起欧洲的不安。[3]例如，欧盟外交与安全政策高级代表何塞普·博雷利（Josep Borrell）称该联合声明是"修改世界秩序的宣言"。

然而，由于地理原因，欧洲盟国更不愿支持针对中国的遏制政策，而美国则更优先考虑"印太"地区而非欧洲。美国可能很快就会走向"先亚后欧"的大战略，而欧洲的做法则是以"先邻后亚"战略为指导。因此，欧洲和北约目前的一个重要辩论是，美国和欧洲之间如何清晰地"分工"，跨大西洋联盟中的战略漂移和分歧会带来多大风险，以及北约在亚洲安全事务中能够和应该发挥多大

1　NATO, "NATO 2030: United for a New Era," November 25, 2020, https://www.nato.int/nato_static_fl2014/assets/pdf/2020/12/pdf/201201-Reflection-Group-Final-Report-Uni.pdf, 2021-10-18.

2　U.S. Department of Defense, "Fact Sheet: 2022 National Defense Strategy," March 28, 2022, https://media.defense.gov/2022/Mar/28/2002964702/-1/-1/1/NDS-FACT-SHEET.PDF, 2022-05-18.

3　Duchâtel, Mathieu, Angela Stanzel, and Justyna Szczudlik, "EU-China Summit: Seeking a Constructive Chinese Role to End Putin's War," *Institut Montaigne*, March 25, 2022, https://www.institutmontaigne.org/en/blog/eu-china-summit-seeking-constructive-chinese-role-end-putins-war, 2022-05-25; Stuart Lau, "Russia Crisis Gives EU a Grim Sense of What's to Come with China," *Politico*, October 12, 2022, https://www.politico.eu/article/china-xi-jinping-has-europe-eu-summit-russia, 2022-05-23.

作用。

六、从"中国牌"到"俄罗斯牌"

冷战时期，美国能够通过与中国联手巩固其在东亚边缘地带的地位，迫使莫斯科采取代价高昂的双侧翼军事布势。澳英国际关系学者赫德利·布尔（Hedley Bull）称，冷战期间打"中国牌"是"基辛格地缘政治视角的最高应用"。[1] 随着中国成为中美新两极世界格局中美国眼中的"竞争对手"，美国可能会考虑用"俄罗斯牌"对付中国。事实上，这一政策选择在乌克兰危机之前是美国战略界争论的话题。然而，地缘政治学告诉我们，挑拨俄罗斯和中国的关系是非常困难的。

由于当代中俄关系与50年前的情况截然不同，打"俄罗斯牌"将会非常困难。20世纪70年代初，中国和苏联是处于战争边缘的敌人。1969年的中苏边界冲突以及苏联对中国发动更广泛攻击的可能性为美国提供了对苏联打"中国牌"的直接机会。此外，边界危机是中苏关系长达10年逐渐恶化的结果。中国当时需要一支制衡力量并与美国走近。今天，经过30年在越来越多问题上的合作，中俄关系可以说比历史上任何时候都更加紧密，并且当前的中俄关系基于一种能够增强双方合作持久性的地缘政治逻辑。

当前，中国、美国和俄罗斯三国之间权力和地理的相互作用有利于中俄合作，这中间有三个相互关联的原因。

第一，尽管近年来中国的军事实力有所上升，但中俄两国的实力与美国及其盟友的实力差距甚至比中俄两国实力的差距还要大。中国的国防开支尚未超过欧洲北约成员国的军事开支总和。如果欧洲北约的军事能力加上美国在跨大西洋战区的军事能力，俄罗斯在欧洲侧翼面临的实力差距会比它在中国侧翼面临的差距更大。

第二，中国与美国的海军竞争意味着中国的军事建设将从俄罗斯转向"印太"。俄方继续向解放军出售武器的前提是，中国更有可能与美国发生海上冲突，而不是对俄罗斯发动陆战。由于各自的地缘战略方向相反，中国和俄罗斯都重视保持共同战略后方的安全。

第三，边缘地带的中国目前作为中俄合作中的主导力量，其对俄罗斯的军事压力，要小于当年莫斯科－北京关系中处在腹地的苏联对中国的压力。冷战期间，苏联对中国边境的一大部分地区（从西部的新疆到东北部的黑龙江省）构成过潜在威胁，而苏联的船舶可以在西太平洋航行。此外，中国必须考虑到莫斯科

---

1 Hedley Bull, "Review: Kissinger: The Primacy of Geopolitics," *International Affairs,* Vol. 56, No.3, 1980, pp. 484–487.

影响其近邻地区，例如朝鲜半岛、中南半岛和印度的政策的能力。而今天，由于地理原因，中国仅在远东和一定程度上在中亚与俄罗斯可能发生直接军事关系，且中国没有能力以类似于苏联对中国边境施加影响的方式对付俄罗斯。

因此，尽管乌克兰危机使中美关系和中欧关系复杂化，但俄罗斯面对中国的处境比50年前中国面对苏联的处境更为有利。因此，乌克兰危机将进一步降低美国对中国打"俄罗斯牌"的可能性。乌克兰危机增强了欧洲的团结，扩大北约并促使芬兰和瑞典争取加入北约，同时在北约欧洲和俄罗斯之间制造了短期内很难解决的分歧。冷战期间，中美关系从朝鲜战争中的对抗走向和解仅用了20年。然而，我们对中美竞争和中俄伙伴关系的地缘政治基础的分析表明，今天美俄关系发生类似转变的可能性较小。

七、从经济分裂到经济混合

冷战时期的国际经济秩序有三个明显的特征：[1] 其从一开始就是高度两极化的两个集团的经济秩序，美苏两个阵营的国家之间几乎没有经济互动；而且，美国为损害苏联的军事能力实施了经济遏制政策，而美国的盟友基本上都坚持这一政策，遏制政策助推了两大集团的经济秩序；最后，在整个冷战期间，两个集团内部盟友之间的相互依存程度有所提高，特别是在以美国为首的集团内。

国际经济秩序反映国际体系中的权力分配。[2] 经济上的相互依存被视为超级大国和大国之中脆弱性的潜在来源。相互依存的脆弱性在两极权力结构中最为明显。因此，随着中美竞争取代美国单极体系，两极化的引力预计将把国际经济秩序塑造成类似于先前美苏冷战竞争时的两极体系秩序那样。美国和中国之间的"脱钩"现象正是这一发展的第一个证明。然而，中国的边缘地带位置对国际经济秩序产生的两个重要影响将导致与冷战不同的结果。

首先，边缘地带有利于贸易和全球战略，并将减缓两极性的影响。在古代，欧亚腹地通过东西方之间的丝绸之路蓬勃发展。然而，达伽马（Vasco da Gama）发现好望角通往东印度群岛的通道，在16世纪引发了根本性的地缘政治转变，在改变贸易路线的同时也最终改变了整个欧亚大陆的权力平衡。这些海上新航线的发展，以及造船技术和航海技能的发展，促使欧亚边缘地区取代腹地成为商业和权力中心。[3] 整个欧亚大陆不断发展的铁路网络也未能削弱海路贸易的主导

1 Joan Gowa, *Allies, Adversaries, and International Trade*, Princeton: Princeton University Press, 1994.

2 Kenneth N. Waltz, *Theory of International Politics*; Michael Mastanduno, "Economics and Security in Statecraft and Scholarship," *International Organization*, Vol.52, No.4, 1998, pp. 825–854.

3 Jakub J. Grygiel, *Great Powers and Geopolitical Change*, Baltimore: Johns Hopkins University Press, 2006.

地位。[1]

中国边缘地带大国的地位加强了中国在20世纪70年代对外开放政策的成功，使其得以利用日本以及"亚洲四小龙"创造的东亚经济奇迹。中国很好地利用了亚洲和其他地区庞大的华侨华人网络，并在沿海省份建立经济特区和越来越多的工业园区，以与国际经济接轨。中国已经发展成为世界工厂和贸易国家，而位于欧亚大陆中心地带的苏联，其经济发达地区更多位于内陆，主要依靠自然资源。在1960年至1990年期间，苏联出口商品的价值为美国的四分之一到三分之一，而中国2020年的商品和服务出口额已超过美国。此外，苏联主要是与欧亚大陆的邻国进行贸易。事实上，在20世纪50年代和60年代，苏联与东欧和其他社会主义盟国的贸易占苏联贸易总额的四分之三。相比之下，中国目前最重要的两个出口市场是美国和欧盟。

冷战主要是大陆大国苏联和海上大国美国之间的竞争。这种明显的海陆权力差异加剧了两个集团之间的经济两极分化。直到冷战后半期，苏联才设法在海上组成了一支庞大的船队。1980年，苏联以注册旗统计的商船吨位占世界总载重吨位的5%。[2] 2020年，中国内地运营的商船吨位居世界第二，占全球总吨位的11%（不包括香港注册的中国船舶）。[3] 中国是海陆混合大国，中美两极体系的经济秩序将反映出这种混合。中国的"一带一路"倡议最能说明中国的这种特点。

当然，这并不能保证中国会一直与全球经济保持联系。中国历史上曾在内向型和外向型政策间来回转变。从面向全球到内向型政策最明显的转变是中国在15世纪初明朝时期停止贸易和造船。另一个例子是中国在20世纪50年代初决定中断大部分对外经济关系。事实上，中国历来对"相互依存"的概念有所顾虑，因为它挑战了"独立""主权"和"自力更生"等这些与"依赖"概念相反的核心价值。尽管如此，地缘政治还是塑造了中国当代的全球视野及其与世界的联系。

中国的边缘地带位置对国际经济秩序的第二个影响是，它仅对欧亚大陆构成单侧翼的挑战，使大西洋两岸对"中国威胁"的看法产生分歧。受地缘政治的影响，与它们在冷战期间面对苏联时相比，欧洲国家不愿与中国经济"脱钩"，也不支持美国的经济遏制。因此，尽管两极权力结构促使美国和中国减少相互依

1　Jo Inge Bekkevold and Geoffrey Till, eds., *International Order at Sea: How It Is Challenged. How It Is Maintained*, London: Palgrave Macmillan, 2016.

2　UNCTAD, "Review of Maritime Transport," *The United Nations Conference on Trade and Development*, Sep 2, 2020, https://unctad.org/system/files/official-document/rmt1980_en.pdf, 2022-05-01.

3　UNCTAD. "Review of Maritime Transport," *The United Nations Conference on Trade and Development*, Dec 21, 2020, https://unctad.org/system/files/official-document/rmt2020_en.pdf, 2022-05-01.

赖，但地理环境将减缓国际体系中朝向经济两极分化的转变。因此，中美竞争下的国际经济秩序将是美国单极体系的全球化和冷战体系的极端两极分化的混合体。

八、结论

正如冷战时期一样，地缘政治在中美竞争的新时代发挥着重要作用。尽管如此，地缘政治塑造新超级大国动态和国际秩序的方式与之前的两极体系不同。美国与边缘地带的中国竞争所指向的国际秩序虽然可能更容易产生冲突和不稳定，但不会像冷战时期那样两极化和静态化。

> 美国与边缘地带的中国竞争所指向的国际秩序虽然可能更容易产生冲突和不稳定，但不会像冷战时期那样两极化和静态化。

虽然美国的要点防御战略遵循与边缘大国竞争的新地缘政治逻辑，但与冷战时期美国和苏联在欧洲的竞争相比，它在"印太"地区与中国的竞争更加不稳定，更具动态性。在海洋领域，跟以前几个超级大国在陆基冷战战区之间的情况不一样，不存在维持稳定和防止直接军事对抗的东西方分界线。由于美国和中国之间的竞争主要是在海上而不是在陆地上，因此双方更有可能为了控制和进入东亚海上航道而进行有限的战争。[1]

在德国分裂以及北约组织和华约组织成立后，欧洲分裂为两个集团。到20世纪50年代，两极如果入侵对方很可能引发第三次世界大战。苏联武装部队对美国驻欧洲部队和美国在西欧的盟友构成了压倒性的"威胁"。由于无法在欧洲与苏联的常规军队相抗衡，美国不得不引入"大规模报复"的原则，通过威胁发动全面战争来阻止冷战期间欧洲的有限战争。

美国今天在东亚水域没有这样的处境。[2]相反，美国在中国南海、东海和台湾海峡的潜在爆发点更加不确定。即便中国人民解放军在东亚海域使用武力也不太可能构成生存威胁，更不太可能引发中美之间的核战争。

相反，美国可以依靠其不容小觑的常规力量在东亚与中国进行有限的海上战争。美国没有制定任何类似于"大规模报复"的战略来威慑中国和中国人民解放军。与之前两极体系中欧洲的超级大国竞争形成鲜明对比的是，由于中美两个超级大国并不位于同一大陆，形成全面入侵或全面战争的可能性没那么大，所以中美两国的决策者更有可能为了解决东亚海上争端而不惜冒战争的风险，或者向对方的海军发动先发制人的打击。

---

1 Øystein Tunsjø, "Another Long Peace?" *The National Interest*, Vol.158, 2018, pp. 34-43.

2 Avery Goldstein, "First Things First: The Pressing Danger of Crisis Instability in U.S.–China Relations," *International Security,* Vol.37, No.4, 2013, pp. 49–89.

比较这两种两极体系可以发现，冷战期间由于欧洲有限战争升级为全面战争的风险极高，所以很少发生有限战争。相比之下，如今东亚战争升级为全面战争的可能性低于以前欧洲，所以发生有限战争的风险就更高。

此外，尽管乌克兰危机加强了跨大西洋的团结，但中美竞争的地缘政治影响增加了跨大西洋联盟内部发生战略分歧的风险。地缘政治学也表明，打"俄罗斯牌"对抗中国的"反转尼克松"战略不太可能奏效。

作为一个边缘地带大国，中国与全球经济的联系将比苏联更紧密，并且当代的两极体系将不会有明显的陆地和海洋大国的分界线。美国及其盟国不仅会发现对中国的经济遏制具有挑战性，而且会认识到，当代全球化和日益加剧的两极分化的混合会造成不稳定。与冷战时期两个超级大国维护一个已经两极分化的体系相比，打破现有网络和价值链更有可能导致摩擦。

混合经济秩序也对自由经济秩序提出新的挑战。冷战时期虽经济分裂，但由于以美国为首的集团内盟友深知，它们之间的经济合作不仅会增加它们的福利，而且将加强其安全联盟，所以其集团内创造出了一种即便盟友背叛或追求相对收益也风险很低的经济秩序。因此，美国扮演着霸主和秩序稳定者的角色，以援助和投资的形式向联盟伙伴提供公共产品，并与联盟伙伴进行贸易和多边合作以实现互利。而今中国在全球经济中的作用突出，加上盟国支持遏制中国战略的不确定性增加，使得相互利益和相对利益之间的界限变得模糊，可能会削弱美国继续充当秩序稳定者和公共产品提供者的意愿。

（马丽澳翻译，耿协峰校对）

影响中欧关系发展的三大因素分析

冯仲平[*]

内容提要： 近年来，中欧关系面临诸多挑战。欧盟对华新认知、中美之间的竞争、个别中东欧国家对中国红线的触碰，以及乌克兰危机都促成了中欧关系的转型。许多欧洲国家对中国采取了"多元化"的态度，将中国视为合作伙伴、竞争者和"制度性对手"。中国–中东欧国家合作机制的建立已成为中欧关系中的一个分歧点。未来中欧关系的一个显著特点可能是，随着双边关系的重要性不断增加，其复杂性也将更加突出。中欧都需要适应这些变化，探索双边关系的新范式。

关键词： 欧盟对华认知　中美竞争　中东欧国家

中欧关系在过去几十年基本是稳定的，各自的实力和影响力没有重大的变化，国际战略环境也处于相对稳定时期。但是近年来，中国和欧洲以及中欧互动的国际环境都发生了很大变化，在这一背景下中欧关系也正在经历重大变化。本文所说的欧洲主要指欧盟及其成员国。本文认为，欧洲对中国的新认知、美国因素、中东欧因素等对中欧关系的发展和变化产生了重要影响，中欧关系步入了一个新的调适期。

一、中欧在各自外交战略中的地位显著上升

中欧关系曾深受冷战两极对峙格局影响。随着冷战结束，特别是中国实施改

---

* 冯仲平，中国社会科学院欧洲研究所所长，研究员。

革开放战略后，中欧关系迎来了一个大发展时期。中国将工作重心转移到国内经济建设上，使得欧盟在中国对外战略中的地位骤然提升。欧洲国家，特别是西欧国家扮演了中国对外开放的主要对象和经贸合作主要伙伴的角色。

中国不仅重视与欧盟发展经济合作，而且主动推动双方关系在其他领域也取得进展。习近平主席关于中国与欧盟为"三个两大"的判断，反映了中国现阶段对中欧关系的期待。2013年，习近平主席在会见来华参加第16次中欧领导人会晤的欧盟领导人时提出，中欧是维护世界和平的"两大力量"，促进共同发展的"两大市场"以及推动人类进步的"两大文明"。[1]2014年访欧期间，习近平进一步阐述了这一看法。在与时任欧洲理事会主席范龙佩会谈中，他提出中欧要努力塑造"四大伙伴关系"，即和平伙伴关系、增长伙伴关系、改革伙伴关系、文明伙伴关系。[2]2022年4月1日，习近平在与欧洲理事会主席米歇尔和欧盟委员会主席冯德莱恩举行视频会谈时指出，8年前，我提出中国愿同欧洲一道打造中欧和平、增长、改革、文明四大伙伴关系，中方的这一愿景至今未改变，当前形势下更有现实意义。习近平同时指出，中欧有着广泛共同利益和深厚合作基础，中方对欧政策保持稳定连贯，希望欧方形成自主的对华认知，奉行自主的对华政策，同中方一道，推动中欧关系行稳致远，为动荡的世界局势提供一些稳定因素。[3]

在中国日益将欧盟视为重要合作伙伴的同时，欧洲对中国的重视程度也随着中国实力特别是经济实力的大幅提升而与日俱增。长期以来，美国和俄罗斯是欧洲国家最为关注的两个国家。美国是欧洲多数国家至关重要的军事盟友、政治同盟和经济伙伴，俄罗斯则是欧洲国家最大的邻国，同时也被视为现实或潜在的主要对手。欧洲国家的外交主要是围绕美国和俄罗斯而展开的。对美和对俄关系消耗掉了欧洲外交的主要精力。但过去20多年，中国在欧洲对外关系中的地位一直处于上升通道。1994年欧盟首份对亚洲政策报告出台的背景是冷战后东亚地区经济快速增长，但实际上欧盟主要还是看到了中国的发展前景。在1995年发表的第一份对华政策文件中，欧盟认为中国崛起是二战结束以来任何国家的发展所不可比拟的，欧盟需要"重新定义对华关系"。在其2003年发表的首份安全战略报告中，欧盟首次将中国与美国、俄罗斯、日本、加拿大并列确立为"战略伙伴"。欧方重视中国在世界事务中发挥的重要和积极作用，愿同中方紧密合作，共同努力应对气候变化、公共卫生等重大全球性挑战。

中欧关系之所以受到双方的不断重视，最重要的原因无疑是经济相互依赖日益加深。2008年国际金融危机及其后欧债危机的爆发使得欧洲不少国家陷入严重

1《习近平会见欧洲理事会主席范龙佩和欧盟委员会主席巴罗佐》，《人民日报》，2013年11月21日，第1版。

2《习近平同欧洲理事会主席范龙佩举行会谈》，《人民日报》，2014年4月1日，第1版。

3《习近平会见欧洲理事会主席米歇尔和欧盟委员会主席冯德莱恩》，《人民日报》，2022年4月2日，第1版。

的经济衰退，中国对欧洲的重要性进一步增大。从2004年欧盟第一次东扩到2019年，欧盟一直是中国第一大贸易伙伴，同时中国则一直是欧盟的第二大贸易伙伴。2019年中欧贸易额达到7052亿美元。2020年东盟首次超过欧盟成为中国最大贸易伙伴，但同年中国首次超过美国成为欧盟第一大贸易伙伴。[1]2016年对于中德关系来说具有特别的意义，据德国联邦统计局数据，当年中德贸易额达到1882亿美元，中国首次取代美国成为德国的最大贸易伙伴；[2]2021年中国连续第6年成为德国在全球最重要的贸易伙伴。中德两国2021年全年贸易额达2454亿欧元，增长15.1%。[3]贸易之外，在2008年金融危机之后，中国对欧盟直接投资呈现出快速增长态势。截至2020年底，中国对欧盟直接投资累计达到830.16亿美元。[4]

　　除经济合作之外，在全球治理领域加强合作，共同应对全球性挑战成为中欧新的共同利益。欧洲各国普遍认为中国在应对气候变化和保护生物多样性等方面不可或缺。中欧在《巴黎协定》、伊朗核协定的签署与实施过程中展开了积极合作。即使美国特朗普政府退出上述两个协定，中欧的立场也没有发生动摇。为了兑现各自对于《巴黎协定》的庄严承诺，欧盟和中国彼此呼应和支持，先后提出了各自实现碳中和目标的时间表。欧盟的目标是，以1990年为基准年，将2030年中期减排目标从原定的40%上调至50%—55%，然后在此基础上，到2050年成为世界首个碳中和地区。[5]中国则宣布在2030年前碳排放达到峰值，2060年前实现碳中和。[6]

1　欧盟统计局2021年2月15日发布的数据显示，2020年中国与欧盟商品贸易额约为5860亿欧元，其中中国向欧盟出口3835亿欧元，中国从欧盟进口2025亿欧元，中国成为欧盟第一大商品贸易伙伴。同期，美国与欧盟商品贸易额约为5550亿欧元，美国为欧盟第二大贸易伙伴。Eurostat, "Euro Area International Trade in Goods Surplus €29.2bn," February 2021, https://ec.europa.eu/eurostat/documents/2995521/12434148/6-15022021-BP-EN.pdf/e8b971dd-7b51-752b-2253-7fdb1786f4d9.

2　德国联邦统计局网站，https://www-genesis.destatis.de；《2016年中国超美法，首次成为德国第一大贸易伙伴》，中国商务部网站，http://www.mofcom.gov.cn/article/i/jyjl/m/201802/20180202714177.shtml，2017年2月25日。

3　陈希蒙：《中德经贸合作"疫"中攀新高》，中国经济网，http://bgimg.ce.cn/xwzx/gnsz/gdxw/2022 02/23/t20220223_37349046.shtml。

4　中华人民共和国商务部、国家统计局、国家外汇管理局：《2020年度中国对外直接投资统计公报》，中国商务出版社，2021年版，第37页。

5　"The European Green Deal Sets out How to Make Europe the First Climate-Neutral Continent by 2050, Boosting the Economy, Improving People's Health and Quality of Life, Caring for Nature, and Leaving No One Behind," European Commission, December 11, 2019, https://ec.europa.eu/commission/presscorner/detail/en/ip_19_6691.

6　《习近平在第七十五届联合国大会一般性辩论上的讲话（全文）》，新华网，2020年9月22日，http://www.xinhuanet.com/2020-09/22/c_1126527652.htm。

二、欧盟对华新认知：竞争成分增大

2021年德国大选后，由社民党、绿党、自民党公布的联合执政协议引人注目地写道，"希望且必须在伙伴、竞争者及制度性对手的维度下建构对中国关系"。[1]德国新政府对中国的"三重定位"，即伙伴、竞争者及"制度性对手"，反映了欧洲国家在对中国的新认知问题上已形成共识。

"三重定位"是指，在不同的领域，欧洲认为中国与欧洲的关系是不同的。具体而言，在应对气候变化等方面，中国是伙伴，在技术和经济领域是竞争者，在制度、治理模式方面是对手。将中国定位为"制度性对手"，最初是由德国联邦工业联合会于2019年初提出来的。这一提法很快就得到了欧盟委员会的认同。在同年3月欧盟委员会发表的题为《欧盟-中国：战略展望》的对华政策报告文件中，关于中国的多重定位正式出炉。[2]

欧盟委员会在该对华政策文件中指出，"在不同的政策领域，中国既是与欧盟具有相同目标的合作伙伴、需要寻求利益平衡的谈判伙伴，又是追求技术领先的经济竞争者和推广不同治理模式的制度性对手"。[3]欧盟委员会指出，中国和欧盟为世界上最大的经济体之一且互为主要贸易伙伴，中国现在是欧盟仅次于美国的第二大贸易伙伴，欧盟是中国最大的贸易伙伴。双方致力于建立全面的战略伙伴关系，正如《中欧合作2020战略规划》所表述的那样。但该文件接下来提出的一些判断至关重要。它指出，"欧洲越来越意识到中国所带来的挑战和机遇之间的平衡已经发生变化"。该文件认为，在过去的10年中，中国的经济实力和政治影响力以前所未有的规模和速度增长，反映出其成为全球领先大国的雄心。同时，该文件又提出了一个重要的看法，即"中国不能再被视为发展中国家"，并指出，中国在世界上（包括欧洲在内）日益广泛的存在应伴随着更大的责任，以维护"基于规则的国际秩序"，并使其制度具有更大的互惠性、非歧视性和开放性。上述对中国的一些新认知和新判断，特别是关于机遇和挑战失衡的看法，以及中国不再是发展中国家的认识，构成了欧盟对华新定位的基础。基于新的对华认知，欧盟提出了对华政策的三个目标：第一，根据明确规定的利益和原则，欧盟应加深与中国的接触，以促进全球范围内的共同利益；第二，欧盟应大力促进中欧经济关系间更加平衡和对等的条件；第三，为了维护欧盟长期繁荣、价值观

1《12次提及中国！德国新政府对华政策引关注，德媒：他们想比以前"显得更自信"》，《环球时报》，2021年11月26日。

2 "EU-China — A Strategic Outlook," European Commission, March 2019, https://ec.europa.eu/info/sites/info/files/communication-eu-china-a-strategic-outlook.pdf.

3 "EU-China — A Strategic Outlook," European Commission, March 2019, https://ec.europa.eu/info/sites/info/files/communication-eu-china-a-strategic-outlook.pdf.

和社会模式，欧盟自身需要在某些领域适应不断变化的经济现实，并加强自身的国内政策和产业基础。[1]

在欧盟委员会于2019年3月对中国的定位进行了正式调整之后，无论是同年12月走马上任的新一届欧盟委员会还是欧洲议会，都接受了这一新定位。比如，欧洲议会在其于2021年9月表决通过的《新欧中战略报告》中称，中国是欧盟的合作和谈判伙伴，但正日益成为欧盟的经济竞争者和"制度性对手"，呼吁欧盟制定更加自信、全面、一致的对华战略，塑造符合自身价值观的对华关系。[2]欧盟内有影响力的成员国如法国、德国也采用了对中国的多重定位。法国外长勒德里昂在2021年6月接受采访时表示，法国认为中国既是合作者，也是竞争者及对手，因此，面对中国应采取"多样化"姿态应对。勒德里昂指出，"首先，中国是一个合作伙伴。我们无法在没有中国的情况下达成气候协议，不能在没有中国的情况下对世卫组织进行真正的改革，保护生物多样性也不能没有中国的参与"。同时他认为，中国是一个不可忽视的经济和技术竞争者。"因为中国正在发展一种与我们不同的政治模式"，所以在他看来中国也是一个对手。[3]德国新政府的态度，如前所述，也如出一辙。

> 欧盟提出了对华政策的三个目标：第一，根据明确规定的利益和原则，欧盟应加深与中国的接触，以促进全球范围内的共同利益；第二，欧盟应大力促进中欧经济关系间更加平衡和对等的条件；第三，为了维护欧盟长期繁荣、价值观和社会模式，欧盟自身需要在某些领域适应不断变化的经济现实，并加强自身的国内政策和产业基础。

近年来，基于对中国的新认知以及对中欧关系的新定位，欧盟一方面希望在经贸领域以及应对气候变化等全球挑战方面与中国开展合作，另一方面在人工智能等新技术领域对中国的竞争、防范意识显著增强。同时，在意识形态领域，包括国内治理模式以及全球政治影响力等方面，欧盟更愿意对中国采取强硬立场。总之，对华新认知使得欧盟对华政策的竞争性更加突出。

欧盟所指的与中国的竞争，首先是经济和科技上的竞争。2017年12月，欧

---

1 "EU-China — A Strategic Outlook," European Commission, March 2019, https://ec.europa.eu/info/sites/info/files/communication-eu-china-a-strategic-outlook.pdf.

2《驻欧盟使团发言人就欧洲议会表决通过〈新欧中战略报告〉答记者问》，中国驻欧盟使团网站，2021年9月16日，http://www.chinamission.be/stxw/202109/t20210916_10004965.htm。

3《法国外长：中国是合作者、竞争者、对手，并非G7的敌人》，观察者网，2021年6月20日，https://www.guancha.cn/internation/2021_06_20_595118.shtml，原电视采访链接如下："Jean-Yves Le Drian face à Jean-Jacques Bourdinen direct - 18/06," BFMTV, June 2021, https://www.bfmtv.com/replay-emissions/bourdin-direct/jean-yves-le-drian-face-a-jean-jacques-bourdin-en-direct-18-06_VN-202106180109.html。

盟委员会发布了一份长达465页的工作文件，称中国存在"重大经济扭曲"，[1] 为其对中国商品征收反倾销税提供了"合法性"。2019年4月11日《欧盟外资审查框架法案》正式生效；继2020年6月17日发布《针对外国政府补贴的促进公平竞争白皮书》[2]后，2021年5月5日欧盟委员会正式出台外国政府补贴立法草案，[3]这两项法案主要指向中国。

欧盟对华政策的竞争性除反映在经济和技术领域外，还体现在所谓价值观以及国际影响力尤其是政治影响力方面。欧盟将中国视为"制度性对手"，英语为"systemic rival"（也有人将其翻译或理解为"系统性对手"），主要指制度性方面，尤其指中国"推广不同治理模式"，包括意识形态等。欧盟针对中国"一带一路"倡议的态度突出反映了此类竞争心理。2013年中国刚提出"一带一路"倡议时，欧洲国家和欧盟的整体反应是积极的，并寻求与中国进行合作。中东欧国家与中国通过中国-中东欧国家合作机制展开合作，在贸易、投资和基础设施建设等方面均取得了进展。欧盟机构的态度刚开始也是正面的。在2015年9月举行的第五次中欧经贸高层对话上，双方重点讨论了"一带一路"倡议、国际产能合作与"欧洲投资计划"合作等问题，并签署了建立中欧互联互通平台的谅解备忘录。当时欧盟委员会认为，互联互通平台将能够更好地协调中国"一带一路"倡议与欧盟的泛欧交通网络政策，推动双方在基础设施、设备、技术与标准等领域的合作，从而为双方创造众多商业机遇，提升中国与欧盟的就业、增长与发展。[4]

这一思路在2018年欧盟公布的加强欧亚互联互通的文件中仍得到了体现。这一题为《连接欧洲和亚洲：对欧盟战略的设想》的政策文件写道，欧盟应利用好中欧互联互通平台机制，加强与中国在基础设施和发展方面的合作，提升市场准入和公平竞争，以及在有关互联互通倡议中遵循国际标准等。然而，与中国展开竞争的含义也开始有所表露。如该文件强调，欧盟将把自身地区合作的经验推广到与亚洲的联通建设上，并冠之以"欧洲方式"的字样，即欧盟希望欧亚联通应"具有可持续性、全面性，并基于规则"。"可持续性"指的是，从长远的角度达到经济、财政、环境和社会的可持续性。"全面性"则既指交通、能源、数字

1　"Commission Staff Working Document on Significant Distortions in the Economy of the People's Republic of China for the Purposes of Trade Defence Investigations," European Commission, December 2017, https://trade.ec.europa.eu/doclib/docs/2017/december/tradoc_156474.pdf.

2　"White Paper on Levelling the Playing Field as Regards Foreign Subsidies," European Commission, Brussels, June 17, 2020, https://ec.europa.eu/competition/international/overview/foreign_subsidies_white_paper.pdf.

3　"Commission Proposes New Regulation to Address Distortions Caused by Foreign Subsidies in the Single Market," European Commission, May 5, 2021, https://ec.europa.eu/commission/presscorner/detail/en/ip_21_1982.

4　《欧盟委员会欢迎"一带一路"对接"欧洲投资计划"》，新华社，2015年9月29日，http://www.gov.cn/xinwen/2015-09/29/content_2940431.htm。

方面的联通，也指商品、服务、资金和人员的流动。"基于规则"，指的是为确保效率和企业的公平竞争，欧亚联通应遵循国际通行的做法、规则、协议以及技术标准。[1]2021年7月欧盟发布的所谓欧版"一带一路"则主要反映了与中国"一带一路"竞争的意图。欧盟理事会将该战略冠名为"全球联通欧洲"（A Globally Connected Europe），并要求欧盟委员会最迟在2022年3月前提交一份"具有重大影响力和知名度"的基础设施项目清单。在该战略中，欧盟重新明确了其实施互联互通的原则方针，包括：联通的可持续性，体现在气候和环境、社会、经济和资金等方面；联通的全面性，包括交通、能源、数字和人员；联通以规则为基础，保证非歧视和公平竞争。[2]这项战略并未提及中国，但一位参与起草该战略的欧盟外交官称，这份文件当中"写满了中国"。[3]德国时任外长马斯直截了当地指出，"我们看到中国利用经济和金融手段在世界各地提高政治影响力。对此抱怨是没有用的，我们必须提供其他选择"。[4]该战略还明确指出，欧盟联通战略一定要有一个更为"响亮"的名称。2021年9月，在欧洲议会发表年度"盟情咨文"时，欧盟委员会主席冯德莱恩正式宣布将欧盟的联通战略定名为"全球门户"（Global Gateway）战略。[5]

三、中欧关系中的美国因素

美国对于欧洲国家的外交政策具有十分重要的影响。由于冷战的原因，二战后西欧国家与美国建立了北大西洋公约组织，美国通过与西欧国家结成军事同盟而留在了欧洲。虽然连接欧美的纽带还有相同的意识形态、共同的历史和文化，以及强大的经济联系，但军事同盟无疑是最重要的。冷战时期，由于欧洲国家在安全上依赖北约，其外交上的独立性受到严重限制。

冷战结束以后，欧美维持同盟关系所面临的挑战越来越多，主要原因有两

1　European Commission and High Representative of the Union for Foreign Affairs and Security Policy, "Joint Communication to the European Parliament, the Council, the European Economic and Social Committee, the Committee of the Regions and the European Investment Bank: Connecting Europe and Asia—Building Blocks for an EU Strategy," European Commission, September 19, 2018, https://eeas. europa.eu/sites/default/files/joint_communication_-_connecting_europe_and_asia_-_building_blocks_ for_an_eu_strategy_2018-09-19.pdf.

2　"Council Conclusions: A Globally Connected Europe," Council of the European Union, July 12, 2021, https://data.consilium.europa.eu/doc/document/ST-10629-2021-INIT/en/pdf.

3《欧盟启动"全球联通欧洲"战略，欧洲外交官：这份文件中"写满了中国"》，环球网，2021年7月13日，https://world.huanqiu.com/article/43uxQWLORJM。

4《欧盟启动"全球联通欧洲"战略，欧洲外交官：这份文件中"写满了中国"》，环球网，2021年7月13日，https://world.huanqiu.com/article/43uxQWLORJM。

5　"2021 State of the Union Address by President von der Leyen," European Commission, September 15, 2021, https://ec.europa.eu/commission/presscorner/detail/en/SPEECH_21_4701.

点：其一，随着共同敌人苏联的消失以及美国战略重心的东移，美国对欧洲的重视程度下降。2014年西方与俄罗斯的关系因乌克兰危机再度紧张后，北约重新加强了"集体防御"，但这并不意味着美国的战略重心又回到了欧洲。其二，双方围绕国际秩序和全球治理等问题产生了分歧。2003年围绕伊拉克战争，美欧之间出现了冷战后第一次重大分裂，暴露出双方围绕国际秩序等问题存在深刻分歧。2017年特朗普上台以后，欧美在全球治理等方面的矛盾愈加突出。特朗普政府在国际上的所作所为，包括退出《巴黎协定》、伊核协议、《中导条约》等，都与欧洲坚持的原则和立场背道而驰。面对美国明显的本国利益至上、无视盟国利益的倾向，欧洲越来越难以继续依赖美国。

2021年拜登上台后宣称"美国回来了"，美国重新重视盟国和多边机构的做法使得欧美关系得到改善。在这种新情况下，欧美关系的未来发展及其对华政策将会有三种可能性。

第一种可能性是，双方因战略重心异化而继续日益疏离，在对华政策上的距离也越来越大。

第二种可能性是，欧美因应对中国而重振联盟。以前在北约峰会上不可能提到中国，尤其是不会在正式、公开的场合提到中国。但是，在特朗普执政的第三年，即2019年，在北约峰会联合声明中赫然出现了中国，称中国的崛起对北约构成挑战，但也有机遇。2021年6月，拜登上台后首站出访锁定欧洲，先后参加了七国集团（G7）峰会、北约峰会以及欧美峰会。本次北约峰会就中国提出如下看法：一是中国正在迅速扩大其核武库，建造更多的核弹头和更多精密的核载具，以建立三位一体核投送能力；二是中国在实施军事现代化和公开宣布的军民融合战略方面"不透明"；三是中国参与俄罗斯在欧洲–大西洋地区的演习。峰会公报总结称，中国的行为对"基于规则的国际秩序和与联盟安全相关的领域构成了系统性挑战"。但公报同时表示，北约需要与中国保持建设性对话，在与联盟相关的领域和气候变化等共同挑战方面与中国展开接触。[1]

第三种可能性是，欧美对华政策有合有分，随时随事而定。相较于前两种而言，这种可能性发生的概率较大。事实上，2020年12月，拜登刚在大选中获胜，欧盟就迫不及待地发表了题为《应对全球变局的欧美新议程》的政策报告。该报告称，"作为公开的民主社会和市场经济，欧盟和美国就中国日益增大的国际自信

---

1 North Atlantic Treaty Organization, *"Brussels Summit Communiqué: Issued by the Heads of State and Government Participating in the Meeting of the North Atlantic Council in Brussels 14 June 2021,"* NATO, June 14, 2021, https://www.nato.int/cps/en/natohq/news_185000.htm.

所带来的战略挑战具有共识，尽管彼此在如何应对上意见并不总是一致"。[1] 拜登上台后，欧洲在对华政策上加大了与美国的协调，一方面双方加强了涉华高级别对话机制，另一方面根据欧盟的建议创建了旨在针对中国的所谓贸易和技术理事会（TTC）。但总体判断，欧洲在对华政策上不会完全倒向美国。在与美国有共同利益的方面，欧洲将继续通过跨大西洋联盟将其利益与美国捆绑在一起，而在与中国有共同利益的地方，欧洲还将与中国保持合作。正如德国国际与安全事务研究所沃尔克・佩茨所指出的，中美战略竞争令欧洲很难维护自身利益。他认为，欧洲国家极不愿意二选一，同时也难采取等距离政策，因此欧洲正在加大努力定义自身既包括地缘经济也包括地缘政治的利益和优先事项。[2] 欧盟外交与安全政策高级代表何塞・博雷利将此称为"辛纳屈主义"，即欧洲将像法兰克・辛纳屈（Frank Sinatra）的著名歌曲《我的路》（My Way）中所说的一样走自己的路。目前来看，在一些与美国有共同利益的领域，欧洲有动力和美国一起对中国施压。其中有两个领域比较清楚，一个是价值观领域，另一个是"基于规则的国际秩序"领域。欧洲国家在国际上不断强调所谓与志同道合者合作正是基于这一考虑。

需要指出的是，尽管欧盟对华政策突出强调竞争，但在应对经济竞争的问题上，欧洲的政策主张与美国并不相同。欧盟主张通过多边框架以及双边谈判来解决，反对挑起贸易摩擦或对华实施"脱钩"战略。德国总理默克尔在2020年1月接受英国《金融时报》采访时指出，中国的成功之道更多在于勤奋、敢于创新以及科技领域的实力。西方国家不应简单将中国经济成就视为"威胁"，可就此展开建设性讨论，但不应采取敌视中国的态度。在她看来，未来西方必须接受与中国竞争的现实，但竞争并不意味着"脱钩"。她同时强调，欧洲已不再是"世界中心"，减少外部合作伙伴将损害自身应对全球挑战的能力。[3]

2021年2月4日，法国总统马克龙（Emmanuel Macron）在参加美国智库大西洋理事会举办的视频研讨会时指出，尽管欧美价值观、历史相同，但他"反对与美国联合起来对抗中国，因为这样做将极大地增加冲突的可能性，减弱中国与其他国家合作的动力，这不符合所有国家的利益"。[4]

1　European Commission and High Representative of the Union for Foreign Affairs and Security Policy, "Joint Communication to the European Parliament, the European Council and the Council: A New EU-US Agenda for Global Change," December 2, 2020, https://commission.europa.eu/system/files/2020-12/joint-communication-eu-us-agenda_en.pdf.

2　Volker Perthes, "Dimensions of Rivalry: China, the United States, and Europe," *China International Strategy Review,* 2021, Vol.3, No.1, pp. 56-57.

3　Lionel Barber, "Transcript: 'Europe Is No Longer at the Centre of World Events'," https://www.ft.com/content/00f9135c-3840-11ea-a6d3-9a26f8c3cba4.

4　Emmanuel Macron, "Transcript: President Macron on His Vision for Europe and the Future of Transatlantic Relations," February 2021, https://www.atlanticcouncil.org/news/transcripts/transcript-president-macron-on-his-vision-for-europe-and-the-future-of-transatlantic-relations.

从民意调查结果来看，欧洲民众也不支持政府与中国进行对抗。一项由欧洲智库欧洲对外关系委员会于2021年9月发布的在欧洲12个国家进行的民调结果显示，欧洲人不想参与美国与中俄的冲突。高达62%的受访者认为美国和中国正在发生"新冷战"，59%的人认为美国和俄罗斯之间正在出现类似的分裂。但只有15%的欧洲人认为自己的国家与中国处于"新冷战"之中，59%的人持相反观点。[1]

随着2022年2月乌克兰危机的爆发，欧美在共同制裁俄罗斯、削弱俄罗斯上有共同利益，美欧均要求中国不要援助俄罗斯，以及不要帮助俄罗斯规避欧美制裁。但与美国不同，欧洲在应对乌克兰危机上更希望中国发挥劝和促谈作用。3月8日，在与中国主席习近平举行视频峰会时，法国总统马克龙和德国总理朔尔茨均表示，欧方一方面重视中国在世界事务中发挥的重要和积极作用，愿同中方紧密合作，共同努力应对气候变化、公共卫生等重大全球性挑战；另一方面愿同中方加强沟通协调，劝和促谈，避免局势进一步升级，产生更严重的人道主义危机。[2]

> 中美欧是世界上最大的三个经济体，是世界经济体系中当之无愧的"三极"。当前，欧洲在中美欧三边关系中的角色十分关键。欧洲国家不想成为中美竞争的竞技场，它本身也想成为一支能够掌握自己命运的力量。

过去人们谈中美俄比较多，但中美欧三边关系同样值得重视。中美欧是世界上最大的三个经济体，是世界经济体系中当之无愧的"三极"。当前，欧洲在中美欧三边关系中的角色十分关键。欧洲国家不想成为中美竞争的竞技场，它本身也想成为一支能够掌握自己命运的力量。乌克兰危机的爆发，一方面激活了北约，促使欧美联手对俄，另一方面也更加坚定了欧盟在欧洲防务和安全上扮演重要角色的决心。2022年3月，欧盟正式推出《安全与防务战略指南针》，标志着欧洲国家就在欧盟框架内开展防务合作已达成新的高度共识。该文件明确指出，制定"战略指南针"的目的在于使欧盟"成为更强大、更有能力的安全提供者"，为此，决定建立一支最多由5000人组成，并可在危机出现时迅速部署到位的快速反应部队。同时，欧盟成员国承诺，将大幅增加防务开支、提高防务技术创新能力，并加强与北约、联合国、欧安组织、非盟、东盟等方面的合作。[3]欧盟外交与安全政策高级代表博雷利称，启动战略指南针计划行动是"欧盟在安

---

1 《欧洲智库民调：六成欧洲受访者认为美国正与中俄进行一场新冷战》，《环球时报》，2021年9月23日。

2 《习近平同法国德国领导人举行视频峰会》，《人民日报》，2022年3月9日。

3 "A Strategic Compass for Security and Defence," Council of the European Union, March 21, 2022, https://data.consilium.europa.eu/doc/document/ST-7371-2022-INIT/en/pdf.

全和防务政策领域迈出的非常重要的一步"。[1]

总之，欧美虽然联系紧密，但是它们的对华利益并不完全相同。中国和欧洲均希望双方的合作能够得到保持。中美欧之间的互动无疑将对全球战略格局产生重要的影响。

四、中欧关系中的中东欧因素

长期以来，中欧关系一直受中国与欧盟大国关系主导，但近年来中东欧国家在中欧关系中的影响已经不可忽视。中欧关系的一个重要特色就是其存在三个层面，即中国与法国、德国以及非欧盟成员国，如挪威、冰岛、塞尔维亚等的双边关系，中国与代表欧盟整体利益的欧盟委员会、欧洲议会等欧盟超国家机构的关系，以及中国与中东欧、南欧、北欧等欧洲次区域的关系。

与欧洲的北欧、南欧等次区域相比，中东欧有所不同，不仅其融合到欧盟的历程更复杂也更艰难[2]，而且其与欧盟外大国包括中国的关系也引发了广泛关注。近年来，中东欧国家在难民问题上与欧盟产生了很大的分歧，而在欧盟法律是否优先于成员国法律问题上，波兰和匈牙利两国与欧盟出现了严重的冲突。在对外关系上尤其是对美、对俄以及对中国关系上，不少中东欧国家与法国和德国等国意见不合。事实上，中东欧在中欧关系中的作用也受到中国和欧洲双方的日益重视。

以中国-中东欧国家合作机制、立陶宛在台湾问题上触碰中国红线为例。

2012年中东欧国家与中国共同启动合作机制，掀开了中国与该地区国家关系的新篇章。中国国务院总理李克强在2013年举行的第二次中国-中东欧国家领导人会晤时提出的"三大原则"、六大领域，反映了中国与中东欧国家发展关系的基本考虑。"三大原则"指的是平等相待，相互尊重；互利共赢，共同发展；中欧共进，相向而行。六大领域分别为：做大做实经贸合作、加快推进互联互通、大力加强绿色合作、积极拓展融资渠道、深挖地方合作潜力、丰富人文交流活动。[3]然而，中欧双方对中国-中东欧国家合作机制的理解和定性存在差异。中方认为，中国与中东欧国家发展关系有利于推动中国与欧盟总体发展关系，二者不仅不矛盾，反而会产生相互促进作用。但在德国以及欧盟机构看来，中国与中

---

1 "A Strategic Compass for a Stronger EU Security and Defence in the Next Decade," Council of the European Union, March 21, 2022, https://www.consilium.europa.eu/en/press/press-releases/2022/03/21/a-strategic-compass-for-a-stronger-eu-security-and-defence-in-the-next-decade.

2 2004年欧盟吸收了十个国家，分别是塞浦路斯、捷克、爱沙尼亚、匈牙利、拉脱维亚、立陶宛、马耳他、波兰、斯洛伐克和斯洛文尼亚，其中八个是中东欧国家。2007年又吸收了罗马尼亚和保加利亚。最近一次扩大是2013年7月1日克罗地亚加入欧盟。现在欧盟的候选国主要是西巴尔干国家。

3 李克强：《在中国-中东欧国家领导人会晤时的讲话》,《人民日报》,2013年11月27日,第3版。

东欧国家建立合作机制是中国对欧洲进行"分而治之"。"分而治之"一方面指的是中国与中东欧国家单独开展合作并建立了固定机制，另一方面也指中国以扩大投资、共建"一带一路"等方式拉近了与匈牙利、希腊等国的关系，而这些国家阻止了欧盟一些对中国不利的决策的通过。

2021年，中国和立陶宛关系陡然紧张，对本已经历波折的中欧关系产生了新的冲击。中立关系的紧张始于2021年5月立陶宛宣布退出中国–中东欧国家合作机制。随着立陶宛宣布允许台湾当局以"台湾"名义在立设立"代表处"，8月，中国召回驻立陶宛大使，并要求立政府召回驻中国大使。11月21日，在立陶宛批准台湾当局设立"驻立陶宛台湾代表处"之后，中国决定将中立关系由大使级降为代办级。11月26日，中国外交部正式照会立陶宛外交部，宣布将中国驻立陶宛外交机构更名为中华人民共和国驻立陶宛共和国代办处，并要求立方相应更改驻华外交机构称谓。

随着中立关系紧张升级，立陶宛竭力推动欧盟为其出头撑腰。2022年1月14日，欧盟召开非正式外长会议，讨论了所谓中国对立陶宛进行"经济胁迫"的问题。1月27日，欧盟贸易专员东布罗夫斯基斯发表声明，称已就中国针对欧盟成员国立陶宛采取的"歧视性贸易"做法向世贸组织提起了诉讼。显然，立方希望将与中国的双边冲突上升到欧盟层面，令中欧关系蒙上了一层新的阴影。东布罗夫斯基斯先强调了中欧关系的重要性，称"中国是我们的主要贸易伙伴"，"我们重视这种关系，希望维护和深化这种关系"，但仍表示，"我们认为除了请求WTO争端解决之外别无他法"。他称，在启动WTO诉讼的同时，欧盟将继续与中方进行外交接触，以缓和局势。[1]中方反对立方这种将双边矛盾扩大化的做法，因此在对欧盟上述决定回应时强调，中方一贯按照世贸组织规则行事。"中立之间的问题，是中立双边问题，不是中欧之间的问题。我们敦促立陶宛立即纠正错误，不要甘当'台独'分裂势力和反华势力的棋子。"[2]

乌克兰危机爆发以来，随着中东欧地区国家一边倒援助乌克兰和反对俄罗斯，这些国家的舆论指责中俄走近，对中国明显表示了不满。中东欧在中欧关系中的作用进一步受到人们关注。

五、中欧关系步入碰撞期？

随着中国在欧洲眼里复杂化，以往性质较为单一、发展较为平稳的中欧关系明显进入了新的调适期。目前中欧关系的一个突出特征是互不适应——欧洲不适

1《为立陶宛出头？欧盟称已向WTO起诉中国，外交部：中方一贯按照规则行事》，《环球时报》，2022年1月28日。

2《为立陶宛出头？欧盟称已向WTO起诉中国，外交部：中方一贯按照规则行事》，《环球时报》，2022年1月28日。

应中国，中国也不适应欧洲。欧方对中国实力影响的增大不适应，中方则对欧洲对华认知的变化以及新的对华政策难以接受。

针对欧洲对华政策的变化，中国国务委员兼外交部长王毅于2021年12月30日指出："欧洲在对华政策上似乎存在某种'认知分裂'。"在他看来，欧洲一方面同中国建立了全面战略伙伴关系，另一方面又把中国定位为"制度性对手"，这样的逻辑不仅对中欧关系造成了干扰，其实也给欧洲自己带来了困惑。[1]在此前与马耳他外长巴尔托洛举行会谈时，王毅外长更明确指出，"欧盟对华'三重定位'相互矛盾，相互抵销"。[2]而时任中国驻欧盟使团团长张明大使曾一针见血地指出，当前中欧关系面临的一个突出问题，就是如何坚持对彼此的正确认知。[3]在2021年11月接受英国《金融时报》采访时，他进一步敦促欧洲国家反思其对华三重定位"给中欧关系带来了什么？给欧洲自身利益带来了什么？又给我们这个世界带来了什么？"[4]

双方关系中的合作成分还在，但是竞争成分在增加，导致中欧关系挑战增多。由于欧洲在对华新认知中强调与中国进行竞争和对抗，中欧关系的调适期在某种意义上也可能是碰撞期。以中欧相互制裁为例。2021年3月22日，欧盟宣布以所谓新疆人权问题为由对中国实施制裁。这是欧盟30年来首次对中国实施制裁。对此中国进行了有力反击。欧盟对华制裁涉及4人和1个实体，中方制裁包括欧方10人和4个实体。[5]

2022年4月5日，在中欧峰会之后，欧洲议会就峰会成果举行了讨论。欧盟外交与安全政策高级代表博雷利在通报4月1日峰会时指出，中国在乌克兰问题上"立场模糊"，称欧方在峰会上提出中方应解除对欧个人和实体的制裁。"只要中方反制裁措施还在，中欧投资协定审批就没有前景。"[6]

未来中欧关系的一个最大特征将是，一方面其重要性更为突出，但另一方面复杂性也愈加明显。中欧均面临适应变化和探索关系新范式的挑战。

1《王毅：希望欧洲早日形成更为独立、客观、理性的对华认知》，新浪网，2021年12月30日，https://news.sina.com.cn/c/2021-12-31/doc-ikyamrmz2186169.shtml。

2《王毅同马耳他外长巴尔托洛举行会谈》，中国外交部网，2021年7月23日，https://www.fmprc.gov.cn/web/wjbzhd/t1894671.shtml。

3《驻欧盟使团团长张明大使在〈南华早报〉发表署名文章〈坚持正确认知 深化中欧合作〉》，中国外交部网，2020年9月12日，https://www.fmprc.gov.cn/ce/cebe/chn/stxw/t1814487.htm。

4《中国驻欧盟使团团长张明大使接受英国〈金融时报〉专访》，中国驻欧盟使团官网，2021年11月15日，http://www.chinamission.be/stxw/202111/t20211115_10448425.htm。

5《外交部发言人宣布中方对欧盟有关机构和人员实施制裁》，《人民日报》，2021年3月23日。

6 "China Rejects Sanctions as Ukraine War Tops Summit Agenda," PBS, April 1, 2022, https://www.pbs.org/newshour/world/china-rejects-sanctions-as-ukraine-war-tops-summit-agenda.

　　欧盟的权力架构非常复杂，既有27个成员国政府，又有超国家机构，要和欧盟打交道就必须理解其各自的权能，还要清楚欧盟每一项重大决定都是成员国与成员国，以及成员国与欧盟超国家机构之间紧密互动和激烈博弈的结果。以欧盟超国家机构之一的欧洲议会为例，一方面其通过的很多决议不具法律效力，但另一方面欧盟又有不少法案只有得到欧洲议会的批准方能生效。欧盟不仅权力结构复杂难懂，在当今世界大变局下其对外关系也让人有一种眼花缭乱的感觉。世界大变局正在推动欧洲对其国际角色再定位。欧盟不甘心仅扮演贸易和经济行为体，成为一支地缘政治力量的愿望与日俱增，如此既能摆脱对其他大国的依赖，又成为具有独立性的全球玩家。总之，对于中国来说，与欧洲打交道需要了解欧盟及其对外关系的复杂变化。

　　显然，欧盟对华政策的复杂特性，将构成未来中欧关系所面临的最大挑战。但同时可以肯定，中欧关系将保持强大的韧性。近年来，欧洲各国受到人口负增长、去工业化、高福利导致的竞争力低下等影响，在国际力量对比中处于不利位置。欧洲的一切焦虑都源于其过去的优势在减少。因此，欧盟在2020年公布的未来5年工作计划中，将推动欧盟经济社会向绿色和数字化转型作为重中之重。而同年欧盟确立的7500亿欧元复苏基金的重点也在于推动欧洲"双转型"，旨在不仅帮助欧洲走出疫情下的经济衰退，更重要的是提升欧洲的国际竞争力。欧洲的"双转型"与中国大力推动的生态文明建设为未来中欧开展合作提供了巨大的机遇。2020年9月22日，习近平主席在第七十五届联合国大会上庄严承诺，中国力争于2030年前实现碳达峰，2060年前实现碳中和。目前"双碳"目标已纳入中国的"十四五"规划。正是在此背景下，2020年9月，中欧正式宣布将建立中欧环境与气候高层对话和中欧数字领域高层对话，以打造中欧绿色伙伴、中欧数字合作伙伴。[1] 很显然，中欧围绕能源和数字转型、共同应对气候变化等全球性挑战开展合作，符合双方的根本利益。

　　过去几十年，作为全球三个最大经济体中的两大经济体，中国与欧盟通过经贸合作均获得了巨大的好处。未来几年对于世界格局尤其是大国关系来说极为关键。中欧需要管控彼此关系中竞争性增大的新情况，并探索出务实理性平衡的新关系模式。具体而言，一方面双方必须积极寻求在绿色发展、数字经济方面展开合作，确保相互合作得到不断维护和扩大；另一方面双方也有责任加强交流和合作，阻止世界再现大国对抗格局。

　　1《中欧领导人确认加快中欧投资协定谈判　实现年内完成谈判目标》，《人民日报》，2020年9月14日。

德国新政府对外政策的
"安全觉醒"及其未来

许钊颖*

内容提要： 随着默克尔离任和三党联合执政的新政府上台，德国正式开启"后默克尔时代"。此次换届适逢国际格局深度调整，德国社会政治经济模式面临的深层挑战上升，欧洲安全格局出现根本性变化。新政府成立初期在对外政策领域采取更积极进取的改革姿态，在欧洲化、"价值观外交"和国际政策方面力求突破。乌克兰危机爆发改写欧洲安全格局，推动德国"安全觉醒"，其对外政策迅速转向安全议题。目前德国正在吸收冲击并逐步建立新的对外政策框架，将制定首个国家安全战略来推动相关制度性调整，未来德国对外政策重心将从经济向安全转换。

关键词： 德国外交　欧洲化　价值观　全球政策　安全转向

一、"后默克尔时代"德国外交新议程

二战后德国放弃现实主义的实力政治，转而寻求和平、合作的发展路径，在经济和政治领域都发展出了解释对外政策的有力分析框架。经济上，通过建立"社会市场经济"和"出口导向"的经济政策，德国试图发展为一个贸易国家，经济考量对政府对外决策的影响力不断增长。早在20世纪70年代，联邦德国总理赫尔穆特·施密特（Helmut Schmidt）就率先提出，外交政策问题不仅包括

---

* 许钊颖，中国国际问题研究院欧洲研究所助理研究员。

权力和外交，还包括全球经济。[1]他有意识地利用德国的经济影响力倡导建立七国集团和欧洲货币体系（EMS），管理包括欧洲经济危机在内的世界经济治理问题。到20世纪80年代初，新自由主义思潮成为共识，欧洲地区经济合作和一体化发展再获强大动能，[2]直接推动80年代中期贸易国家论出现。

贸易国家论认为，二战后国际关系朝着更加重视经济而非安全的方向发展，通过武力和领土扩张方式实现国家实力增长的时代已经结束，一国更有可能通过经济或贸易手段来追求提升国家福利。[3]相应地，维护经济繁荣、维持和扩大国家及公民福利的政策目标逐渐成为外交政策的最重要决定因素。这意味着，当外交政策优先事项发生冲突时，福利政策目标在许多情况下占主导地位。[4]以贸易国家视角解读德国对外政策具有相当的合理性，因为二战后联邦德国政府将追求贸易繁荣和福利增长作为主要国家目标，对外政策上追求全球和地区和平的国际环境，倡导"基于规则的多边主义自由秩序"，主张通过国际机构中的多边合作来和平解决冲突、合作和利益平衡问题。

20世纪90年代德国重新统一后，为平息各方对德国重新统一后将放弃欧洲一体化或再次追求欧洲霸权的担忧，以汉斯·毛尔（Hanns W. Maull）为代表的一批德国学者概括出一套对国家身份认同再界定的理论，是为文明国家论。文明国家论认为，由于主权缺失和放弃使用武力，德国转而追求文明国家的行为准则，即通过国际关系法治化来倡导文明合理的国际秩序。该理论的主要特点是将非物质性的价值目标作为国家利益和身份认同的组成部分，将德国定位为文明国家，以国际关系文明化目标指导对外政策制定。具体表现为：禁止在国内和国际政治中使用和威胁使用武力；采用多边化、制度化和法律化的解决方案维护自身利益；提倡通过谈判和妥协的方式处理国际争端，必要时使用经济制裁而非军事胁迫措施；对一些相互矛盾的政策目标进行"兼而有之"的协调（如威慑和缓和），在"克制文化"导向下追求更为文明平等的国际关系秩序。[5]可以说，这不

1 Kristina Spohr, "Helmut Schmidt: The Global Chancellor,"*CPG Online Magazine*, No. 2, 2016, http://www.cpg-online.de/2016/03/01/helmut-schmidt-the-global-chancellor, 2022-06-06.

2 Kathleen McNamara, *The Currency of Ideas: Monetary Politics in the European Union*, Ithaca, New York: Cornell University Press, 1997.

3 Rosecrance Richard, *The Rise of the Trading State: Commerce and Conquest in the Modern World*, New York: Basic Book, 1986.

4 Michael Staack, „Die Rolle Deutschlands in der internationalen Politik," *Beitrag zum Wissenschaftlichen Kolloquium in der Deutschen BotschaftPeking*, May 24, 2013, https://www.hsu-hh.de/staackib/wp-content/uploads/sites/757/2017/11/Michael-Staack-Die-Rolle-Deutschlands-in-der-internationalen-Politik-1.pdf, 2022-06-07.

5 Hanns W. Maull, „Deutschland als Zivilmacht," im Siegmar Schmidt, Gunther Hellmann und Reinhard Wolf (Hrsg.), *Handbuch zur deutschen Außenpolitik*, Wiesbaden: VS Verlag für Sozialwissenschaften, 2007, ss. 77-78. "克制文化"指克制使用军事力量，追求和平手段解决冲突的取向，详细分析见后文。

仅是德国对自身身份的界定，也是对二战后德国国家发展道路加以总结和继承的结果。

以上两种理论共同提供了德国重新统一后对外政策的解释框架，这一解释框架的内核是，德国已经超越了传统的民族国家性质，借助欧洲一体化和北约的帮助，转型成为一个后现代国家。根据罗伯特・库珀（Robert Cooper）的总结，后现代国家及对应国际体系的主要特征是：（1）边界越来越无关紧要；（2）打破内政外交界限；（3）可相互干涉内政，相互监督；（4）拒绝使用武力解决争端，依此制定强制执行的自身行为规则；（5）基于透明度的相互开放、相互依存，并以脆弱性界定安全问题。[1] 德国的对外政策大体符合这一标准。但正如毛尔所言，这些解释框架可能随政治进程变化和经济基础变化而发生调整和改变。[2] 德国历任政府也不断在继承和变革间追求平衡。

2021年秋德国大选后，社民党联合绿党、自民党组成新的"红绿灯"政府。这是德国自1957年来首次出现三党联合执政政府，反映了社会利益分化和主流共识的弱化。新政府政策体现延续性和变化性的有机结合。负责组阁的来自社民党的总理朔尔茨将自己视为默克尔政策遗产的继承人，欲保持政策连贯性和稳定性，绿党和自民党则代表更为多元化、年轻化、变革性的利益诉求。

新政府提出了以《敢于取得更多进步》（mehr Fortschritt wagen）为名的执政协议，意在体现进取姿态，以更积极的方式探索德国新时期现代化议程，打造以绿色政策为中心的"生态社会市场经济"，重新凝聚社会共识。在对外政策上，新政府也尝试突破默克尔时期"利益至上"的务实外交，高举"价值观"旗帜，以欧盟为中心，以跨大西洋关系为核心支柱，加强与"意愿联盟"伙伴的合作，依托自由公正的贸易和积极的气候和数字外交，继续维护并完善"基于规则的多边主义国际秩序"。

新政府也尝试突破默克尔时期"利益至上"的务实外交，高举"价值观"旗帜，以欧盟为中心，以大西洋关系为核心支柱，加强与"意愿联盟"伙伴的合作，依托自由公正的贸易和积极的气候和数字外交，继续维护并完善"基于规则的多边主义国际秩序"。

除坚持对外关系以欧盟和跨大西洋伙伴关系为双支柱、强化多边主义国际合作、维护自由公平贸易体系等稳定的长期目标外，新政府对外政策主要体现三方面特点。

第一是深化欧洲合作。欧洲主义是这届政府对外政策的出发点和落脚点。新政府秉持对欧盟的"特殊责任论"，首次将支持"欧洲联邦"（europäischen Bundesstaat）建设写入执政协议，支持欧盟扩大主权，明确表示将"依据欧洲利益定义德国

1　Robert Cooper, "The Post Modern State," The Foreign Policy Centre, September 15, 2006, https://fpc.org.uk/the-post-modern-state, 2022-06-22.

2　Hanns W. Maull, „Deutschland als Zivilmacht," ss. 83-84.

利益"。[1]与默克尔时期基于政府间主义的"联盟式方法"（Unionsmethode）[2]相比，新政府的做法更具超国家主义性质，其愿意使用"共同体方法"（Gemeinschaftsmethode）让渡更多主权。

制度层面上，新政府支持通过修订欧盟条约的方式推动"欧洲联邦"建设，通过"欧洲未来会议"对现有的欧盟法律进行调整，激活欧盟的结构性改革议程。同时也希望在制度层面有突破，支持欧洲议会采用领先候选人制度并实行直选，推动欧洲统一的选举法。在欧盟对外政策方面，新政府希望以有效多数表决机制代替目前一致同意的方式，扩大欧盟外交实质性权力，使欧盟外交政策高级代表充当真正的"欧盟外长"角色。

新政府明确表示，对外政策将"以欧盟为行动框架"，以更加灵活的手段支持欧盟提升"战略主权"。强调和法国之间的协调合作，更多支持法国倡导的欧洲"战略自主"理念；更多搭建"魏玛三角"[3]等"小多边"特殊合作形式，在兼顾东欧国家利益基础上整合欧洲资源，推动在能源供应、健康、原材料进口和数字技术等重要战略领域减少外部依赖，降低脆弱性。同时要求通过调整技术标准等方式，更好地保护欧盟关键技术和基础设施，使欧洲公司免受域外制裁。安全政策上，积极推动欧盟《安全与防务战略指南针》出台，明确设定欧盟在安全和国防领域的目标和资源，并加强成员国之间的协作。此外，加强国际合作也是提升"战略主权"的重要方面，新政府支持以多边方式扩大全球参与，在经济、安全、发展援助等多个领域发挥欧盟建设性作用。[4]

第二是更加鲜明的"价值观外交"。新政府以"价值观外交"作为对外政策的基石。与默克尔执政后期重视经济利益的做法相比较，此次执政协议中明确提出，新政府的外交、安全和发展政策将"以价值观为基础，更加欧洲化"。新政府"将人权、民主、法治和可持续性视为对外政策可信和成功的前提，高度重视深化和重新建立伙伴关系，以捍卫自由、民主和人权价值观"。[5]

从概念上看，新政府所提价值观与默克尔时期一脉相承，与德国冷战后文明国家的身份认同相联系，强调对人权、国际法和"基于规则的国际秩序"的维护。[6]从个人价值的立场出发，强调以个人尊严和价值为核心的人权因素，并与生

---

1 SPD, Bündnis 90 / Die Grüne und FDP, „Mehr Fortschritt wagen: Bündnis für Freiheit, Gerechtigkeit und Nachhaltigkeit," *Koalitionsvertrag 2021-2025*, s. 104.

2 关于"联盟式方法"的详细论述，参见连玉如：《默克尔"失败的胜利"——试析2017年德国大选》，《国际政治研究》，2017年第6期，第56页。

3 指德、法、波兰三国组成的三边合作机制。

4 SPD, Bündnis 90 / Die Grüne und FDP, „ Mehr Fortschritt wagen," ss. 104-116.

5 SPD, Bündnis 90 / Die Grüne und FDP, „ Mehr Fortschritt wagen," s. 114.

6 Hanns W. Maull, "Germany and Japan: The New Civilian Powers," *Foreign Affairs*, Vol. 69, No. 5, 1990, pp. 91-106.

态、社会公正等议题相联系。[1]而且，作为151年以来德国首位女性外长，贝尔伯克（Annalena Baerbock）在外交政策中融入了"女性主义外交政策"的概念，其内涵除了扩大女性的政治参与，也强调对社会多元利益的关注，以及维护所有边缘人群平等权利、代表权并为他们提供资源。[2]

但与默克尔时期强调价值观和利益之间的平衡不同，新政府认为价值观和利益相互融合、互为补充。外长贝尔伯克在采访中明确表示，"价值观外交"的本质是同时捍卫价值观和利益，两者之间"并非对立关系"。只讨论经济政策而忽略其他领域的想法"在全球化的世界中行不通"，因为"长期成功的经济合作包括对共同价值观和标准的约定，否则就会出现不平衡"。[3]

新政府也更从系统层面出发，阐述价值观在国际体系制度竞争中的重要性。从内容看，除地缘政治、经济竞争外，本届政府更强调与"威权国家的制度竞争"（Systemwettbewerb mit autoritär regierten Staaten），提出在国际制度竞争中，要与"民主伙伴"加强协调与战略团结，一起捍卫共同价值观，保护欧洲"自由民主"的生活方式。[4]

手段上，新政府暗示将改变默克尔执政后期在"价值观外交"上不作为的做法。贝尔伯克明确表示，"基于价值的外交政策始终是对话和强硬的相互作用。从长远来看，雄辩的沉默不是一种外交形式"。[5]同时，她并不认可"脱钩"是解决价值观差异的合理方式，并表示"不专注于反对某事，而是积极而自信地宣传我们所代表的自由、民主和法治原则，并让它们充满活力"。[6]为此，德国将更加灵活处理价值观差异，除了对"制度性对手"采取"对话+强硬"的手段之外，也欲在既有经济合作伙伴关系中叠加"价值观伙伴关系"。新政府明确将亚太地区的澳大利亚、日本、新西兰和韩国等视为"重要的价值伙伴"，也表示将与拉丁美洲和加勒比地区的"民主国家"推动"价值观合作"。[7]

第三是扩大德国的全球政策。早在2014年慕尼黑安全峰会上，德国就以"新

1 具体分析参见熊炜、姜昊：《"价值观外交"：德国新政府的外交基轴？》，《国际问题研究》，2022年第1期，第105—124页。

2 执政协议中谈到女性主义外交政策对多元利益的关注，参见SPD, Bündnis 90 / Die Grüne und FDP, „Mehr Fortschritt wagen," s. 114。在2002年4月女性主义外交政策峰会上提到了3R，即权利（Right）、代表权(Representative)和资源（Resource），参见Annalena Baerbock, „Rede von Außenministerin Annalena Baerbock beim Feminist Foreign Policy Summit," *Auswärtiges Amt*, April 13, 2022, https://www.auswaertiges-amt.de/de/newsroom/baerbock-cffp/2522322, 2022-04-27。

3 Annalena Baerbock, „Werte und Interessen sind kein Gegensatz," *Auswärtiges Amt*, December 22, 2021, https://www.auswaertiges-amt.de/de/newsroom/-/2502928, 2022-01-09.

4 SPD, Bündnis 90 / Die Grüne und FDP, „Mehr Fortschritt wagen," ss. 130-131.

5 Annalena Baerbock, „Schweigen ist keine Diplomatie," *taz*, January 12, 2021, https://taz.de/Annalena-Baerbock-ueber-Aussenpolitik/!5819421, 2022-12-13.

6 Annalena Baerbock, „Werte und Interessen sind kein Gegensatz."

7 SPD, Bündnis 90 / Die Grüne und FDP, „Mehr Fortschritt wagen," ss. 124-125.

力量、新责任"（neue Macht, neue Verantwortung）为口号，宣告德国积极的全球外交政策。时任德国总统约阿希姆·高克（Joachim Gauck）指出：德国比大多数国家更全球化，从开放的世界秩序中受益更多，面对新的威胁和国际秩序结构的变化，德国应该主动从国际安全与秩序的受益者转变为保障者，积极承担更多的国际责任。[1]2017年跨大西洋关系裂痕增大，默克尔宣告"我们可以依赖他人的时代已经一去不复返"后，德国更加积极地推进国际政策议程，2019年联合法国成立了"多边主义联盟"，2020年出台《德国"印太"政策指导方针》并积极推动欧盟"印太战略"出台，意在积极"补充完善"既有国际秩序，并积极参与新秩序构建。

德国政府对外政策视野扩展的同时，也更关注非传统安全和传统安全之间的平衡。新政府外长贝尔伯克进一步将外交政策理解为"全球国内政策"（Weltinnenpolitik），即在内政和外交政策界限日益模糊的情况下，采取合作方式，通过全球政治机构尽可能民主地处理全球问题。[2]

气候外交和数字外交是该理念下的重要新领域，为此，德国外交部增设了气候外交、经济与技术司（Abteilung für Klimaaußenpolitik, Wirtschaft und Technologie），用于协调本国、欧盟和全球的气候和数字政策。推进"绿色"与"数字化"双转型是新冠疫情后欧盟实现经济复苏和获取新增长动能的政策共识。2020年，欧盟通过7500亿欧元的大规模复苏计划，其中明确30%的资金用于支持绿色转型，20%用于支持数字转型。德国新政府积极响应，也首次在执政协议中纳入数字和绿色转型议题并将其置于优先地位，这不仅是回应默克尔时期相应领域缺乏结构性改革的呼声，也意在进一步推进德国向数字化的"生态社会市场经济"（sozial-ökologische Marktwirtschaft）转型。

气候外交不是新提法。早在2019年德国外交部发布的《气候外交政策报告》中，就提出气候与安全问题关联、应逐渐成为外交政策核心议题的看法。[3]新政府在此基础上细化了政策行动方向，通过加强外交部对国际气候政策的领导，推动联合国"2030议程"和《巴黎协定》框架下的多边气候合作。在2022年担任G7

---

1 Joachim Gauck, "Speech to Open 50th Munich Security Conference," *Munich Security Conference*, January 31, 2014, https://www.bundespraesident.de/SharedDocs/Reden/EN/JoachimGauck/Reden/2014/140131-Munich-Security-Conference.html, 2022-01-09.当时发表同议题讲话的还有时任德国外长施泰因迈尔和国防部长冯德莱恩，三人讲话共同构成德国对外政策"积极有为"的转向。具体可参考郑春荣：《德国默克尔政府外交政策研究（2013—2019）：从克制迈向积极有为》，北京：社会科学文献出版社，2021年版。

2 Annalena Baerbock, „Außenpolitik als Weltinnenpolitik: Macht was draus," *taz*, December 10, 2021, https://taz.de/Aussenpolitik-als-Weltinnenpolitik/!5817031, 2022-01-09.

3 Federal Foreign Office, "Climate Diplomacy Report," December 2019, p. 3, https://www.auswaertiges-amt.de/blob/2296210/3371d7d8f8b282036ff0db19af1db021/200124-klimabericht-dl-data.pdf, 2022-10-20.

轮值主席国期间，德国倡导建立"国际气候伙伴关系"和面向所有国家的"气候俱乐部"（Klimaklub），其目标包括：气候中立、可再生能源及其基础设施建设，以及统一的全球碳排放交易体系。同时也提供更多资金支持，履行德国1000亿美元的国际气候融资承诺，并在未来增加份额。[1]新政府希望通过积极参与引领全球绿色转型，打造新的竞争力和国际影响力。

数字外交是新概念。新政府注重从安全和"民主价值观"维度看待数字问题，强调欧洲的技术主权、标准设定和构造全球数字空间规则。新政府大致从三个方面构建了一个技术外交框架：多边层面，在联合国谈判中推动自由开放的全球互联网治理体系，打造共同规则；欧洲层面，协调内部技术政策，强化欧盟标准制定优势，通过规则和政策工具实现有效外部竞争；国内层面，强调有道德的、以人为本的技术理念，提升数据保护等规则制定方面的领导力，平衡技术发展和安全责任之间的困境。[2]新政府希望打造数字领域的中间地带，避免中美技术竞争带来的全球数字治理体系分裂和不得不选边站的困境。

二、地区冲突与"安全觉醒"

乌克兰危机是德国新政府外交政策面临的首个重大挑战，推动了其"安全觉醒"，新政府开始全面调整对俄政策及欧洲战略愿景。德国的对外政策议程也转向处理地区安全危机，并反思长期坚持的和平主义"克制政策"以及"以接触求转变"的"新东方政策"，重新校正对欧洲安全格局和自身发挥作用的认知。可以说，德国调整的速度虽缓慢但方向清晰。从2021年底开始的危机阶段，德国一直采取较为克制的立场，力图避免危机升级。2022年2月下旬冲突爆发后，总理朔尔茨迅速逆转立场，发表讲话将冲突定义为"时代转折"（Zeitenwende），指责俄罗斯行为违反国际法，改变欧洲安全秩序，违背国际法和普遍人权原则，地区已"难回旧日世界"。[3]随后德国着手调整其中长期对外政策，尤其是安全政策和欧洲政策，以便为欧洲安全秩序长期转变制定有效战略。

此处所提及的欧洲安全秩序是指在20世纪70年代初"新东方政策"的缓和

> 乌克兰危机是德国新政府外交政策面临的首个重大挑战，推动了其"安全觉醒"，新政府开始全面调整对俄政策及欧洲战略愿景。

1　SPD, Bündnis 90 / Die Grüne und FDP, „Mehr Fortschritt wagen," s. 21.

2　Raquel Jorge Ricart, "The Potential New German Coalition: Power and Technology," Elcano Royal Institute, November 26, 2021, https://www.realinstitutoelcano.org/en/the-potential-new-german-coalition-power-and-technology, 2022-12-20.

3　Olaf Scholz, „Regierungserklärung von Bundeskanzler Olaf Scholz," *Bundeskanzleramt*, February 27, 2022, https://www.bundeskanzler.de/bk-de/aktuelles/regierungserklaerung-von-bundeskanzler-olaf-scholz-am-27-februar-2022-2008356, 2022-03-01.

背景下，由1975年《赫尔辛基最后文件》制定、1990年《欧洲巴黎宪章》充分阐述并由欧洲安全与合作组织（OSCE）制度化的"赫尔辛基模式"。该模式支持一个由"平等、主权、独立的民主国家"组成的欧洲，尊重法治并致力于以和平方式解决所有争端。德国认为，俄罗斯的行为是要回到二战结束后雅尔塔会议形成的"雅尔塔模式"，该模式以大国将欧洲划分为东西方势力范围为特点，无视主权和平等。[1]因此，乌克兰危机事关欧洲的两种安全秩序模式之争，折射出关于欧洲安全秩序的不同看法。

对此，德国作出强烈反应，引发"德国安全政策的一场革命"。[2]二战后德国和平主义思潮长期占据主导地位，其特点是在军事安全领域实行自我克制，将军事力量完全纳入北约框架中，放弃发展核武器，在对外关系中强调和平合作，要求以非武力的方式解决冲突，除自卫和联合国集体安全原则下的人道主义干涉外，尽量避免使用武力。[3]在2014年乌克兰危机中，德国已认识到"俄罗斯修正主义做法"对欧洲安全构成"威胁"，但战略上仍采取克制态势，以"对话+制裁"方式谋求和平，推动达成《明斯克协议》。但在德国看来，此次乌克兰危机从根本上推翻了该协议，俄罗斯对欧洲安全的"威胁"变为现实，德国需作出新回应。

为此，德国先迅速后撤立场，表示将"尽可能进行外交协调，但不抱天真幻想，为最坏的情况做好准备"；[4]随后，以停止"北溪-2"项目和同意通过环球银行间金融通信协会（SWIFT）制裁俄罗斯为标志，从能源、金融、技术和出口管制等多方面加入西方对俄制裁。截至2022年10月中旬，德国已与欧盟一起实行了七轮对俄制裁，范围和规模都不断升级，已涉及德国乃至整个欧洲对俄罗斯依赖最深的能源领域。2022年4月初，欧盟通过禁止从俄罗斯进口煤炭的决定，5月初又初步就年底前对俄实施石油禁运达成共识，放弃天然气进口也在讨论中。鉴于西欧主要大国中德国对俄能源依存度最高，德国作出上述这些决定是艰难的。然而，德国不惜承担高额制裁成本，不断加大对俄施压力度。

在防务政策上，德国转向对乌克兰提供武器援助并在军事上重新武装。除宣布无条件履行北约的集体防御条款，德国打破了不向冲突地区出口武器的政策，批准向乌克兰提供反坦克武器、导弹等杀伤性武器，并同意第三方向乌克兰提供德制武器。在激烈的政策辩论后，新政府进一步于2022年5月初宣布向乌克兰提供重型武器。更值得关注的是，德国大规模重整军备，一次性追加1000亿欧元

1　Timothy Garton Ash, "Putin Knows Exactly What He Wants in Eastern Europe—Unlike the West," *The Guardian*, January 31, 2022, https://www.theguardian.com/commentisfree/2022/jan/31/putin-russia-eastern-europe-ukraine, 2022-03-02.

2　Henning Hoff, "A Revolution in German Security Policy," *Internationale Politik Quarterly*, February 28, 2022, https://ip-quarterly.com/en/revolution-german-security-policy, 2022-04-25.

3　Hanns W. Maull, "Germany and Japan: The New Civilian Powers."

4　Olaf Scholz, „Regierungserklärung von Bundeskanzler Olaf Scholz."

的国防特别预算，用于重新武装联邦国防军，并提出2024年将军费开支增加到GDP的2%的新目标，大幅提前于原有计划。德国重新统一30年来，这样大规模投入尚属首次。产业政策也作出相应调整，德国提出加紧同法国合作，进行战斗机和坦克等装备研发，也准备向美国进行大规模军事采购，包括购买F-35战斗机等。[1]

在能源领域，为解决对俄能源依赖带来的制约，防止俄罗斯进一步将能源"武器化"，德国开始通过平衡经济、安全和战略利益来重新调整政策优先项。在启动外交安全政策调整、逐步升级制裁的同时，德国开始寻求对俄罗斯能源"战略依赖"的长期解决方案，加紧制定能源进口多样化方案和加速向新能源转型的相关措施。经济和气候部部长罗伯特·哈贝克（Robert Habeck）严厉批评了政府之前仅将能源视为经济事务的立场，称"能源政策永远是权力政策，永远是利益政策，因此永远是安全政策。如果你回头看，你几乎无法理解我们怎么会如此盲目地忽视这一点"。[2]

鉴于形势的急速变化和应对措施的临时性，德国的"时代转折"被批评缺乏明确的战略愿景，作为回应，德国新政府正加紧推动首个国家安全战略的制定进程。该战略由新政府执政协议提出，但未明确方向和内容。2022年3月18日，外长贝尔伯克正式宣布启动战略制定程序，明确对外政策中安全议题大幅扩展的态势，提出德国将在"以人为本"、综合安全的基础上建立全新的国家安全政策框架。

乌克兰危机发生前，新政府已意识到现有安全政策范围的局限性。在2022年2月的慕尼黑安全会议上，总理朔尔茨提出将对安全作更宽泛理解。[3]贝尔伯克进一步阐述了其中几个相互联系的方面：时间维度上，新安全战略将基于将来而非过去的经验，建立一种面向未来的安全框架；空间维度上，除了本国的安全，也包括国际和周边环境的安全；政策构成上，要求大幅扩展，指明安全政策不仅是军事加外交，还包含经济、社会、环境、能源、关键基础设施等方面；制度资源上，除了政府层面和相关部门的协调，还要求社会层面的广泛参与和协调。[4]

---

1 Olaf Scholz, „Regierungserklärung von Bundeskanzler Olaf Scholz."

2 Hans Von Der Burchard, "Annalena Baerbock: Germany Knew about Russian Energy Risks — and Did Nothing," *Politico*, March 29, 2022, https://www.politico.eu/article/germany-annalena-baerbock-russia-energy-risk-2014, 2022-04-10.

3 Olaf Scholz, "Speech by Olaf Scholz, Chancellor of the Federal Republic of Germany and Member of the German Bundestag," Munich Security Conference, February 19, 2022, https://www.bundesregierung.de/breg-en/chancellor/speech-by-olaf-scholz-chancellor-of-the-federal-republic-of-germany-and-member-of-the-german-bundestag-at-the-munich-security-conference-2006670, 2022-02-26.

4 Annalena Baerbock, „Außenministerin Annalena Baerbock bei der Auftaktveranstaltung zur Entwicklung einer Nationalen Sicherheitsstrategie," *Auswärtiges Amt*, March 18, 2022, https://www.auswaertiges-amt.de/en/newsroom/news/baerbock-national-security-strategy/2517790, 2022-03-23.

在概念拓展的基础上，新安全框架将以保护个体的人，而非国家为目标。基于安全事关每个个体的理念，贝尔伯克界定了德国新国家安全观的三个主要目标：一是保护个人人身安全免受战争、暴力和严重特定威胁的权利；二是保护个人人身自由，即决定自己道路和生活自由的权利；三是保障民众生活基本必需品，包括解决国际范围内气候变化、饥饿、贫困和缺乏繁荣等问题。

为提高行动能力，新的安全政策强调合作与协调，本着"尽可能合作，必要时独立"的原则，加强对外政策的欧盟和北约支柱。[1]贝尔伯克指出，"更多的欧盟"并不意味着"更少的跨大西洋联盟"，加强欧洲防务与北约作用并不冲突。乌克兰危机表明，德国的安全仍取决于北约的集体防御，德国将重点调整欧盟的安全和防务政策，补充北约政策，强化跨大西洋联盟的欧洲支柱。德国支持2022年6月召开的北约峰会上通过的战略概念文件，扩大集体防御范围，针对欧洲东部面临的"威胁"建立北约在东南欧国家的军事存在。

同时，新战略将以综合政策工具应对能源和经济政策"安全化"趋势，将改善经济、缓解能源的对外依赖视为增强德国外部行动力的重要支撑。根据执政协议中提到的保持外交政策连贯性方法，新政府将运用外交、和平建设、稳定政策、经济合作，以及对国家和国际组织的财政和物质支持等一系列政策工具，更加密切地协调外交、经济、能源领域的政策；[2]将能源与经济安全纳入广义的、与价值观相联系的安全政策，以确保能源、经济主权和安全；在国际范围内，评估能源和经济政策依赖程度和必要的多元化、本土化措施。贝尔伯克尤其提到基础设施安全问题，视之为国际安全政策重要一环。与这些问题密切联系的"一带一路"倡议和中国问题被专门提及，新政府要求在制定新安全战略的同时，也制定新的中国战略。

目前围绕综合安全方法已经有一些相关动议。2022年5月初，参与执政的自民党提出立即建立国家安全委员会（Nationalen Sicherheitsrat, NSR），"为真实的外部威胁做好准备"，推动德国安全政策制定的范式转换。该提案要求升级现有的联邦安全委员会（Bundessicherheitsrat），将其"转变为一个常设的、跨机构的组织，统合领导制定外交、安全和发展政策"。[3]2022年9月初，德国国防部

1　Annalena Baerbock, „Außenministerin Annalena Baerbock bei der Auftaktveranstaltung zur Entwicklung einer Nationalen Sicherheitsstrategie," *Auswärtiges Amt*, March 18, 2022, https://www.auswaertiges-amt.de/en/newsroom/news/baerbock-national-security-strategy/2517790, 2022-03-23.

2　Annalena Baerbock, „Außenministerin Annalena Baerbock bei der Auftaktveranstaltung zur Entwicklung einer Nationalen Sicherheitsstrategie," *Auswärtiges Amt*, March 18, 2022, https://www.auswaertiges-amt.de/en/newsroom/news/baerbock-national-security-strategy/2517790, 2022-03-23.

3　Jan Hildebrand, Thomas Sigmund and Frank Specht, „Frühwarnsystem für Krieg und Krisen: FDP will einen Nationalen Sicherheitsrat einrichten," *Handelsblatt*, May 5, 2022, https://www.handelsblatt.com/politik/deutschland/geplanter-beschluss-fruehwarnsystem-fuer-krieg-und-krisen-fdp-will-einen-nationalen-sicherheitsrat-einrichten/28308968.html, 2022-05-09.

长兰布雷希特（Christine Lambrecht）表示，德国正在加紧制定这一战略，并要求改变整个国家的政治文化，如取消对欧盟成员国联合生产武器的出口否决权等。[1]该战略制定进程由危机驱动，重要性不断上升，将加速德国对外政策安全化的调整。

三、德国对外政策新变化的深层原因

德国的国家利益和安全观念受到二战历史遗产的长期影响，从二战后到重新统一之间的近半个世纪，德国对外政策建立在国家主权受限和放弃军事武装的基础上。主权受限使德国从"民族国家"向"后民族国家"转变，从奉行现实主义的"权力国家"向"贸易国家""文明国家"转变，并通过向欧盟转移权力，与其他欧洲国家在超国家层面共享主权；放弃军事武装则使德国在深度依赖北约实现安全保障的前提下，更加重视欧洲大陆安全架构的完整性，期望通过发挥沟通东西方的"桥梁"作用来弥合分歧，并致力于通过经济纽带加强与俄罗斯的合作来降低安全风险。重新统一后，德国也继承了这一整套对外政策框架。此次德国外交政策的新变化，从根本上动摇了该框架，虽然短期看其政策目标是反思和调整默克尔时期的政策，回应近期国际、地区格局深度变革对德既有对外政策的冲击；但从长期来看，则是对德国身份认同、国家利益和政治文化的深刻改变。

> 从长期来看，此次德国外交政策的新变化则是对国家身份认同、国家利益和政治文化的深刻改变。

首先，地缘政治回归冲击德国发展模式，经济优先的对外战略经受考验。德国在二战后的发展路径表明，其国家实力和影响力主要源自经济发展成就，德国模式核心是以社会市场经济为依托的经济竞争力。在二战后的和平环境中，德国集中力量进行经济发展，在极短的时间内创造了"经济奇迹"（Wirtschaftswunder），并在20世纪60年代成为欧洲的"经济引擎"。[2]随后在对外政策中，德国逐渐开始将经济实力转化为其政治影响力，到20世纪70年代，时任联邦德国总理施密特提出了"德国的经济政策实际也就是德国的对外政策"的观点。[3]该思想随后成为德国对外政策的重要指针，其特征是：在安全上依赖北约，通过放弃军事发展，将资源集中于经济领域；在经济上依赖欧盟，通过支持建设欧洲单一市场，扩大德国商品生产的地区供应链和市场，并提高国际竞争

---

1 Christine Lambrecht, „Grundsatzrede zur Sicherheitsstrategie: Streitkräfte wieder in den Fokus rücken," *Bundesministerium der Verteidigung*, Septermber 13, 2022, https://www.bmvg.de/de/aktuelles/grundsatzrede-zur-sicherheitsstrategie-5494864, 2022-09-21.

2 Ludgar Lindlar, *Das mißverstandene Wirtschaftswunder: Westdeutschland und die westeuropäische Nachkriegsprosperität*, Tubingen: Mohrsiebeck, 1997.

3 ［德］赫尔穆特·施密特：《西方的战略》，北京：新华出版社，1987年版，第78—81页。

力；在货币上支持统一货币欧元，防止欧盟内部竞争性贬值带来的货币动荡，提供稳定金融支撑。在此背景下，"重经济轻安全""重软实力轻硬实力"，高度依赖"基于规则的多边主义秩序"，强调共同规则、相互依赖和合作共赢是德国对外政策的主要特征。

2016年以来美国特朗普政府奉行单边主义的做法，以及2018年以来中美逐渐升级的贸易摩擦和地缘政治竞争，加速了大国政治、现实政治回归。在此背景下，欧盟和德国均面临地缘政治转型的重大挑战：经济合作和相互依存不再被视为理所当然，代之以经济关系"武器化"的严峻现实。[1]针对可能出现的因相互依存带来的脆弱性和主要大国经济"脱钩"的风险，欧洲国家多不愿意"选边站"或沦为"战场"。为求应对，欧盟从2019年底开始打造"地缘政治委员会"，学习"权力的语言"，构筑"硬实力"以维护自身利益。[2]在此过程中，德国亦缓慢调整，新政府上台后的执政纲领即凸显了政策变革的必要性，但整体上政策惯性较大，进展缓慢。

此次乌克兰危机彰显了地缘政治回归下欧洲安全格局的脆弱性，重创德国经济赖以维系的地区安全环境。德国旧有政策难以维持，被迫进行彻底的方向性调整。短期的"安全觉醒"后，德国的经济优先对外战略也进入深度调整期，即明确经济优先的基础是和平的环境，在安全受到"威胁"的情况下，经济优先政策需要向安全需求让步。[3]同时，德国也意识到需要在欧盟政治安全层面承担更多"领导责任"，主动维系欧洲稳定并参与新格局的塑造，而非被动接纳体系压力。[4]

其次，德国"以接触求转变"的利益诉求碰壁，"价值观外交"逐渐回归。二战后初期联邦德国政府奉行"哈尔斯坦主义"，全面倒向西方，不承认与民主德国建交的社会主义阵营国家。随着20世纪60年代末期冷战的缓和，联邦德国通过"新东方政策"扭转局面，开始承认民主德国并与社会主义国家建交。[5]该政策从解决德国国家分裂状态的现实需要出发，认为在战后和平环境下，对抗无助于解决国家统一与联邦德国自身发展问题，只有承认民主德国政权并努力与东欧

1 Henry Farrell and Newman Abraham, "Weaponized Interdependence: How Global Economic Networks Shape State Coercion," *International Security*, Vol.44, No.1, 2019, pp.42-79.

2 Ursula von der Leyen, "Political Guidelines for the Next Commission (2019-2024)," July 16, 2019, https://ec.europa.eu/info/files/political-guidelines-new-commission_en, 2022-02-08.

3 Günther Maihold, et al., eds., "German Foreign Policy in Transition: Volatile Conditions, New Momentum," *SWP Research Paper*, No.10, 2021, pp. 1-129.

4 Olaf Scholz, „Europa ist unsere Zukunft–und diese Zukunft liegt in unseren Händen," Karls-Universität in Prag, *Bundeskanzleramt*, August 29, 2022, https://www.bundesregierung.de/breg-de/themen/europa/scholz-rede-prag-karls-uni-2079410, 2022-09-06.

5 Wolfgang Schmidt, „Willy Brandts Ost- und Deutschlandpolitik," in Bernd Rother (Hrsg.), *Willy Brandts Außenpolitik*, Wiesbaden, 2014, ss. 161-257.

邻国缔结互不侵犯协议，并寻求与其和解，才有可能通过欧洲和平协议的方式解决问题。相应地，"新东方政策"的主要原则是放弃武力手段、尊重现有欧洲边界的不可侵犯性、通过睦邻关系和跨集团合作来缓和紧张局势，以及通过和平和接触手段塑造昔日"敌对者"，并被归结为"以接触求转变"（Wandel durch Annäherung）。[1]该政策帮助德国重新确立了其身份认同，即德国身处欧洲，应立足于欧洲，通过致力于东西方之间的缓和与合作，以和平的方式解决国家统一问题。随后施密特也明确论证了这种政策的合理性，认为虽然20世纪70年代德国的活动空间在扩大，但仍应明确自己的欧洲属性。他指出：我们（联邦德国）的方向不在世界政治，而在我们欧洲邻国，在于与它们和平相处，德国最大的兴趣和利益在于欧洲的稳定。[2]此后该原则逐渐内化为德国对外政策的基本取向。

冷战结束和德国重新统一是"新东方政策"的"加冕时刻"，一种普遍的看法是该政策直接助力于冷战的终结，因为通过相互接触，东西方对抗虽然存在，但其形式已经发生了变化，并逐渐动摇了社会主义阵营，促其逐渐走向瓦解。[3]因此，后冷战时期的德国政府继承了冷战时期这一政策遗产，在此基础上继续发展并强化了其政策理念逻辑：对重新统一的德国来说，虽然美国是其冷战后最重要的盟友，但俄罗斯也是其维护欧洲秩序稳定的必然伙伴，在西方普遍主张对俄采取消极态度的情况下，德国已成为俄罗斯与西方之间的最后一个纽带。在此背景下，德国认为采取孤立俄罗斯的政策是不可接受的，因为这会剥夺西方对俄罗斯仅存的政策杠杆，从而只能以更强硬的方式和手段来影响俄罗斯的行为，导致俄罗斯民族主义甚至军国主义的加速发展，引发欧洲安全危机。因此，德国对俄政策的底线是尽一切可能避免孤立俄罗斯，努力维持良好的双边关系。[4]另外，出于"以贸易求和平"和德国对俄罗斯能源资源的实际需求，德国不断密切与后苏联空间合作，加强经济贸易联系。

德国对俄弱化价值观差异、强调求同存异的努力，在2014年克里米亚事件后逐渐受到内外环境的侵蚀。中美地缘政治竞争使所谓制度性竞争和价值观差异放大，新冠疫情给德国带来"新常态"，威胁其对外政策赖以维系的"开放和基于规则的国际秩序"。[5]时任德国外长马斯（Heiko Josef Maas）指出，疫情使各

1 Wolfgang Schmidt, „Willy Brandts Ost- und Deutschlandpolitik," in Bernd Rother (Hrsg.), *Willy Brandts Außenpolitik*, Wiesbaden, 2014, ss. 161-257.

2 ［德］施密特：《不在其位》，许文敏译，青岛：青岛出版社，2010年版，第91页。

3 Gottfried Niedhart, "Ostpolitik: Transformation through Communication and the Quest for Peaceful Change," *Journal of Cold War Studies,* Vol. 18, No. 3, 2016, pp. 14-59.

4 Christopher S. Chivvis and Thomas Rid, "The Roots of Germany's Russia Policy," *Survival*, Vol. 51, No. 2, 2009, pp. 105-122.

5 "The Berlin Pulse: German Foreign Policy in Times of Covid-19," *Körber-Stiftung*, May 18, 2020, https://www.koerber-stiftung.de/fileadmin/user_upload/koerber-stiftung/redaktion/the-berlin-pulse/pdf/2020/Koerber_TheBerlinPulse_Sonderausgabe_Doppelseiten_20200518.pdf, 2022-03-13.

方认识到"我们生活在一个完全不同的文化价值观相遇的世界中，我们尚未找到在它们之间进行适当平衡的方法"。[1]乌克兰危机则直接宣告"新东方政策"和"以接触求转变"政策的终结，德国需要在新现实和新起点上重新构建其对外政策，即不仅无法通过合作改变俄罗斯的行为，将其纳入欧洲安全架构，而且还要接受未来将与俄在安全、经济和意识形态领域长期对抗的现实。

最后，安全概念扩大，多重危机助推德国突破"克制文化"禁区并扩大对外政策范围。德国的"克制文化"与二战后的去军事化进程相联系，即放弃对军事力量和军事目标的追求，采用和平方式维护自身利益。经过长期发展，"克制文化"已成为德国政治文化乃至身份认同的一部分，其主要表现是：国家军事资源长期投入不足、军队在国家机构中居于从属地位以及军人在社会上不受重视。[2]在对外政策上，要求德国放弃狭隘的国家（军事）利益，主动承担维护欧洲和世界和平的责任。该理念写入了德国宪法的序言中，要求德国"作为统一欧洲内的平等伙伴，维护世界和平"。[3]因此，德国外交政策以经济外交为主线，强调安全政策"非军事化"，以和平、合作和对话为主要特征；纳入德国的全球合作政策中，以维护"基于规则的国际秩序"为主要特征。在该模式下，德国长期将国防预算和发展政策预算合并，新政府执政协议依然将3%的国内生产总值用于发展政策及履行北约承诺，并未严格区分国防支出和发展支出。[4]因此，乌克兰危机令德国军备长期松懈的问题浮出水面，陆军总司令直指联邦国防军面对冲突"几乎两手空空"。[5]目前的德国军力甚至低于1989年的联邦德国，这是冷战后德国长期削减军备的结果。[6]

乌克兰危机升级为热战，以领土变更为目的，从根本上改变了德国安全利益认知，在德国看来，它继续享受冷战后欧洲"和平红利"、沿袭"贸易国家"和

1 Heiko Maas, "I Hope that Coronavirus Won't Change the World Forever," *Tagesspiegel*, November 1, 2020, https://www.auswaertiges-amt.de/en/newsroom/news/maas-tagesspiegel/2412026, 2022-03-14.

2 这方面有很多报道，可参见J.C., "Why Germany's Army Is in a Bad State," *The Economist*, August 9, 2018, https://www.economist.com/the-economist-explains/2018/08/09/why-germanys-army-is-in-a-bad-state; Matthew Karnitschnig, "Germany's Soldiers of Misfortune," *Politico*, February 15, 2019, https://www.politico.eu/article/germany-biggest-enemy-threadbare-army-bundeswehr; Rajan Menon, "The Sorry State of Germany's Armed Forces," *Foreign Policy*, June 18, 2020, https://foreignpolicy.com/2020/06/18/trump-withdraw-troops-germany-military-spending；等等。

3 Bundesministerium der Justiz, *Grundgesetz für die Bundesrepublik Deutschland*, May 23, 1949, https://www.gesetze-im-internet.de/gg/BJNR000010949.html, 2022-03-13.

4 SPD, Bündnis 90 / Die Grüne und FDP, „Mehr Fortschritt wagen," s. 70.

5 Ben Knight, "German Military: Big Budget, Little Efficiency," *Deutsche Welle (DW)*, March 18, 2022, https://www.dw.com/en/german-military-big-budget-little-efficiency/a-61136184, 2022-04-24.

6 Georg Löfflmann, "The German Army Has Far Bigger Problems than Funding," *The Spectator*, March 20, 2022, https://www.spectator.co.uk/article/more-money-won-t-turn-germany-s-army-into-a-credible-fighting-force, 2022-04-25.

"文明国家"对外政策的安全基础不复存在。此前德国的安全政策以消极被动的模式为主,以避免邻国对德国武力扩张的担忧,对外部安全威胁感知低于对自身作为"安全威胁"的感知。乌克兰也长期被视为北约与俄罗斯之间的安全"缓冲地带",可避免欧洲和俄罗斯之间形成直接的对抗形势。该缓冲功能在2014年乌克兰危机后实际上已经处于难以维系的状态,但囿于德国传统的"友俄"政治文化、建设泛欧洲安全机制的理念,以及双方之间的能源纽带,德国对俄政策并未出现根本转变,其安全政策也未有重大调整。特朗普在总统任期内弱化北约作用、威胁从德国撤军给德国带来的心理冲击甚至更大,使德国进入"不再能依赖别人"时代,从而加速推进欧洲共同防务机制建设,但彼时德国的目标仍不清晰。此次乌克兰危机使德国开始正视外部"安全威胁"的现实性和长期性,促其从"克制文化"转向"积极有为",开始将军事力量作为合法政治工具。[1]

　　同时,安全概念的泛化也挑战了德国传统的安全观念。近年来,经济、能源、基础设施等传统国际合作领域逐步进入德国国家安全政策视野,比如在此次乌克兰危机中,以往将双方捆绑在一起的经济和能源纽带也被"武器化"。德国政府的安全关注不断扩大,不仅开始关注降低在关键领域和部门的对外依赖以确保国家安全,也注意到这些领域的国际竞争并开始进行布局。比如,顺应当前欧洲"绿色政治"思潮和乌克兰危机能源冲击,新政府将绿色转型作为其政策重中之重,以实现转变经济社会模式的目标。[2]通过设定2030年可再生能源发电占比提升至80%、2045年实现碳中和等一系列的高目标,德国希望在国际上引领新的增长模式标准,为气候外交合作制造示范效应。数字外交方面,德国虽然在数据保护规则方面处于欧盟领先水平,但亦存在数字基础设施和数字应用能力短板,有较强危机感,因此新政府有意大力强化数字外交,以规则之长补市场之短,通过强化国际合作反哺数字发展。

四、未来展望

　　自美国特朗普上台和英国"脱欧"以来,欧洲及德国看待世界的方式发生变化,意识到需要更明确的地区共同愿景和自强意识。到2018年中美战略博弈加速后,欧洲和德国都在努力调整适应大国政治回归的新现实,并开始了缓慢的调整进程。

---

1 Lars Klingbeil, „Der Westen hat sich lange zu sicher gefühlt," *Rede zur Zeitenwende im Rahmen der Tiergartenkonferenz 2022*, June 21, 2022, https://www.ipg-journal.de/rubriken/aussen-und-sicherheitspolitik/artikel/lars-klingbeil-rede-zur-zeitenwende-6010, 2022-07-15.

2 Robert Habeck, „Wirtschaftsminister Habeck will sozial-ökologische Marktwirtschaft," *RND*, January 26, 2022, https://www.rnd.de/politik/wirtschaftsminister-habeck-will-sozial-oekologische-marktwirtschaft-RPSB2ZXPVYCMQAZTHMWMIP5UY4.html, 2022-03-15.

可以说，默克尔执政后期已经为德国对外政策的转变奠定了基调，而本届德国新政府上台初期的调整措施则属于微调，直到乌克兰危机爆发，对外政策才真正被动地进入深度调整期。作为内政的延续，此次德国对外政策调整带有应激反应性质，落实时仍然面临社会阻力，并伴随大规模政策辩论。首先，德国和俄罗斯之间长期存在的纽带难以在短期内切断，德国东西分裂的历史和德国东部与俄罗斯的密切关系决定了德国调整对俄认知需要时间。以前总理施罗德为代表的"知俄派"仍秉持对俄同情态度，媒体甚至一度出现"普京理解者"（Putinversteher）的新词汇。[1]同时，"克制文化"观念对德国"安全觉醒"也存在抑制作用。在乌克兰危机爆发前，德国政府受民意制约，未及时向乌克兰提供军事援助，遭到国际社会批评。乌克兰危机发生后，围绕是否向乌克兰提供重型武器的争论再次引发舆论论战，民调显示支持者和反对者的数量大致相等，尽管52%的人支持对俄罗斯展现强硬态度，但仍有40%的人反对激怒俄罗斯。[2]虽然政府最后作出支持提供重型武器的决定，但社会内部意见仍未完全统一。德国前外交部长施泰因迈尔曾指出，德国走向更大军事自信的道路不会一帆风顺，而且永远不会是直线的。[3]未来德国安全政策转向仍将在实践中不断经受民意考验。

同时，对外政策调整需要国内经济实力支撑，且不能突破其承载限度。快速急转意味着资源的重新分配和对既有经济结构的冲击，可能造成德国经济衰退，甚至可能威胁国内稳定。目前对俄罗斯的制裁已产生巨大反噬效应，鉴于德国对俄能源的高依存度，进一步制裁将对德国经济构成重大打击。2022年4月德国经济部联合多家经济研究机构发布最新预测，将德国2022年的经济增长率由2021年秋天的4.8%下调至2.7%，通胀预测为6.1%，为40年来的最高水平。2022年德国经济实际增长1.9%。如果能源供应停止，未来两年德国经济产出损失预计将高达2200亿欧元，相当于德国年经济产出的6.5%左右，经济增长率将进一步降至1.9%。[4]民众对经济能源的担忧情绪也一直在上升。2022年4月初的民调显

---

1 Sarah Hucal, "German Term 'Putinversteher' Goes International," *Deutsche Welle (DW)*, April 6, 2022, https://www.dw.com/en/german-term-putinversteher-goes-international/a-61381725, 2022-04-28.

2 民意调查参见Infratest dimap, „ARD-DeutschlandTREND April II 2022: Repräsentative Studie im Auftrag der ARD," 25. bis 27. April 2022, https://www.infratest-dimap.de/umfragen-analysen/bundesweit/ard-deutschlandtrend/2022/april-ii, 2022-04-28；两边分别以名人发表公开信的方式进行论战，参见Kevin Tschierse, "New German Open Letter: 'Yes' to Weapons for Ukraine," *Deutsche Welle (DW)*, May 5, 2022, https://www.dw.com/en/new-german-open-letter-yes-to-weapons-for-ukraine/a-61692748, 2022-05-08。

3 Frank-Walter Steinmeier, "Germany's New Global Role: Berlin Steps Up," *Foreign Affairs*, Vol. 95, No. 4, 2016, pp. 112-113.

4 German Federal Ministry for Economic Affairs and Climate Action, "Joint Economic Forecast: From Pandemic to Energy Crisis: Economy and Politics under Stress," *Kiel Institute for the World Economy*, April 13, 2022, https://www.ifw-kiel.de/publications/media-information/2022/joint-economic-forecast-12022-from-pandemic-to-energy-crisis-economy-and-politics-under-permanent-stress, 2022-04-24.

示，80%的德国人担心经济形势会恶化，76%以上的人担心天然气和能源供应会减少。[1]5月，德国出现自重新统一30年以来的首次月度贸易逆差，9月通货膨胀率达10%，创下半个多世纪以来的最高水平。[2]如果经济稳定得不到保障，外交转向不仅难以实现，甚至会危及社会政治稳定。正如历史学家蒂莫西·加顿·艾什（Timothy Garton Ash）指出的，德国的自由稳定、国家认同与经济实力密切相关，如果出现大幅经济衰退，可能再次出现文化悲观主义和政治极端主义。[3]

但从长期来看，德国对外政策的安全转型已成不可逆趋势。目前乌克兰危机给德国政坛带来的冲击仍在延续，核心是反思德国对外政策的原则和基础。在对俄罗斯政策方面，反思德国与俄罗斯之间密切的政治经济联系为何未能改变其行为模式，促其有效融入德国认可的国际体系；以及反思2014年乌克兰危机后，德国在"北溪–2"项目等问题上的立场；放弃对俄"不切实际的期待"，并做好从合作转向长期对抗的准备。在安全政策方面，探讨"和平社会的道德代价"，反思对外政策长期聚焦于功利主义的经济利益计算，忽视安全的重要性。[4]因此，在德国看来，此次乌克兰危机不仅是对德国"新东方政策"和"以接触求转变"等传统外交思想的否定，也是对德国长期以来"重经济轻安全"的对外政策的否定。[5]在此背景下，德国已经将尽快再次拥有高效、超现代、进步的联邦国防军，以及尽快结束德国对俄罗斯化石燃料的依赖提升到战略高度。[6]同时，此次德国明确以欧洲为行动框架，提升北约内部合作的重要性并投入实质性资源，强化北约作为欧洲支柱的做法，使美国长期以来对欧洲"战略自主"的焦虑得到缓和。强化美欧安全纽带重新成为跨大西洋的共识，将得到美国的积极支持。

但这种反思和转型并不意味着德国试图使德俄关系全面逆转和恶化。德国在

1　Infratest dimap, „ARD-DeutschlandTREND April 2022: Repräsentative Studie im Auftrag der ARD," 04. bis 06. April 2022, https://www.infratest-dimap.de/umfragen-analysen/bundesweit/ard-deutschlandtrend/2022/april, 2022-04-24.

2　Eurostat, "Euro Area Annual Inflation Up to 10.0%," *Euro Indicators*, September 30, 2022, https://ec.europa.eu/eurostat/documents/2995521/14698140/2-30092022-AP-EN.pdf/727d4958-dd57-de9f-9965-99562e1286bf, 2022-10-03.

3　Timothy Garton Ash, "The New German Question," *The New York Review*, August 15, 2013, https://www.nybooks.com/articles/2013/08/15/new-german-question, 2022-05-03.

4　Simon Dekeyrel, "The Moral Cost of 'Social Peace' in Germany," *European Policy Center*, April 14, 2022, https://www.epc.eu/en/Publications/The-moral-cost-of-social-peace-in-Germany~47ccdc, 2022-04-24.

5　Matthew Karnitschnig, "Putin's Useful German Idiots," *Politico*, March 28, 2022, https://www.politico.eu/article/putin-merkel-germany-scholz-foreign-policy-ukraine-war-invasion-nord-stream-2, 2022-04-23.

6　Olaf Scholz, „Rede von Bundeskanzler Scholz zum Großen Übersee-Tages und 100. Jubiläums des Übersee-Clubs e.V. Hamburg," May 6, 2022, https://www.bundeskanzler.de/bk-de/aktuelles/rede-von-bundeskanzler-scholz-zum-grossen-uebersee-tages-und-100-jubiläums-des-uebersee-clubs-e-v-hamburg-am-6-mai-2022-in-hamburg-2037536, 2022-05-10.

解决危机的同时着眼于长期的战略考虑，其中至少包括四个相互联系的方面：一是将普京与俄罗斯人民分割开来；二是强调未来的欧洲安全架构仍然需要纳入俄罗斯，而非将其排除在外；三是强调避免北约直接介入，力避欧洲全面战争的风险；四是希望借危机从系统上解决德国对外政策的方向问题，融合新政府既有的改革议程，升级对外政策体系，使之更好适应当前安全关切上升的普遍态势。[1]

　　德国也确实在这样做。2022年5月8日，在纪念二战结束77周年的电视讲话中，朔尔茨本着吸取二战历史教训的态度，宣布"战争永不重演，种族灭绝永不重演，暴政永不重演"，第一次明确了处理战争冲突的四项原则：德国不会采取单边行动，将与欧盟和美国密切协调；将加强武装力量建设以提高自卫能力；不会做损害自己和盟友大于损害俄罗斯的决定；不会将北约拖入战争。[2]该讲话进一步明确德国政策主张，表明短期政策正在向长期转换。9月初，朔尔茨更进一步在捷克布拉格查理大学发表讲话，对新格局下欧洲未来发展提出新构想，明确德国在接受新现实基础上将对欧洲政策作出重大调整，全面推动欧盟地缘政治转型。[3]

　　德国对外政策转型应危机而生，也引发了欧洲对外政策走向的问题，即：今后德国和欧洲应该聚焦于地区安全，还是继续发挥更大的国际作用？从短期看，欧洲仍然受困于乌克兰危机带来的安全威胁，并因能源问题引发社会经济不稳定，需迫切解决自身问题而无暇外顾。但从长远看，普遍安全、共同安全的理念已得到接纳，德国和欧盟都在寻求国际上更广泛的同盟来应对本地区安全问题。2022年春以来，欧亚、德亚互动显著上升，朔尔茨上任后在亚洲首访日本，德印、欧印互动和拟议建立的欧印贸易和技术委员会都释放出明显信号，表明包括德国在内的欧盟有意继续强化在"印太"地区的国际合作。随着德国重新武装并对欧洲安全产生更大影响力，德国及欧洲在全球安全政策上将获得更大的灵活性。不过在地区和全球层面分配资源也存在一定不确定性。一种看法是，德国对外政策的安全转向将提升欧盟整体的资源和能力，使受乌克兰危机冲击相对较小的英法等大国更有能力腾出资源，介入"印太"安全问题。展望未来，在全球安全问题上欧洲存在进一步明确分工的可能性。

　　1 这些观点分布于德国总理朔尔茨和外长贝尔伯克的几次讲话中，参见 "Federal Government Condemns Attack on Ukraine: 'This Is Putin's War'," February 24, 2022, https://www.bundeskanzler.de/bk-de/aktuelles/bundesregierung-ukraine-krieg-russland-2007430, 2022-05-08。

　　2 原话为„Nie wieder Krieg. Nie wieder Völkermord. Nie wieder Gewaltherrschaft." 参见 Olaf Scholz, „Putin wird den Krieg nicht gewinnen: TV-Ansprache des Bundeskanzlers," *ZDF*, 2022-08-05, https://www.zdf.de/nachrichten/zdfspezial/ansprache-des-bundeskanzlers-100.html, 2022-05-10。

　　3 Olaf Scholz, „Europa ist unsere Zukunft–und diese Zukunft liegt in unseren Händen."

欧洲战略上的"第三条道路"？

——夹在传统跨大西洋联盟和中国市场机会之间的欧盟[*]

［意］尼古拉·卡萨里尼[**]

内容提要：欧盟、中国和美国是当今世界上的三大力量，三者之间有着特殊的竞合关系。拜登政府已与欧洲盟友接触，以建立"抵制北京"的共同战线。尽管欧盟的对华政策近年来趋于强硬，与华盛顿的对华政策越来越相似，但欧盟从未像美国那样与中国对抗。欧洲并不希望在中美之间作出选择，它更希望与美国在有共同关切的涉华问题上进行合作，同时寻求与中国建立更紧密的商业联系，以支持欧洲出口驱动型的经济。中欧于2020年12月30日宣布完成了中欧投资协定（CAI）的谈判，当前这一协定处于冻结状态，该协定能否最终批准可能是欧盟在中美之间努力寻找"第三条道路"的试金石，它为欧洲"战略自主"的抱负赋予了具体意义和内涵。

关键词：欧盟　中国　美国　"战略自主"　贸易与投资

一、导言

欧盟、中国和美国是当今世界上的三大力量，三者之间有着特殊的竞合关系。自拜登（Joe Biden）入主白宫以来，大西洋两岸的关系已经明显改善，但

---

* 原文刊载于北京大学国际战略研究院主办的英文期刊*China International Strategy Review*（Vol. 4, No. 1, 2022），https://doi.org/10.1007/s42533-022-00095-1。此处刊载已获得作者本人及*China International Strategy Review*出版商施普林格·自然（Springer Nature）出版集团的授权许可。

** ［意］尼古拉·卡萨里尼（Nicola Casarini），意大利国际事务研究院高级研究员。

当前中欧关系处于低谷，特别是在2021年3月北京宣布对欧洲多名个人和实体实施制裁之后。这些事态的发展，再加上中美之间日益紧张的关系，都给中欧关系带来了冲击。在过去的几十年中，中欧之间的联系无论在数量上还是质量上都有了显著改善。

中欧关系充满了机遇和挑战，同时受到欧洲的传统盟友美国的影响。事实上，华盛顿寻求影响中欧关系，使之朝着更符合美国战略利益的方向发展。因此，欧盟有时更倾向于大西洋联盟，而有时则以牺牲美国利益为代价来发展与中国的关系。中国领导人长期以来支持欧洲关键的一体化倡议及其对"战略自主"的追求，这些有助于中欧关系的发展。而欧洲对"战略自主"的追求有可能在美欧之间引起分歧。[1]

近来欧盟官员的声明似乎证实了欧洲期望在华盛顿和北京之间寻求"第三条道路"的意图。[2]2021年12月，法国总统马克龙将法国2022年上半年担任欧盟轮值主席国期间的优先事项概括为"复苏、力量、归属感"，宣称法国的目标是"推动欧洲成为世界上强大、拥有完全主权、有选择自由并掌握自己命运的欧洲"。[3]

已有的学术文献在很大程度上忽视了中美欧之间的战略三角关系，以及欧洲试图在中美之间开辟"第三条道路"的努力，只有少数文献注意到了这两点。[4]大量的研究考察了中美之间复杂的关系。[5]关于中欧关系的文献相对较少，但正在不

---

1 European External Action Service, *Shared Vision, Common Action: A Stronger Europe: A Global Strategy for the European Union's Foreign and Security Policy*, Luxembourg: Publications Office of the European Union, June 2016, https://data.europa.eu/doi/https://doi.org/10.2871/64849, 2021-11-15.

2 Robin Emmott, et al., "Despite Transatlantic 'Love Fest', EU Charts Third Way in Ties with U.S. and China," *Reuters*, March 11, 2021, https://www.reuters.com/article/us-eu-usa-china-idUSKBN2B401 R, 2021-11-21.

3 "Recovery, Power, Belonging: Macron Details Ambitious Plan for France's EU Presidency," *France 24*, December 9, 2021, https://www.france24.com/en/europe/20211209-live-emmanuel-macron-presents-france-s-priorities-for-europe, 2021-11-18.

4 Jing Men and Wei Shen, eds., *The EU, the US and China—Towards a New International Order?* Cheltenham: Edward Elgar, 2014；Robert S. Ross, ØysteinTunsjø, and Tuosheng Zhang, eds., *US-China-EU Relations: Managing the New World Order*, London: Routledge, 2010.

5 可参见Ryan Hass, *Stronger: Adapting America's China Strategy in an Age of Competitive Interdependence*, New Haven, CT: Yale University Press, 2021; Graham Allison, *Destined for War: Can America and China Escape Thucydides' Trap?* Boston: Houghton Mifflin Harcourt, 2017; John Ikenberry, Feng Zhu, and Jisi Wang, eds., *America, China, and the Struggle for World Order: Ideas, Traditions, Historicals, and Global Visions*, Basingstoke: Palgrave Macmillan, 2015; James Steinberg and Michael E. O'Hanlon, *Strategic Reassurance and Resolve: US-China Relations in the Twenty-first Century*, Princeton: Princeton University Press, 2014。

断增加。[1]有些研究尝试比较美欧的对华政策、关注欧洲对华的"战略自主性"，但这些研究局限于有限的几个议题，比如，提议取消欧盟对华武器禁运——这一倡议于2003—2005年由一些欧洲精英提出，不过迫于美国压力，在2006年就被搁置一边。

本文旨在通过考察中美欧三角关系近来的发展，剖析其复杂性。本文聚焦于当下日益左右为难的欧盟。一方面，拜登上台后不断呼吁加强对华方面的跨大西洋合作；另一方面，欧盟又被中国市场的吸引力所牵引。2020年12月底签署的中欧投资协定体现了欧盟面对的难题。如果该协定正式生效，它将促进中欧之间的贸易和投资，并对华盛顿产生深远影响。华盛顿正在积极努力与欧洲盟友建立共同战线，对抗北京方面日益增加的自信和"强硬"。尽管前途未卜，但中欧投资协定于拜登入主白宫前几周对外公布，这表明欧洲决心推进"战略自主"，并向美国传递了一个信息——在中国问题上，跨大西洋合作并不是理所当然的。

本文提出以下问题：美欧在对华方面立场一致吗？欧盟将会效仿美国，对中国实施遏制政策，并追随特朗普政府和拜登政府对华发动贸易战和技术战，从而让这个亚洲巨人永远地臣服于西方？还是将继续采取对华接触政策，寻求促进欧洲的经济利益，并进一步实现其追求"战略自主"的抱负呢？

二、美欧在对华问题上立场一致吗？

表面上看，美欧的对华政策似乎是协调一致的。在经济领域，华盛顿和布鲁塞尔都指责中国为保护本国企业而对外封锁国内市场、限制外国企业进入中国市场、补贴国内企业，以及未能保护知识产权。此外，针对中国的"一带一路"倡议、中国在西方的投资、得到国家支持的中国企业对美欧竞争力和繁荣构成的"挑战"等问题，美欧都提出了批评。

在政治领域，跨大西洋盟友都致力于推动中国成为全球体系中所谓负责任的利益攸关方，并推动中国尊重所谓人权和基本自由、良政和法治。美欧倾向于把合作的重点放在在中国推进西方民众珍视的规则和原则上。例如，2021年3月，美欧、加拿大和英国以"在新疆地区侵犯人权"为由对一些中国官员实施了制裁。

尽管美欧这两个跨大西洋盟友的对华政策有许多相似之处，且有着天然的政

---

1 可参见 Anna Michalski and Zhongqi Pan, *Unlikely Partners? China, the European Union and the Forging of a Strategic Partnership*, Berlin: Springer, 2017; Hong Zhou, ed., *China-EU Relations: Reassessing the China-EU Comprehensive Strategic Partnership*, Berlin: Spring, 2016; Jianwei Wang and Weiqing Song, eds., *China, the European Union, and the International Politics of Global Governance*, Basingstoke: Palgrave, 2016; David Shambaugh, Eberhard Sandschneider, and Hong Zhou, eds., *China-Europe Relations: Perceptions, Policies and Prospects*, London: Routledge, 2008; David Kerr and Fei Liu, eds., *The International Politics of EU-China Relations*, Oxford: Oxford University Press, 2007。

策趋同倾向，不过两者也存在着一些重要的差异，更不用说它们之间还存在利益分歧和对中国市场份额的竞争。最显著的差异可能是布鲁塞尔和华盛顿对待北京的方式。欧盟倾向于在双边层面上与中国接触，而美国传统上则是在其亚洲联盟体系及对地区安全承诺的框架下制定对华政策。[1]

> **最显著的差异可能是布鲁塞尔和华盛顿对待北京的方式。欧盟倾向于在双边层面上与中国接触，而美国传统上则是在其亚洲联盟体系及对地区安全承诺的框架下制定对华政策。**

美国的"印太"政策显然旨在牵制中国。中国的崛起实际上已经促使美国加大了对该地区的军事介入。美国总统奥巴马在2011年11月访问亚洲期间宣布了针对该地区的再平衡政策，即"重返亚太"政策。随后美国于2012年1月发布的《2012年国防战略指南》进一步支持了这一政策，其中包括重新部署美军的计划，并在澳大利亚达尔文建立负责南海和印度洋的美国海军陆战队新基地，以压制中国。美国总统特朗普将其对该地区的战略更名为"印太战略"，并将此写进2017年12月发布的《国家安全战略》（NSS）。这一战略虽建立在奥巴马"重返亚太"政策的基础上，但对华立场更加强硬。特朗普政府将"印太"地区视为最具战略重要性的地理区域，认为中国挑战了美国在此区域的领导地位和"基于规则的秩序"。[2]2019年6月，美国国防部发布了"印太战略"报告[3]，将日益强大的中国列为对美国在该地区安全利益构成的"最大威胁"，而拜登政府仍在沿用这一对华判断。

欧盟以不同于美国的方式框定其对华政策，更多地关注中欧双边层面。欧盟过去曾努力将对华政策置于亚洲安全的大背景下考虑。例如，欧盟在充分考虑地区现状及美国为亚洲安全保障者的基础上，制定过一个《欧盟东亚外交与安全政策指南》文件。该文件2007年发布，2012年修订再版，涉及了南海情势。[4]然而，其后欧盟并没有再提出类似的政策倡议。在过去10年中，欧盟一直以双边方式发展对华关系。出于对亚洲安全的担忧，一些欧盟成员国（尤其是法国）已经向南海派出海军舰艇，以支持美国领导的"航行自由行动"。此外，法国、德国和荷兰都各自出台了本国的"印太战略"。2021年9月，欧盟公布了针对"印太"地区的战略，该战略并没有反华或遏制中国的措辞。该文件声称"欧盟以合作而

1 Victor Cha, *Powerplay: The Origins of the American Alliance System in Asia*, Princeton: Princeton University Press, 2016.

2 Donald J Trump, *National Security Strategy of the United States of America*, Washington, DC: White House, December 20, 2017, HSDL, https://www.hsdl.org/?abstract&did=806478, 2021-11-15.

3 "Rebalancing United States-China Trade. United States-China Phase One Trade Agreement," Office of the United States Trade Representative, https://ustr.gov/phase-one, 2021-11-15.

4 "Guidelines on the EU's Foreign and Security Policy in East Asia," Council of the European Union, June 15, 2012, https://eeas.europa.eu/archives/docs/asia/docs/guidelines_eu_foreign_sec_pol_east_asia_en.pdf, 2021-11-15.

非对抗的方式处理与该地区的关系",[1] 从而与华盛顿的做法区分开来。

分析美欧阐述对华政策时使用的词汇，也足能看出它们在处理对华关系上有多么不同。例如，拜登政府官员已经宣布，华盛顿将视具体问题而选择与中国对抗、竞争抑或合作。美国拜登政府的国家安全委员会"印太"事务协调员库尔特·坎贝尔（Kurt Campbell）和国家安全事务助理杰克·沙利文（Jake Sullivan）在《外交》杂志发表了颇具影响力的文章，针对中国提出了"挑战与共存"的思想。[2]

拜登政府在对华政策上使用的措辞与2019年3月欧盟公布的《欧盟-中国：战略展望》中的对华政策类似。在《欧盟-中国：战略展望》这一文件中，欧盟委员会和欧盟外交与安全政策高级代表提出了建立在合作、竞争和对抗基础上的对华方针。[3] 更具体地说，欧盟将中国定义为合作伙伴（与之合作）、经济竞争对手（与之共存）和"制度性对手"（挑战）。

然而，欧盟从不对中国使用对抗性措辞，这与美国形成了鲜明对比。美国在阐明对华政策时公开使用充满敌意的措辞。例如，2021年6月，美国国防部长劳埃德·奥斯汀（Lloyd Austin）发布一条指令，宣称中国是美军的"头号"关注点。[4] 2021年10月初，美国中央情报局宣布成立新的"中国任务中心"（China Mission Center），并发表声明将中国政府称为"关键对手"，凸显了拜登政府视中国为美国外交政策的首要重点以及强大的全球竞争对手。[5] 尽管布鲁塞尔近年来对北京的立场变得强硬，加大了对中国"不公平贸易行为"和"侵犯人权"行为的批评力度，但它从未像华盛顿那样对抗北京。

三、欧盟的方式

中欧关系的发展得益于双方之间不存在可能导致军事对抗的矛盾，这不同于

---

1 European Commission and High Representative of the Union for Foreign Affairs and Security Policy, "The EU Strategy for the Indo-Pacific," European Union, September 16, 2021, https://eeas.europa.eu/sites/default/files/jointcommunication_2021_24_1_en.pdf, 2021-11-18.

2 Kurt M. Campbell and Jake Sullivan, "Competition without Catastrophe: How America Can Both Challenge and Coexist with China," *Foreign Affairs,* September 2019, https://www.foreignaffairs.com/articles/china/competition-with-china-without-catastrophe, 2021-11-18.

3 European Commission and High Representative of the Union for Foreign Affairs and Security Policy, "EU-China: A Strategic Outlook," European Union, March 12, 2019, https://ec.europa.eu/info/sites/default/files/communication-eu-china-a-strategic-outlook.pdf, 2021-11-15.

4 Jim Garamone, "Austin Signs Internal Directive to Unify Department's China Efforts," *DOD News*, June 9, 2021, https://www.defense.gov/News/News-Stories/Article/Article/2651742/austin-signs-internal-directive-to-unify-departments-china-eforts, 2021-11-15.

5 Julian E. Barnes, "C.I.A. Reorganization to Place New Focus on China," *New York Times*, October 7, 2021, https://www.nytimes.com/2021/10/07/us/politics/cia-reorganization-china.html, 2021-11-15.

中美关系，后者可能因台湾问题和美国对亚洲的安全承诺而导致中美军事对峙。大多数欧盟决策者并不认为中国是直接的"军事威胁"，也并非"潜在的敌人"。[1]然而，中国领导人将如何运用其不断增强的国家能力，正日益引起欧洲公众的关注。

经济因素向来是中欧关系的主要驱动力。[2]自2017年以来，中欧之间每天的商品贸易额超过15亿欧元。欧盟目前是中国最重要的贸易伙伴；中国仅次于美国，是欧盟的第二大贸易伙伴（商品贸易和服务贸易都包括在内）。2007—2017年，中欧贸易总额从约3060亿欧元大幅增长至约5730亿欧元。[3]2017年，中国在欧盟对外商品出口贸易总额中占比达11%（1980亿欧元），在欧盟商品进口贸易总额中占比20%（3750亿欧元），是欧盟最大的合作伙伴，当年欧盟对华贸易逆差高达1770亿欧元。[4]

始于2020年初的新冠疫情导致中欧贸易额在当年前两个季度大幅下滑。2021年第二季度与2019年第一季度相比，欧盟从中国进口的份额增长了4%。由于中国在欧盟进出口贸易中所占份额不断增长，2021年中国超过美国成为欧盟最大的货物贸易伙伴。[5]不过，尽管欧盟从美国进口的商品减少了，但美欧之间的服务贸易仍旧繁荣，跨大西洋关系依然非常稳固。[6]

近年来，中国对欧洲大陆的投资激增。美国企业研究所和传统基金会联合开展的"中国全球投资跟踪"（China Global Investment Tracker）项目显示，2005—2016年，中国对欧投资近1640亿美元，对美投资1030亿美元。根据荣鼎咨询（Rhodium Group）的数据，中国对欧盟的直接投资在短短8年时间里增长了近50倍：从2008年的不到8.4亿美元增至2016年创纪录的420亿美元（350亿

1 Emil J. Kirchner, Thomas Christiansen, and Han Dorussen, eds., *Security Relations between China and the European Union: From Convergence to Cooperation?* Cambridge: Cambridge University Press, 2016.

2 John Farnell and Paul Irwin Crookes, *The Politics of EU-China Economic Relations: An Uneasy Partnership*, Basingstoke: Palgrave, 2016.

3 "China. Countries and Regions," European Commission, July 26, 2021, https://ec.europa.eu/trade/policy/countries-and-regions/countries/china, 2021-11-29; European Commission, "EU-US Launch Trade and Technology Council to Lead Values-Based Global Digital Transformation," Press Corner, 2021, https://ec.europa.eu/commission/presscorner/detail/en/IP_21_2990, 2021-11-21.

4 "China. Countries and Regions," European Commission, July 26, 2021, https://ec.europa.eu/trade/policy/countries-and-regions/countries/china, 2021-09-29.

5 "EU International Trade in Goods - Latest Developments," Eurostat, September 2021, https://ec.europa.eu/eurostat/statistics-explained/index.php?title=EU_international_trade_in_goods_-_latest_developments&stable=0&redirect=no#Extra-EU_trade_by_partner:_trade_with_China_drives_recovery_of_imports_and_exports_of_goods, 2021-09-15.

6 Daniel Hamilton, "No, China Is Not the EU's Top Trading Partner," *Politico*, February 19, 2021, https://www.politico.eu/article/china-not-eu-top-trade-partner-us-is, 2021-09-19.

欧元）。[1]

鉴于中欧之间的贸易失衡不断加剧，2017年2月，法国、德国和意大利要求欧盟委员会重新考虑欧盟对外国投资的规定。这导致欧盟通过了一项投资审查机制，该机制旨在帮助欧盟委员会和欧盟成员国评估外国投资者是否实际上受控于第三国政府。这显然是针对得到政府支持的中国企业。这一审查机制使得外国投资者更难获得相应的知识和技术，用以生产低价出售的商品。在中欧投资协定谈判进行的同时，欧盟设立投资审查机制向中国传递了要求中国开放市场准入的信息。

在过去10年中，越来越多的学者和政策制定者开始主张在中欧关系中增加更多的附加条件，特别是在经济和贸易问题上。[2]同样地，欧洲议会、一些欧洲国家议会和欧盟成员国内部的政治力量加大了对中国贸易做法的批评力度，特别是批评中国在对外贸易中缺乏互惠精神。实际上，欧洲企业进入中国市场面临困难，而中国企业往往通过获得补贴或享受更简单的流程等方式得到政府的帮助。此外，在获准进入中国市场之前，外国企业（尤其是拥有知名品牌和领先技术产品的公司）必须分享它们拥有的专业知识。欧洲投资者经常指出，外国企业在中国面临着监管方面和行政管理方面的负担。尽管中国是欧盟的第二大贸易伙伴，但它在中国却面临大量的投资壁垒，包括中国政府要求外国投资者设立合资企业、进行技术转让、设置市场准入限制和不合理的技术法规等。

欧洲认为，中国国有经济的属性和采取的"不公平贸易"做法对欧洲构成了严重的经济和贸易"挑战"，导致欧洲部分地区"去工业化"以及生活水平下降——欧洲国家和包括美国在内的其他发达国家都面临着这样的情况。德国工业联合会（BDI）于2019年1月发布的一份对华政策文件明确了这一点，该文件主张在贸易和投资方面对北京采取更强硬的立场，[3]这一文件对欧盟于2019年3月发布的《欧盟–中国：战略展望》产生了很大影响。与此同时，中国巨大的国内市场和不断扩大的中产阶级持续吸引欧洲各地众多的工商协会。这对许多欧洲企业来说是一个巨大的机遇，其中一些企业已将生产转移到中国，以利用中国较低的生产成本和全球供应链。

欧盟反对中国"不公平"的贸易和经济做法的努力，并没有导致欧盟坚定地

1 Thilo Hanemann, Mikko Huotari, and Agatha Kratz, "Chinese FDI in Europe: 2018 Trends and Impact of New Screening Policies," Berlin: MERICS Papers on China, March 6, 2019, https://merics.org/en/report/chinese-fdi-europe-2018-trends-and-impact-new-screening-policies, 2019-09-19.

2 Janka Oertel, "The New China Consensus: How Europe Is Growing Wary of Beijing," European Council on Foreign Relations, September 7, 2020, https://ecfr.eu/publication/the_new_china_consensus_how_europe_is_growing_wary_of_beijing, 2021-09-29. 另参见 Roland Vogt, ed., Europe and China: Strategic Partners or Rivals? Hong Kong: Hong Kong University Press, 2012。

3 Federation of German Industries, "China—Partner and Systemic Competitor," January 10, 2019, https://english.bdi.eu/publication/news/china-partner-and-systemic-competitor, 2021-09-18.

与美国站在一起反对中国。此外，欧盟内部在涉华问题上的政治化倾向，以及将涉华商业问题同政治问题挂钩的倾向远不及美国。

欧盟反对中国"不公平"的贸易和经济做法的努力，并没有导致欧盟坚定地与美国站在一起反对中国。此外，欧盟内部在涉华问题上的政治化倾向，以及将涉华商业问题同政治问题挂钩的倾向远不及美国。

近年来，布鲁塞尔方面越来越多地批评中国在欧盟内部制造分歧。一些欧盟成员国的精英更渴望跳脱出欧盟框架，发展本国与中国的双边关系。这方面的一个例子是创建于2012年的中国–中东欧国家合作机制，该机制旨在推动中国和中东欧国家的合作，以及支持中国的"一带一路"倡议。自2019年以来，该集团已经包括中国和16个欧洲国家（其中12个为欧盟成员国）。

与此同时，中国也开始支持欧盟的一体化进程，包括支持"伽利略计划"[1]和欧洲共同货币等关键举措。中国对欧洲一体化的支持可追溯到冷战时期，当时中国领导人认为与欧洲建立更紧密的联系对推进中国的现代化进程非常重要。[2]

中国不仅口头上声明支持一个更强大、更团结的欧洲，而且还切实地支持欧元——唯一有可能替代美元的货币。中国拥有世界上最大规模的外汇储备，且外汇储备不断多元化，其中三分之一为欧元资产，略多于一半是美元资产。自2011年以来，中国政府开始将外汇储备中的美元资产部分换为欧元资产，这一趋势未来可能会继续下去。中国外汇储备多元化的战略表明，美元不再是世界上唯一的储备货币，这对中国政府来说很重要。中国政府正在努力推进人民币国际化，以减少对美国经济周期和货币政策的依赖。

反过来，欧洲也支持中国诸多的货币雄心。2015年12月，国际货币基金组织（IMF）决定将人民币纳入特别提款权（SDR）储备货币篮子，欧洲各国一致支持此决定。[3]这一决定显然是政治性的。欧盟希望向中国传递一个友好的信息，并赞赏中国在2009—2011年欧元危机期间为支持欧元所做的努力。当时，欧元成为来自华尔街的银行和对冲基金进行投机性攻击的目标。在此期间，中国领导人曾多次出手干预，通过购买欧元区债券安抚金融市场。

欧洲支持人民币纳入SDR储备货币篮子的决定也没有顾及美国的立场。多年来，美国一直主张人民币"入篮"需要满足以下条件：中国开放资本账户；公司、个人和银行无须受制于"专断"的管理规则和政府批准，可以自由地转移资金；人民币汇率自由浮动；放松对中央银行的政府管控。以上这些均未成现实。欧洲支持人民币"入篮"是其摆脱华盛顿寻求"战略自主"的进一步标志。

---

1 欧盟的全球卫星导航系统，可替代五角大楼控制的GPS系统。

2 "Use the Intellectual Resources of Other Countries and Open Wider to the Outside World," in *The Selected Works of Deng Xiaoping*, Vol. III, 43, Beijing: Foreign Language Press, 1994.

3 该货币篮子是一种国际储备资产，其价值在过去由美元、欧元、英镑和日元四种货币组成的一篮子储备货币决定。

四、美国的对华方式

美国的对华政策传统上既包括遏制，也包括接触。[1] 对华遏制政策的支持者指出，中国军事力量不断累积，经济实力日益增长，以及对待地区问题（特别是在涉及台湾、东海和南海的领土及海洋争端问题上）的民族主义情绪和对抗姿态愈发强势，这些都是为限制中国力量投射而倡导对华强硬政策的理由。对这些人来说，为推动中国国内的变革或变化而采取宽松的政策举措，只会助长中国共产党"威权"的扩展，鼓励中国对外进一步采取民族主义姿态，并通过促进中国贸易顺差的增长，为其进一步扩充军备提供资源。他们认为，考虑到未来中美之间可能出现的紧张局势（特别是在台湾或南海问题上），中国不断增强的能力将使亚洲的力量平衡向有利于北京的方向倾斜。[2]

那些主张与中国接触的人则认为，中国的国防支出占国内生产总值的比重低于美国，而且中国没有类似美国的联盟体系，尽管他们也承认，近年来中国人民解放军取得了一些显著进步。在他们看来，美国及其盟友应该继续在全球关注的问题上与中国合作，例如气候变化和能源安全问题。[3]

自美国总统特朗普上台以来，中美进行接触的理由减弱了，这为美国采取更具敌意的对华政策奠定了基础。这一政策基于这样的假设：北京方面正在推行一项长期战略，即以中国共产党领导的全球"威权"秩序扰乱（如果不是取代）美国领导的"全球民主"秩序。[4] 为应对这种挑衅行为，特朗普发动了对华贸易战和技术战，试图让中国屈从于美国的利益，这一做法并没有随着拜登入主白宫而改变。

2021年10月4日，拜登政府公布了对华贸易政策。美国贸易代表戴琪宣布，特朗普对华贸易政策的关键要素将不会改变，美国不会取消未来征收额外关税

1　Suisheng Zhao,"The US-China Rivalry in the Emerging Bipolar World: Hostility, Alignment, and Power Balance," *Journal of Contemporary China*, https://doi.org/10.1080/10670564.2021.1945733.

2　Steve Chan, *Looking for Balance: China, the United States, and Power Balancing in East Asia*, Stanford, CA: Stanford University Press, 2012; Aaron L. Friedberg, *A Contest for Supremacy: China, America, and the Struggle for Mastery in Asia*, New York: W.W. Norton, 2012.

3　Feng Zhang and Richard Ned Lebow, *Taming Sino-American Rivalry*, Oxford: Oxford University Press, 2020.

4　Rush Doshi, *The Long Game: China's Grand Strategy to Displace American Order*, Oxford: Oxford University Press, 2021; Clyde V. Prestowitz, *The World Turned Upside Down: America, China, and the Struggle for Global Leadership*, New Haven, CT: Yale University Press, 2021.

等任何政策工具。[1] 拜登政府对华战略的核心内容包括督促中国履行现有的贸易义务，其中包括特朗普总统时期签署的《中美经济贸易协定》（或称第一阶段经贸协议）中的义务。[2]

美国实质上是在要求中国大幅削减对美贸易顺差，降低对美商品关税，并减少对新兴产业的补贴。华盛顿方面还希望限制中国在机器人、航空航天和人工智能等领域投资或收购美国公司和初创企业的能力，而北京方面在其《中国制造2025》规划中特别提及了这些领域。[3] 作为回应，中国也对美国产品加征关税，并将一些美国公司列入禁止在华开展业务的"黑名单"。华盛顿对北京采取了强硬的态度，寻求改变中国的做法，以促进美国出口，保护知识产权和美国的技术优势，并反击中国对海外投资者的"歧视"。

华盛顿持对华更为强硬立场的人士希望通过加征关税、限制跨境投资，以及迫使企业切断供应链的举措，让美国经济与中国"脱钩"。例如，美国已决定将中国唯一领先的先进技术制造商华为公司列入黑名单，阻止美国企业购买其产品。而这源于围绕第五代移动通信技术（5G）架构搭建和部署的摩擦，5G架构将为大量的商业和军事技术提供支撑。华为公司在5G技术方面获得了相较于西方竞争对手无可争议的优势，而这引起了美国方面的愤怒。

在美国政府对华采取强硬立场的同时，美国的普通民众对挑战美国主导地位、处于崛起中的中国的敌意也越来越强烈——这种敌意在不同程度上得到了美国国会两党的支持。2021年6月8日，美国参议院通过了"2021年美国创新和竞争法案"，这是一项得到两党支持的立法，旨在通过向技术、科学和研究领域投资约2500亿美元来对抗中国。该法案将中国列为经济、技术和军事安全等多个领域的战略竞争对手，[4] 为拜登政府提供了一系列关于如何在贸易、技术、出口控

---

1 "Fact Sheet: The Biden-Harris Administration's New Approach to the U.S.-China Trade Relationship," Office of the United States Trade Representative, October 4, 2021, https://ustr.gov/about-us/policy-offices/press-office/press-releases/2021/october/fact-sheet-biden-harris-administrations-new-approach-us-china-trade-relationship, 2021-09-15; "Remarks as Prepared for Delivery of Ambassador Katherine Tai Outlining the Biden-Harris Administration's New Approach to the U.S.-China Trade Relationship," Office of the United States Trade Representative, October 4, 2021, https://ustr.gov/about-us/policy-offices/press-office/speeches-and-remarks/2021/october/remarks-prepared-delivery-ambassador-katherine-tai-outlining-biden-harris-administrations-new, 2021-09-15.

2 "Rebalancing United States-China Trade. United States-China Phase One Trade Agreement," Office of the United States Trade Representative, https://ustr.gov/phase-one, 2021-11-15.

3 US National Counterintelligence and Security Center," NCSC Fact Sheet—Protecting Critical and Emerging U.S. Technologies from Foreign Threats," NCSC Newsroom, October 21, 2021, https://www.dni.gov/index.php/ncsc-newsroom/item/2254-ncsc-fact-sheet-protecting-critical-and-emerging-u-s-technologies-from-foreign-threats, 2021-09-15.

4 US Senate,"United States Innovation and Competition Act of 2021," August 6, 2021, CONGRESS.GOV, https://www.congress.gov/bill/117th-congress/senate-bill/1260/text, 2021-09-29.

制、投资审查等方面与盟友合作的建议。美国参议院于拜登总统在布鲁塞尔会见欧盟领导人一周前通过了该法案，以修复前总统特朗普执政期间严重受损的跨大西洋关系。

五、针对中国的跨大西洋合作

2021年6月15日，美欧领导人在布鲁塞尔举行峰会并发表声明，声明内容主要涉及中国。此次美欧峰会的一个具体成果是，正式成立了美欧贸易和技术理事会（Trade and Technology Council），该理事会旨在促进跨大西洋在数字问题、技术和供应链方面的合作，致力于制定国际标准、支持合作研究。[1] 然而，美欧合作的历史表明，两者之间总有发生分歧的时候，尤其当欧盟试图以牺牲美国为代价发展对华关系并推进欧洲"战略自主"时。

在20世纪90年代和21世纪初，美欧对华采取了各自不同的政策，双方鲜有协调。结果是，在如何应对崛起的中国这一问题上，跨大西洋两岸产生了分歧。2003年10月，布鲁塞尔和北京一致同意建立全面战略伙伴关系，美欧之间的分歧达到了顶峰。中欧伙伴关系包括解除欧盟对中国的武器禁运，这一提议由一些欧盟成员国提出，特别是得到了法国和德国的支持。美国强烈批评和反对这一举动。2005年2月2日，美国众议院以411票对3票的压倒性多数通过了一项谴责欧盟解除对华武器禁运的决议，威胁将在跨大西洋产业和国防合作等方面报复欧洲。来自华盛顿的压力，加上欧盟成员国议会和欧洲议会内部日益增长的不安，令欧盟成员国在2005年6月召开的欧洲理事会上搁置了该提议。

> 欧洲对华方式（包括提议解除对华武器禁运）的背后，潜藏的是欧盟致力于追求更为自主的外交政策的雄心；同时，欧洲也认为，持续的对华接触政策将在中欧之间建立信任，帮助中国逐步转变为"自由民主"的国家。

欧洲对华方式（包括提议解除对华武器禁运）的背后，潜藏的是欧盟致力于追求更为自主的外交政策的雄心；同时，欧洲也认为，持续的对华接触政策将在中欧之间建立信任，帮助中国逐步转变为"自由民主"的国家。不过欧洲后来感到这些希望落空了。新一届中国领导层在国内采取的政策路线，让世界感觉中国越来越自信和"强硬"。

2011年11月举行的美欧峰会首次将与中国的关系定位为跨大西洋联盟的关切事项。[2] 此次峰会的一个直接成果是，2012年7月，美国国务卿希拉里·克林顿

1　"EU-US Launch Trade and Technology Council to Lead Values-Based Global Digital Transformation," European Commission, June 15, 2021, https://ec.europa.eu/commission/presscorner/detail/en/IP_21_2990, 2021-09-15.

2　"Joint Statement: US-EU Summit," The White House, November 28, 2011, https://obamawhitehouse.archives.gov/the-press-office/2011/11/28/joint-statement-us-eu-summit, 2021-09-15.

《中国国际战略评论·第19辑 CHINA INTERNATIONAL STRATEGY REVIEW

（Hillary Clinton）和欧盟外交与安全政策高级代表凯瑟琳·阿什顿（Catherine Ashton）在金边举行的东盟地区论坛（ARF）会议的间隙，发表了《欧盟－美国关于亚太地区的共同声明》。这一共同声明向中国传达了明确的政治信息，间接批评了中国的社会经济制度和政治制度。[1]

在奥巴马总统执政期间，美欧之间建立了各种各样的官方对话，其中包括由欧盟主要成员国（德国、法国、英国和意大利）参与的美欧对话。奥巴马在第二任期内发起了跨大西洋对话，而在特朗普执政期内，这一对话先是被降级处理，之后被迫中断。

尽管在特朗普任期内发生了跨大西洋争端，但在2020年10月23日——也就是美国总统大选前几周——美国国务卿蓬佩奥（Mike Pempeo）和欧盟外交与安全政策高级代表博雷利（Josep Borrell）发起了一场新的双边对话，对话计划于当年11月中旬在美国副国务卿和欧洲对外行动署秘书长之间展开。不过，特朗普在2020年11月3日总统大选中落败，这一对话亦失去了吸引力。特朗普任期内针对中国的跨大西洋对话仍在2020年底前进行，不过对话比原计划更为低调。博雷利于拜登赢得总统大选后宣布，"我们已准备好"就应对北京方面构成的"挑战"与拜登政府采取联合行动。他补充称："我们可以预期，上个月启动的欧美关于中国的对话将在拜登总统任期内带着新的活力持续下去。"[2]

当拜登就任美国第46任总统时，美欧之间就中国展开跨大西洋对话的条件已经成熟。美欧公众对展开对话这一倡议表示支持。贝塔斯曼基金会和德国马歇尔基金会联合开展的"跨大西洋趋势2021"项目在10个欧盟国家和美国进行了调查，结果显示，跨大西洋合作应对与中国有关的"挑战"有着坚实的民意基础。[3]

有待观察的是，最近成立的美欧贸易和技术理事会是会像欧洲人希望的那样，开创一个相对平等的美欧合作时代，还是仍主要由美国领导和支配。美国于2021年8月从阿富汗撤军，并于2021年9月15日与英国、澳大利亚宣布签定AUKUS，美国的这些单边举动并没有提前通知法国和欧盟，这对美欧关系来说并不是好兆头。AUKUS基本上撕毁了法国与澳大利亚的潜艇协议，该协议曾被

---

1 "U.S.-EU Statement on the Asia-Pacific Region," U.S. Department of State, July 12, 2012, https://2009-2017.state.gov/r/pa/prs/ps/2012/07/194896.htm, 2021-09-18.

2 Stuart Lau, "Europe Is Ready to Team up with Joe Biden on China," *South China Morning Post*, November 10, 2020, https://www.scmp.com/news/china/diplomacy/article/3109237/europe-ready-team-joe-biden-china, 2021-09-15.

3 Bertelsmann Foundation and the German Marshall Fund, "Transatlantic Trends 2021," June 7, 2021, https://www.gmfus.org/news/transatlantic-trends-2021, 2021-09-15; Bonnie Glaser and Garima Mohan, "Poll Shows Increasing Transatlantic Convergence on China," *The Diplomat*, June 17, 2021, https://thediplomat.com/2021/06/poll-shows-increasing-transatlantic-convergence-on-china, 2021-09-15.

78

法国当权者誉为"世纪合同"。

美国的单边主义推动了欧洲走向"战略自主",包括提升与中国的关系。21世纪初,中欧建立了全面战略伙伴关系并开启太空合作,这并非巧合,当时欧洲人在伊拉克战争问题上与美国存在严重分歧。另一可能引发跨大西洋分歧的议题就是中欧投资协定。如果该协定获得批准,将促进中欧之间的贸易和投资关系,并对美国产生深远影响。

六、中欧投资协定

历经7年共35轮谈判,中欧于2020年12月30日就中欧投资协定达成一致。[1]然而,这并不是这一进程的终结,协定还需要中国和欧盟的实际签署以及欧洲议会的批准。该协定的对外公布引发了激烈的辩论,欧洲内部有支持者,亦有反对者。中国称赞该协定非常有益于世界贸易,欧盟委员会认为,该协定是一个重要突破,可以锁定中国开放政策的成果,而且体现了中国在"市场准入""公平竞争环境""可持续发展"方面作出的让步,但该协定遭到了美国的严厉批评。当时,拜登总统尚未宣布就职,新一届政府将该协定视为中国试图分裂跨大西洋盟友的一大胜利。

中欧投资协定目前处于被冻结的状态,围绕该协定以及该协定是否会获得批准的争论远未结束。2021年5月,欧洲议会以压倒性多数投票通过了中止批准该协定的决定。[2]此前,2021年3月,中国对若干欧洲实体和议会议员实施制裁,其中包括欧洲议会和人权小组委员会的5名成员,这是针对欧盟决定对4名中国官员实施限制性措施的报复行为。[3]

欧洲议会冻结中欧投资协定的决定反映了过去几年欧洲议员对中国日益增长的不满,他们支持制裁中国,决心更坚定地对抗中国。尽管如此,中国仍然是欧洲第二大贸易伙伴和世界经济增长的重要引擎,任何针对中国的举动都可能引发不断升级的经济报复,这一前景可能会制约欧洲各国政府和欧盟委员会向中国施压的意愿。

在华的欧洲商界对中欧投资协定很大程度上持支持立场。中国欧盟商会主席

---

1 "EU and China Reach Agreement in Principle on Investment," European Commission, December 30, 2020, https://trade.ec.europa.eu/doclib/press/index.cfm?id=2233, 2021-09-21.

2 "MEPs Refuse Any Agreement with China whilst Sanctions Are in Place," European Parliament, May 20, 2021, https://www.europarl.europa.eu/news/en/press-room/20210517IPR04123/meps-refuse-any-agreement-with-china-whilst-sanctions-are-in-place, 2021-11-05.

3 "EU Imposes Further Sanctions over Serious Violations of Human Rights around the World," European Council, March 22, 2021, https://www.consilium.europa.eu/en/press/press-releases/2021/03/22/eu-imposes-further-sanctions-over-serious-violations-of-human-rights-around-the-world, 2021-11-05.

伍德克（Joerg Wuttke）在最近的一篇文章中指出，中欧投资协定在中国的市场准入方面有小幅改善，他认可该协定对欧洲最大的好处是扩充了相关规定以确保数千家在华欧洲企业享有公平竞争环境，并且该协定为中欧关系建立了原本空缺的双边法律基础。[1] 欧洲的各种商业协会代表将中欧投资协定视为在中国市场上击败美国公司的一个机会。该协定也可能抵消中美第一阶段经贸协议给中国带来的负面影响。

欧盟成员国的一致支持和欧洲议会的多数赞成票才能使中欧投资协定获得批准。2021年7月中旬，欧洲议会概述了其批准中欧投资协定的前提条件。欧洲议会外交事务委员会在一份报告中呼吁将中欧投资协定作为向中国施压的政策工具，以"改善中国的人权保护现状"并"支持中国的公民社会"；[2] 报告还列出了欧洲议会提出的批准条件。此外，报告还考虑到拜登就任美国总统可能给中国带来新的跨大西洋局势。[3]

2021年10月21日，欧洲议会以580票赞成、26票反对、66票弃权的压倒性优势，高票通过了一份提交给欧盟委员会副主席兼外交与安全政策高级代表的政策建议报告，报告题为"关于发展欧盟与台湾地区政治关系与合作"，强调迫切需要对"欧盟-台湾双边投资协议"（BIA）启动"影响评估、公众咨询和范围界定"。文件还对大陆持续的对台活动表示严重关切，敦促欧盟采取更多行动以应对这些紧张局势。[4]

欧洲议会议员最近采取的对华举措符合欧洲议会长期以来的传统，即对华采取比其他欧盟机构（如欧盟委员会和欧洲对外行动署）及欧盟成员国更具批判性的立场。欧盟成员国由于担心中国的报复行为而倾向于与中国寻求妥协。

欧洲内部（如欧盟成员国和欧盟机构）在对华政策上仍存在分歧。是进一步强化与美国合作以应对中国挑战，还是拥抱中国市场，布鲁塞尔在这两者之间也一直摇摆不定。

七、结论：迈向欧洲战略上的"第三条道路"？

基于跨大西洋联盟协调对华政策的天然倾向，拜登政府上台后与欧洲接触谋

1　JoergWuttke, "The EU-China CAI—Perspectives from the European Business Community in China," *Asia Europe Journal*, https://doi.org/10.1007/s10308-021-00631-5.

2　"MEPs Set out Their Vision for a New EU Strategy for China," European Parliament, July 15, 2021, https://www.europarl.europa.eu/news/en/press-room/20210708IPR08013/meps-set-out-their-vision-for-a-new-eu-strategy-for-china, 2021-11-18.

3　"Report on a New EU-China Strategy," European Parliament, July 26, 2021, https://www.europarl.europa.eu/doceo/document/A-9-2021-0252_EN.html, 2021-11-15.

4　"EU-Taiwan Political Relations and Cooperation," European Parliament, September 2021, https://www.europarl.europa.eu/doceo/document/TA-9-2021-0431_EN.pdf, 2021-11-29.

求建立对抗北京的共同阵线，然而随之而来的是双方之间分歧的出现，这加剧了美欧的利益纷争以及对中国市场份额的争夺，正如中欧投资协定这一案例所体现的。尽管中国在越来越多的领域和部门成为欧盟的经济竞争对手，但中国仍被欧盟视为一个机会，部分原因是欧盟渴望成为一个全球行为体并推进实现"战略自主"。这得益于中国领导人惯于支持关键的欧盟一体化倡议，只要倡议符合中国的国家利益。欧盟官员最近的声明似乎证实了欧洲在中美之间开辟"第三条道路"的意图。法国总统马克龙在2021年12月明确表示，他期待欧洲可以"自由地作出选择，掌握自己的命运"。

跨大西洋盟友面对中国时的差异反映了它们在当代全球秩序中不同的特征和责任。美国位居国际体系的顶端，是世界上最强大的军事大国，而欧盟主要是重要的贸易实体和民事力量 (civilian power)。尽管欧盟拥有强大的软实力，但它缺乏部署硬实力的能力，尤其是在遥远的"印太"地区。美国仍是二战后建立的国际秩序的"担保人"。在华盛顿的许多人看来，无论对美国的全球主导地位，还是美国创建并维护的"国际民主秩序"，中国都是他们最感不祥的战略挑战。

欧洲完全支持美国领导的"民主秩序"，并一再反对中国领导的、缺乏西方价值观支撑的世界秩序。然而，对"战略自主"的渴望和中国市场强大的吸引力，加之对多极和多边世界体系的偏爱，使得欧盟不愿意（如果不是反对）支持美国领导的对华遏制战略。

最终，欧盟不希望必须在中美之间作出选择，它更愿意与美国在有着共同关切的涉华问题上进行合作，同时寻求与中国建立更紧密的商业联系，以支持欧洲出口驱动型的经济，尽管这可能会给美国和跨大西洋关系带来不确定性。

阿富汗——中东国家地缘竞争的"新竞技场"

吴冰冰*

内容提要：美国撤军后，阿富汗塔利班再度掌握阿富汗全国政权。卡塔尔在美国和塔利班之间发挥了重要的斡旋作用，多哈成为阿富汗问题的国际外交中心。土耳其调整立场，与塔利班积极接触，并与卡塔尔一道争取阿富汗主要机场的运营权。伊朗是中东国家中唯一的阿富汗邻国，为了维护关键国家利益，对塔利班采取既合作又限制的政策。卡塔尔、伊朗和土耳其是在阿富汗最活跃的中东国家。卡塔尔、土耳其和巴基斯坦则围绕阿富汗问题加强合作。阿富汗成为中东国家地缘战略竞争的"新竞技场"，中东地区的地缘战略竞争与南亚的印巴矛盾以阿富汗为纽带跨区域深度联动。

关键词：中东　阿富汗　塔利班　小多边机制

一、导言

2021年，阿富汗局势发生重大变化。8月15日，阿富汗塔利班占领喀布尔；8月30日，美军宣布完成从阿富汗撤离，塔利班[1]再度掌握阿富汗全国政权。中东地区的主要国家和政治力量对阿富汗局势演变高度关注。卡塔尔和伊朗长期与塔利班打交道，既是基于自身的国家利益和外交战略，也是基于对塔利班作为阿富汗普什图人重要代表的认知；相应地，塔利班也调整了其对穆斯林兄弟会（简称"穆兄会"）和什叶派的立场。土耳其在阿富汗战争开始后在阿富汗驻军，不

---

* 吴冰冰，北京大学国际战略研究院特约研究员，北京大学外国语学院阿拉伯语言文化系副教授。
1 本文中的"塔利班"皆指阿富汗塔利班。

与塔利班打交道，在塔利班再次夺取阿富汗全国政权后，土耳其迅速依托卡塔尔与塔利班接触。阿联酋20世纪90年代曾承认塔利班政权，后于2001年同塔利班断绝关系，近年来积极参与涉阿富汗事务。

这些中东国家对塔利班的政策，与中东地区战略格局密切相关。"阿拉伯之春"爆发以来，中东地区逐渐演化出三个阵营：以伊朗为核心的什叶派阵营，以土耳其、卡塔尔为核心的亲穆兄会阵营，以以色列为核心的反伊朗、反穆兄会阵营。伊朗作为什叶派阵营的领袖，与塔利班合作的目的之一是维护阿富汗什叶派哈扎拉人的安全；卡塔尔和土耳其则有意引导塔利班向穆兄会靠拢。在塔利班再次掌权后，卡塔尔、伊朗和土耳其成为在阿富汗影响力最大的中东国家。以色列反对穆兄会和伊斯兰主义的立场，在现阶段阻碍了其在阿富汗发挥影响力。中东地区的其他大国中，沙特深陷也门的战争，自顾不暇；埃及虽然担心穆兄会在阿富汗拓展势力，但其实力有限，只能关注紧迫的周边问题而无暇东顾。

阿富汗局势的变化，也强化了中东和南亚地区的跨区域联动。土耳其、卡塔尔与巴基斯坦合作，以色列、阿联酋与印度接近，而伊朗试图在巴基斯坦和印度之间寻求某种平衡。尽管目前中东地区出现了缓和的态势，卡塔尔与阿联酋、沙特阿拉伯等国恢复了外交关系，土耳其正在与阿联酋、埃及、以色列等国恢复接触，阿联酋、沙特也正在与伊朗接触，但围绕逊尼派和什叶派的根本性分歧仍然存在，地缘战略竞争的焦点向中东的大周边和外围地区扩散，阿富汗已经成为中东国家地缘战略竞争角力的"新竞技场"。

> 中东地区出现缓和态势，但围绕逊尼派和什叶派的分歧仍然存在。

二、卡塔尔对塔利班的政策

卡塔尔对阿富汗塔利班的政策，是卡塔尔长期以来对伊斯兰主义运动特别是穆斯林兄弟会政策的延伸，这基于卡塔尔的国家安全需求和外交理念。

卡塔尔对伊斯兰主义运动的支持，源于其对伊斯兰国家和阿拉伯国家政治与社会治理的观念。"卡塔尔总体上相信，在现代治理中需要与伊斯兰主义者接触，从而赋予这种广泛的情绪以合法性，并防止这些人将激进化视为选项。"[1]阿富汗塔利班奉行伊斯兰主义，即在现代政治和社会中对传统价值观进行制度化表达。伊斯兰主义可分为现代、传统和极端三种类型，现代伊斯兰主义的代表是逊尼派的穆兄会和什叶派的伊朗伊斯兰共和国体制，传统伊斯兰主义以萨拉菲主义尤其是沙特的瓦哈比派为代表，"基地"组织和"伊斯兰国"组织（ISIS，也叫"达伊什"组织）则是极端型的代表。阿富汗塔利班在其创立初期，其意识形态属

---

[1] David B. Roberts, "Qatar, Taliban, and the Gulf Schism," The Arab Gulf States Institute in Washington, October 19, 2020, https://agsiw.org/qatar-the-taliban-and-the-gulf-schism, 2022-04-01.

于传统伊斯兰主义，对穆兄会持反对立场。"在2001年之前，塔利班将穆兄会视为敌人……塔利班认为穆兄会成员更危险，因此攻击其成员并关闭其机构。"[1] 由于这一原因，阿富汗塔利班在1996—2001年执政期间并没有与卡塔尔建立外交关系。

2001年美国发动阿富汗战争推翻塔利班政权后，阿富汗的穆兄会成员于2002年6月建立"阿富汗变革与社会发展协会"（Afghan Association for Reform and Social Development），该协会在2008年设立"变革"卫星频道（Al-Islah）和"变革之声"电台（Sawt Al-Islah）。失去政权的阿富汗塔利班调整对穆兄会的立场，开始与"阿富汗变革与社会发展协会"接触。塔利班内部分化出不同的派系，其中以巴拉达尔（Abdul Ghani Baradar）为代表的温和派，其意识形态接近穆兄会类型；而以"哈卡尼网络"（The Haqqani Network）为代表的激进派，其意识形态则接近萨拉菲主义类型。塔利班对穆兄会立场的变化，打开了其与卡塔尔接触与合作的大门。2013年6月，卡塔尔批准阿富汗塔利班在多哈设立办事处，正式名称是塔利班政治办公室，这是塔利班在全球唯一的常设对外交往窗口，塔伊布·阿加（Sayyid Tayyab Agha）和斯坦尼克扎伊（Shir Muhammad Abbas Stanekzai）先后担任办公室主任。2019年1月，塔利班任命巴拉达尔为该政治办公室新的负责人，即塔利班与美国和北约谈判的首席谈判代表；2月，巴拉达尔抵达多哈。2020年10月6日，塔利班代表团在卡塔尔多哈拜会了具有穆兄会背景的宗教人士优素福·卡尔达维（Yusuf al-Qaradawi）；2021年5月，巴拉达尔在多哈拜会了哈马斯政治局领导人伊斯梅尔·哈尼亚（Ismail Haniya）。2021年8月16日，在塔利班控制喀布尔一天之后，卡尔达维领导的国际穆斯林学者联合会（International Union of Muslim Scholars，IUMS）和哈马斯领导人伊斯梅尔·哈尼亚向塔利班表示祝贺。

卡塔尔想以穆兄会理念影响和改造塔利班，塔利班也转变了对穆兄会和卡塔尔的立场，这使得卡塔尔得以在美军撤离阿富汗的过程中发挥重要作用，其关键平台是塔利班在多哈的政治办公室。2020年2月，美国和塔利班在多哈签署和平协议，主要内容包括阿富汗实现停火、美军撤出阿富汗、阿富汗国内各方进行谈判以及塔利班不再庇护国际恐怖分子。2021年美国拜登政府上台后，阿富汗局势的发展超出了美塔和平协议的框架，塔利班在同年8月取得阿富汗全国政权，加尼（Mohammad Ashraf Ghani）总统领导的政府完全崩溃。美国从阿富汗完全撤军后，随即将驻阿富汗使馆从喀布尔迁到卡塔尔多哈，英国、意大利、荷兰、日本等国也将其驻阿富汗大使馆迁到多哈。2021年11月，美国国务卿布林肯宣

---

1 "Unclear Future of Muslim Brotherhood in Afghanistan after Taliban's Return,"*Al-Estiklal Newspaper*, August 26, 2021, https://www.alestiklal.net/en/view/10127/unclear-future-of-muslim-brotherhood-in-afghanistan-after-talibans-return, 2022-04-01.

布，将由卡塔尔驻阿富汗使馆担任美国在阿富汗的外交代表。卡塔尔驻阿富汗使馆将设立美国利益代表处，负责处理签证和领事等事务。[1]9月12日，卡塔尔时任副首相兼外交大臣穆罕默德·本·阿卜杜勒拉赫曼·阿勒萨尼（Mohammed bin Abdulrahman Al-Thani）对喀布尔进行访问，成为塔利班夺取政权以来访问阿富汗的最高级别外国官员。

多哈也成为围绕阿富汗外交活动的中心。2021年10月9—10日，美国与塔利班政权在多哈举行了美国撤军之后的首次正式会谈，双方探讨了美国公民在阿富汗的安全、反恐、女性在阿富汗政府中的参与以及美国向阿富汗提供人道主义援助等问题。10月12日，阿富汗临时政府代表团与德国阿富汗问题特别代表在多哈举行会谈。10月25日和26日，中国国务委员兼外长王毅在多哈分别会见了阿富汗临时政府代理副总理巴拉达尔和代理外长穆塔基（Amir Khan Muttaqi）。当地时间11月27—29日，塔利班代表团与美国和欧盟代表团在多哈举行第二轮会谈。新任美国阿富汗问题特使托马斯·韦斯特（Thomas West）率领美国代表团参加会谈，代表团成员来自美国国务院和财政部等部门。

作为进出阿富汗的关键通道，喀布尔机场受到特别关注。2021年8月31日，喀布尔机场关闭。9月2日，卡塔尔航空的航班降落喀布尔机场，成为美国撤军后首个降落喀布尔的国际航班，该航班搭载的工程技术团队负责重启喀布尔国际机场。美国、卡塔尔、土耳其三方合作，于9月4日重开喀布尔机场。9月9日，卡塔尔航空的商务航班从喀布尔机场起飞，恢复了搭载乘客离开喀布尔的航空服务。多哈因此成为外籍人员和阿富汗人撤离喀布尔的主要转运站。截至2021年11月初，已经有约7万阿富汗人经多哈离开喀布尔。[2]

在巩固对美关系方面，卡塔尔于1992年与美国签订《防务合作协定》，2002年接纳美国中央司令部入驻卡塔尔乌代德空军基地。卡塔尔与塔利班的关系使卡塔尔得以协助美国推行其在阿富汗的政策。卡塔尔帮助斡旋了美军被俘士兵鲍·伯格达尔（Bowe Bergdahl）获释和美国与塔利班换俘。2009年6月，美军士兵伯格达尔在阿富汗被塔利班俘获；2013年6月，塔利班开出条件，称美国需以古巴美军关塔那摩基地监狱关押的5名塔利班囚犯交换伯格达尔。2014年5月，在卡塔尔的帮助下，换俘完成，伯格达尔获释。

卡塔尔与穆兄会的关系，可以回溯到20世纪50年代末60年代初。当时卡塔尔为了构建国民教育体系，从埃及招聘了大量教师，其中很多具有穆兄会背景，代表性的人物是卡尔达维。卡尔达维1954年毕业于埃及艾资哈尔大学，由于参

---

1 "Qatar to Act as U.S. Diplomatic Representative in Afghanistan," *Dawn*, November 13, 2021, https://www.dawn.com/news/1657791, 2022-04-01.

2 "Qatar Has Helped More Than 70,000 Afghans Flee after Taliban Takeover,"*The Doha Globe*, November 1, 2021, https://thedohaglobe.com/local/qatar-has-helped-more-than-70000-afghans-flee-after-taliban-takeover-report, 2022-04-01.

加穆兄会活动曾被捕入狱。1961年他应邀来到卡塔尔，并与两任埃米尔艾哈迈德·本·阿里·阿勒萨尼（1960—1972年在位）和哈利法·本·哈马德·阿勒萨尼（1972—1995年在位）建立了密切关系。1977年，卡尔达维在卡塔尔大学设立教法学院并担任院长。到20世纪90年代初，经过30多年的努力，卡尔达维代表的穆兄会理念已经完全控制了卡塔尔的宗教教育，也建立起卡塔尔与全球穆兄会网络的组织和思想联系。适逢卡塔尔外交转型，依托能源和金融实力，支持以穆兄会为代表的伊斯兰主义运动顺势成为卡塔尔外交的主要抓手。"卡塔尔开始国家品牌构建的新政策，成为地区冲突的协调和斡旋人，在各方势力中都享有公信力。"[1]2004年，在埃米尔哈马德的支持下，卡尔达维在多哈创立世界穆斯林学者联盟。

理解卡塔尔对阿富汗塔利班的政策，需要将其置于卡塔尔外交转型的背景之下。卡塔尔大力拓展与塔利班的关系，形成对阿富汗局势演变的强大影响力，从而在很大程度上提升和强化了卡塔尔与美国的关系。正是基于卡塔尔在阿富汗问题上的重要作用，2022年1月31日，美国总统拜登在会见来访的卡塔尔埃米尔塔米姆时，承诺将给予卡塔尔"非北约主要盟国"（Major Non-Nato Ally）的地位；3月10日，卡塔尔被美国正式认定为"非北约主要盟国"，是科威特、巴林之后第三个获得这一身份的海湾阿拉伯国家。

三、中东、南亚以阿富汗为纽带跨区域联动

在塔利班2021年再度掌握阿富汗政权之前，土耳其与塔利班并没有合作。2001年阿富汗战争之后，土耳其参与了北约在阿富汗的军事行动，在北约框架下派遣包括500名士兵的非战斗部队驻扎阿富汗，并对阿富汗政府军进行培训。与此同时，土耳其与阿富汗乌兹别克族领导人杜斯塔姆（Abdul Rashid Dostum）保持密切关系，曾数次邀请他去土耳其访问。在北约军队驻留阿富汗的20年间，土耳其避免与塔利班直接对抗，并试图在阿富汗问题上发挥政治作用。2011年11月2日，土耳其与阿富汗政府宣布启动阿富汗问题"亚洲之心"伊斯坦布尔进程（The Heart of Asia-Istanbul Process），致力于在地区框架内解决阿富汗的外交与发展问题。该进程的15个成员国包括阿富汗、中国、俄罗斯、土耳其、伊朗、巴基斯坦、印度、阿塞拜疆、中亚五国以及沙特和阿联酋。2011—2021年，该进程共举行了9次部长级会议，最近一次于2021年3月29—30日在塔吉克斯坦举行。土耳其也试图在阿富汗政府和塔利班和平进程中发挥作用，但原定2021年4月在伊斯坦布尔召开的阿富汗和平峰会未能举行。

---

1 David H. Warren, *Rivals in the Gulf: Yusuf al-Qaradawi, Abdullah bin Bayyah and the Qutar-UAE Contest over the Arab Spring and the Gulf Crisis*, First Edition, Oxon and New York: Routledge, 2021, p.31.

　　塔利班控制阿富汗全国政权，在土耳其看来是一个拓展自身地缘政治影响力的机会。阿富汗局势的发展对邻国和周边地区的安全稳定影响重大，对阿富汗局势的影响力可以成为地缘政治的抓手。根据联合国统计，截至2022年1月，有18.3万阿富汗人在土耳其寻求避难，有30万阿富汗人长期居住在土耳其。[1] 土耳其是全球最大的难民接收国，截至2021年底共接纳了约400万难民，其中370万为叙利亚难民，33万来自其他国家，主要是阿富汗和伊拉克。从2021年7月开始，每天经过伊朗进入土耳其的阿富汗难民达到1000—1200人，[2] 在土耳其的阿富汗难民是规模仅次于叙利亚难民的第二大难民群体，其中很多人想通过土耳其进入欧洲。2015年，由于大量叙利亚难民从土耳其进入欧洲，引发欧洲的难民危机，最终德国和土耳其于2016年3月达成一揽子难民合作协议。2021年阿富汗形势巨变，也引发欧盟对新一波难民潮的担忧，欧盟认为进入土耳其的难民最好原地安置而非进入欧洲。8月19日，埃尔多安在土耳其内阁会议上表示，土耳其不是欧洲的"难民库房"。一方面，阿富汗难民问题有可能引发土耳其与欧洲新一轮的紧张；另一方面，土耳其可利用这一问题对欧洲施压，推动土耳其加入欧盟谈判、欧盟对土耳其公民免签和对土耳其难民安置给予经济补偿。

　　由于阿富汗是内陆国家，对外联系最为关键的通道是空中走廊，因此土耳其与卡塔尔合作，通过运营阿富汗的机场以控制国际航运。2021年12月20日，土耳其外长表示，土耳其和卡塔尔已经联合向塔利班提出运营阿富汗5个机场的方案。2022年1月27日，土耳其、卡塔尔和塔利班三方代表在多哈举行会晤，讨论喀布尔机场的管理和运营问题。

　　土耳其有意通过与塔利班的关系，强化其在伊斯兰世界的领导地位，其依托则是土耳其与卡塔尔的战略合作。埃尔多安领导的土耳其正义与发展党，其意识形态接近穆兄会。由于彼此理念相近，土耳其和卡塔尔在阿富汗和一系列地区问题上紧密合作。1979年，土耳其与卡塔尔建立正式外交关系。2009年，两国关系发展开始提速，尤其在"阿拉伯之春"爆发后，双方密切合作支持叙利亚反对派武装。2013年，穆尔西（Mohamed Morsi）领导的埃及穆兄会政府被推翻，土耳其与卡塔尔作为穆兄会的主要支持者，合作更为密切。2014年，双方决定设立土耳其–卡塔尔最高战略委员会（Supreme Strategic Committee）。2021年12月6日，埃尔多安对卡塔尔进行访问，同日两国外长在多哈举行了第七届最高战略委员会会议。2015年10月，土耳其在卡塔尔塔立克·本·齐亚德（Tareq bin

---

　　1 "Undocumented Afghan Refugees in Turkey Struggle to Access Covid Treatments, Vaccines," *Nation World News*, January 10, 2022, https://nationworldnews.com/undocumented-afghan-refugees-in-turkey-struggle-to-access-covid-treatments-vaccines, 2022-04-01.

　　2 Metin Gurcan, "Afghan Refugee Influx Stokes Tensions in Turkey," *Al-Monitor*, July 23, 2021, https://www.al-monitor.com/originals/2021/07/afghan-refugee-influx-stokes-tensions-turkey, 2022-04-01.

Ziyad）军事基地设立两国联合部队司令部（Combined Joint Force Command）。2016年7月土耳其发生未遂军事政变，卡塔尔埃米尔塔米姆第一时间联系埃尔多安表示支持；土耳其与卡塔尔彼此视对方为高度信赖的战略伙伴，双方在支持叙利亚反对派、利比亚西部的黎波里政府、巴勒斯坦哈马斯等问题上长期深入合作，建立起高度战略互信，支持中东地区的亲穆兄会阵营。阿富汗局势巨变后，土耳其有意借力卡塔尔，卡塔尔也乐于和土耳其合作，共同经营在阿富汗的影响力。联合推动与阿富汗塔利班的合作有助于巩固和强化两国在中东地区和伊斯兰主义运动中的影响力。

在土耳其拓展其在伊斯兰世界和伊斯兰主义运动影响力的过程中，土耳其与巴基斯坦的关系得到加强。从2017年开始，埃尔多安在克什米尔问题上一直保持对巴基斯坦的支持。在2017年5月访问印度之前，埃尔多安表示应采取多边方式解决克什米尔问题，并表达了土耳其的斡旋意愿。印度坚持只能通过印巴双边方式，拒绝土耳其的斡旋。2020年2月，埃尔多安访问巴基斯坦，在克什米尔问题上进一步明确支持巴基斯坦。2020年和2021年两次联大讲话中，埃尔多安都提到了克什米尔问题。"埃尔多安日益明确支持巴基斯坦在克什米尔问题上的立场，部分原因在于他想把自己打造成全球穆斯林的守护者。"[1]土耳其与巴基斯坦的合作超越了双边关系的范畴，具有地区和跨地区层面的意义。2017年11月，土耳其、巴基斯坦和阿塞拜疆外长在巴库举行三边会议；2021年1月13日，第二届三国外长会在伊斯兰堡举行，三方统一在塞浦路斯、克什米尔和纳戈尔诺–卡拉巴赫问题上的立场。[2]在2020年9—10月阿塞拜疆与亚美尼亚的纳卡冲突中，土耳其和巴基斯坦都支持阿塞拜疆。尽管土巴关系日益密切，但双方在阿富汗问题上长期存在分歧。土耳其在北约框架内驻军阿富汗和对杜斯塔姆的支持，与巴基斯坦支持阿富汗塔利班和普什图人的立场相对立。随着塔利班2021年全面掌控阿富汗，土耳其对塔利班立场转变。2021年10月14日，阿富汗塔利班临时政府代理外长穆塔基率团访问土耳其，与土耳其外长举行了会晤。土耳其和巴基斯坦在阿富汗打开合作空间，围绕阿富汗局势和塔利班政权，土耳其、卡塔尔和巴基斯坦三方形成战略合作三角。在塔利班内部的不同派系中，巴基斯坦与哈卡尼网络关系最为紧密，而卡塔尔则与巴拉达尔代表的亲穆兄会派系长期打交道，塔利班内部的派系矛盾可能会削弱巴基斯坦与卡塔尔、土耳其在阿富汗的合作。

针对巴基斯坦、土耳其和卡塔尔在阿富汗的战略合作三角，印度、以色列持

1 Philip Kowalski, "Turkish-Pakistani Relations: A Burgeoning Alliance?" Middle East Institute, May 22, 2019, https://www.mei.edu/publications/turkish-pakistani-relations-burgeoning-alliance, 2022-04-01.

2 Arif Rafiq, "The Turkey-Pakistan Entente: Muslim Middle Powers Align in Eurasia," Middle East Institute, January 29, 2021, https://mei.edu/publications/turkey-pakistan-entente-muslim-middle-powers-align-eurasia, 2022-04-01.

反对立场。印巴矛盾和以色列与哈马斯的矛盾，决定了印度和以色列反伊斯兰主义、反塔利班的立场，以色列更是坚决反对穆兄会。作为伊斯兰国家的阿联酋，在2021年8月15日喀布尔陷落后接纳了逃亡的阿富汗时任总统加尼，阿联酋外交部8月18日发表声明对此加以证实。根据后续披露的情况，加尼原本计划搭乘阿联酋航空的航班离开阿富汗，但在紧急情况下不得不先坐直升机从阿富汗到乌兹别克斯坦，之后才转往阿联酋。

　　在塔利班第一次执政时期，阿联酋、沙特和巴基斯坦是当时仅有的三个与塔利班政权建立外交关系的国家。与卡塔尔的情况类似，20世纪50—60年代，随着教育发展和现代化进程的推进，阿联酋也从埃及等国引进了大批教师和专家。"很多引进的专家要么是穆兄会成员，为了逃避埃及在20世纪60年代对该组织的镇压，要么是穆兄会理想的同情者。"[1]1974年，阿联酋穆兄会组织"变革与指导协会"（The Association of Reform and Guidance）在迪拜建立。穆兄会成员在阿联酋王室的支持下，在教育和司法领域获得主导权。穆兄会影响力的日益扩大引发阿联酋王室担忧，1994年其开始受到联邦政府打压。

　　在阿联酋，总统穆罕默德·本·扎耶德·阿勒纳哈扬（Sheikh Mohamed bin Zayed Al Nahyan）引领了外交战略的转型。他的父亲、阿联酋开国总统扎耶德（Sheikh Zayed bin Sultan Al Nahyan，1971—2004年在任）关注阿拉伯与伊斯兰世界的事务，也正是在这一背景下，阿联酋在塔利班第一次执政期间与之建立了外交关系。2001年的"9·11"事件引发阿联酋外交政策根本性调整，穆罕默德·本·扎耶德主导了这一进程。2001年阿富汗战争开始之后，阿联酋不仅断绝了与塔利班的关系，还果断加入美国领导的联军，是阿拉伯国家中唯一在阿富汗驻军的国家，并派遣战斗部队参加作战行动。2003年，穆罕默德·本·扎耶德和"变革与指导协会"进行谈判，要求对方放弃政治诉求。"阿拉伯之春"爆发后，阿联酋深刻感受到穆兄会对自身及阿拉伯盟友政权的威胁，坚定了反对穆兄会、反对伊斯兰主义、反对"阿拉伯之春"的政策。2012年，阿联酋大规模镇压国内穆兄会，逮捕了大批穆兄会成员。2013年，阿联酋与沙特一道支持埃及政变，推翻穆尔西领导的穆兄会政府，阿联酋、沙特、埃及成为反对穆兄会的三方联盟。2014年11月，阿联酋将穆兄会认定为恐怖组织，这一立场与卡塔尔和土耳其针锋相对。围绕着对穆兄会和"阿拉伯之春"的政策，在中东地区，以阿联酋、沙特、埃及为一方，以卡塔尔、土耳其为另一方，形成两个尖锐对立

> 针对巴基斯坦、土耳其和卡塔尔在阿富汗的战略合作三角，印度、以色列持反对立场。印巴矛盾和以色列与哈马斯的矛盾，决定了印度和以色列反伊斯兰主义、反塔利班的立场，以色列更是坚决反对穆兄会。

---

1 Kristian Coates Ulrichsen, *The United Arab Emirates: Power, Politics and Policy-Making*, First Edition, New York: Routledge, 2017, p.73.

的阵营，双方矛盾在2017年以卡塔尔"断交"危机的方式激烈爆发。尽管2021年1月达成和解，但阿联酋与卡塔尔对穆兄会和伊斯兰主义运动的根本分歧并未消除。

阿联酋与以色列2020年8月签署《亚伯拉罕协议》。2021年12月以色列总理访问阿联酋，2022年1月以色列总统又对阿联酋进行了访问。2014年莫迪政府上台后，印度与阿联酋的关系也得到快速提升。莫迪政府提出"邻国优先"（Neighborhood First）的政策，在这一框架内，"延伸的邻国"（Extended Neighborhood）意味着印度对亚洲的关注。"印度在'延伸的邻国'政策名义下实行更为自信的海湾新政策，其核心是与阿拉伯联合酋长国的关系。"[1]莫迪于2015年8月访问阿联酋，这是1981年英迪拉·甘地（Indira Gandhi）访问阿联酋34年后印度总理的首访，随后莫迪又在2018年2月和2019年8月连续访问阿联酋。2017年1月，时任阿联酋阿布扎比王储的穆罕默德·本·扎耶德访问印度，双方签署全面战略伙伴协议；2021年9月，双方启动全面经济伙伴协定谈判，并于2022年2月18日签订这一协定。阿联酋与印度都认为，海湾安全与印度洋安全之间存在密切联系。

四、伊朗与塔利班

伊朗与阿富汗在历史、民族、语言和文化等方面有紧密的联系。伊朗与阿富汗共享长达900多千米的边界。在阿富汗，与波斯语非常相近的达里波斯语与普什图语同为当地官方语言。伊朗与阿富汗的塔吉克人和什叶派哈扎拉人有特殊的历史和文化联系。

苏联入侵阿富汗期间，巴基斯坦和美国、沙特一道支持阿富汗抗苏。伊朗反对苏联入侵阿富汗，同时也反对美国和沙特。基于政治和教派的原因，巴基斯坦主要支持由阿富汗逊尼派组成的"阿富汗圣战者伊斯兰联盟"（Islamic Union of Afghanistan Mujahideen），即"七党联盟"（Peshawar Seven）；伊朗则支持主要由什叶派哈扎拉人组成的"阿富汗伊斯兰联盟委员会"（Islamic Coalition Council of Afghanistan），即"八党联盟"（Tehran Eight）。1989年，在什叶派"八党联盟"的基础上成立了以哈扎拉人为主的"伊斯兰统一党"（Islamic Unity Party）。

1994年，塔利班在巴基斯坦的支持下在阿富汗崛起，并于1996年占领喀布尔，建立政权。塔利班主要以普什图人为主，为了与之对抗，乌兹别克族将

---

1 P. N. Khushnam, "India-UAE Relations: Poised to Climb to New Heights," Middle East Institute, March 23, 2021, https://mei.edu/publications/india-uae-relations-poised-climb-to-new-heights, 2022-04-01.

领杜斯塔姆、塔吉克族将领马苏德（Ahmad Shah Massoud）和什叶派哈扎拉人的伊斯兰统一党结成北方联盟。塔利班的理念结合了南亚地区迪奥班迪思想（Deobandi）与哈乃斐教法学派（Ḥanafi）传统，接近沙特的萨拉菲主义。基于这样的理念，塔利班具有强烈的反什叶派色彩，也得到沙特的大力支持。从政治、民族和教派的角度出发，伊朗支持反对塔利班的北方联盟。1998年8月8日，塔利班攻克北方联盟在阿富汗北部的重要据点马扎里沙里夫，攻击伊朗驻马扎里沙里夫领事馆，杀害了11名伊朗外交官和1名伊朗通讯社记者，这一事件将伊朗与塔利班推向战争边缘。

2001年美国发动阿富汗战争，伊朗配合美国，共同支持北方联盟，推翻了塔利班政权。在伊朗总统哈塔米（Seyyed Mohammad Khatami）看来，在阿富汗问题上与美国合作，既能提升伊朗的地区影响力，也有助于改善伊朗与美国的双边关系。2001年12月，在搭建阿富汗政治架构的波恩会议（Bonn Conference）上，伊朗发挥了特殊的积极作用。根据伊朗的建议，波恩协定（Bonn Agreement）上增加了在阿富汗举行民主选举和打击恐怖主义的内容，伊朗还劝说北方联盟让出部分部长席位以协助卡尔扎伊（Hamid Karzai）组建政府。[1]但2002年1月美国将伊朗列入"邪恶轴心"以及伊朗秘密核计划曝光导致伊美矛盾加剧，使得两国关系恶化。随着2005年马哈茂德·艾哈迈迪–内贾德（Mahmoud Ahmadi-Nejad）当选总统，在阿富汗政策上持温和立场、主张与美国合作的观点被边缘化。伊朗将美国在阿富汗的政治军事存在视为严重威胁，因此在阿富汗采取双轨政策，与阿富汗政府和塔利班同时打交道。与此同时，塔利班对什叶派的态度也发生变化，"在2004年和2005年的阿富汗总统与议会选举期间，塔利班作为叛乱组织恢复活力重新出现，从此他们不再高调表达（反什叶派的）这些观点"。[2]伊朗逐渐认识到，塔利班是阿富汗社会的有机组成部分，是普什图人的代表性力量之一，其存在是不可忽视的。

伊朗对塔利班的态度和塔利班对什叶派的态度发生变化和调整，为双方之间的接触与合作打开了大门。从2005年开始，伊朗与塔利班进行接触。2007年，塔利班在伊朗马什哈德设立联络办公室，负责与伊朗伊斯兰革命卫队的联系。2011年，这个联络办公室发展成塔利班"马什哈德委员会"（Mashhad Shura）。2017年，"马什哈德委员会声称掌握阿富汗西部（赫拉特、巴德吉斯、古尔、尼姆鲁兹和法拉省）的控制权，但同时也向南部（赫尔曼德、坎大哈、扎布尔、加

---

1 Garrett Nada, "Iran and the Taliban Takeover," *The Iran Primer*, August 25, 2021, https://iranprimer.usip.org/blog/2021/aug/25/iran-and-taliban-takeover, 2022-04-01.

2 Bruce Koepke, "Iran's Policy on Afghanistan," Stockholm International Peace Research Institute, September 2013, p.15, https://www.files.ethz.ch/isn/170144/SIPRI13WCABK.pdf, 2022-04-01.

兹尼省）和北部（法里亚布、朱兹詹、昆都士省）拓展行动"。[1]塔利班的重要军事指挥官毛拉阿卜杜勒·卡尤姆·扎基尔（Abdul Qayyum Zakir）和毛拉萨德尔·易卜拉欣（Sadar Ibrahim）都与伊朗有密切的合作关系，2010—2020年两人曾先后担任塔利班的军事领导人。

随着与塔利班的秘密接触，伊朗对阿富汗的公开政策也开始发生变化。2010年10月，卡尔扎伊成立负责与塔利班谈判的高级和平委员会（High Peace Council），任命前总统拉巴尼（Burhanuddin Rabbani）为主席。2011年3月，伊朗接待了第一个秘密来访的塔利班代表团，同时公开表示支持阿富汗高级和平委员会的工作，支持阿富汗政府和塔利班谈判。这是伊朗对塔利班政策一个公开的重大调整，此前伊朗一直公开反对与塔利班谈判。[2]2013年5月，伊朗再次接待了一个塔利班秘密代表团，成员包括塔伊布·阿加（Sayyid Muhammad Tayyab Agha）、德拉瓦尔（Mawlawi Shabuddin Delawar）和斯坦尼克扎伊（Abbas Stanikzai）。[3]2015年5月，塔伊布·阿加作为塔利班多哈政治办公室负责人率团访问伊朗。[4]

伊朗与塔利班不同的派系接触，包括马什哈德委员会和多哈政治办公室。伊朗与塔利班最高领导层也有联系。毛拉曼苏尔（Mullah Akhtar Mansour）在2013年奥马尔（Mullah Omar）死后担任塔利班最高领导人，他频繁往来于巴基斯坦奎达与伊朗之间，与伊朗关系密切。2016年5月21日，他在从伊朗回巴基斯坦的途中被美国无人机在巴基斯坦击毙。阿洪扎达（Mullah Hibatullah Akhundzada）在2016年5月接任塔利班最高领导人之后，得到伊朗和俄罗斯的支持，在2017年5—7月一直待在伊朗。[5]2021年8月塔利班夺取阿富汗全国政权之后，阿洪扎达并未担任政府职务，而是以"信士长官"（Amir al-Muminin）的头衔成为最高领袖。

"伊斯兰国"极端组织阿富汗分支"呼罗珊省"（IS Khorasan Province, ISKP）的出现，成为推动伊朗与塔利班关系的一个重要因素。2014年，随着"伊

---

1 Antonio Giustozze, "Afghanistan: Taliban's Organization and Structure,"*Landinfo*, August 23, 2017, p.7, https://landinfo.no/asset/3589/1/3589_1.pdf, 2022-04-01.

2 Bruce Koepke, "Iran's Policy on Afghanistan," Stockholm International Peace Research Institute, September 2013, p.16, https://www.files.ethz.ch/isn/170144/SIPRI13WCABK.pdf, 2022-04-01.

3 Chris Zambelis, "The Day After: Iran's Quiet Taliban Diplomacy Reflects Preparations for a Post-U.S. Afghanistan," Jamestown Foundation, November 14, 2013, https://www.refworld.org/docid/5295d2374.html, 2022-04-01.

4 Mirwais Adeel, "Afghan Taliban Delegation Visits Iran for Talks," The Khaama Press New Agency, May 19, 2015, https://www.khaama.com/afghan-taliban-delegation-visits-iran-for-talks-9432, 2022-04-01.

5 Antonio Giustozze, "Afghanistan: Taliban's Organization and Structure,"*Landinfo*, August 23, 2017, p.10, https://landinfo.no/asset/3589/1/3589_1.pdf, 2022-04-01.

斯兰国"极端组织在叙利亚和伊拉克攻城略地,在阿富汗也出现"伊斯兰国"的支持者。2015年,"伊斯兰国"组织的阿富汗分支"呼罗珊省"正式成立。"呼罗珊省"的中心在阿富汗东南部的楠格哈尔省和库纳尔省,2016年其成员估计有2500—8500人,在数年的打击之下人数在2019年降到2000—4000人。[1]"呼罗珊省"秉持激烈反什叶派的立场,在阿富汗发动了大量针对什叶派哈扎拉人的袭击。塔利班与"呼罗珊省"处于敌对状态,在占领喀布尔后,于2021年8月16日将在监狱中关押的"呼罗珊省"前领导人阿布·奥马尔·霍拉萨尼(Abu Omar Khorasani)处决。"呼罗珊省"被伊朗和塔利班视为最危险的敌人,这也促使伊朗有更强的意愿与塔利班合作。

伊朗和塔利班都要求美军撤出阿富汗,都坚决反对极端组织在阿富汗的分支"呼罗珊省"。伊朗认识到塔利班的实力和社会基础,认可塔利班是阿富汗社会的代表性政治力量;塔利班转变立场,不再采取激烈反什叶派的立场。共同的利益诉求和立场的变化,使得伊朗能够比较平静地接受塔利班再次掌权。2018年12月26日,伊朗最高国家安全委员会秘书沙姆哈尼(Ali Shamkhani)访问喀布尔,公开承认伊朗正在与塔利班谈判;12月30日,伊朗在德黑兰接待了塔利班高级代表团,伊朗外交部副部长阿拉格齐(Abbas Araghchi)与之进行了会晤。[2]2021年1月,巴拉达尔率塔利班代表团访问德黑兰。2022年1月8日,阿富汗临时政府代理外长穆塔基率团对德黑兰进行了访问,与伊朗外长阿卜杜拉希扬(Hossein Amir-Abdollahian)会晤。塔利班方面表示,双方讨论了政治、经济、过渡和难民等问题,伊朗方面则表示这次访问不代表其对塔利班的外交承认。

五、小结

自2021年塔利班重新掌握阿富汗全国政权以来,阿富汗已经成为中东国家地缘战略竞争的"新竞技场"。在中东地区,伊朗、土耳其、以色列、卡塔尔、阿联酋、沙特、埃及等国之间长期进行地缘战略竞争,已经形成了相对僵持的局面。在伊拉克、叙利亚、也门、利比亚、黎巴嫩等焦点国家,力量相对平衡的局面不易打破。因此,一方面,在中东地区出现了某种程度的缓和;另一方面,地缘战略竞争的焦点向中东大周边和外围地区扩展,包括阿富汗、红海和非洲之角、东地中海、南高加索等国家和地区。2020年1月6日,在沙特利雅得成立了

1　Saurav Sarkar, "ISKP and Afghanistan's Future Security," Stimson Center, August 6, 2021, https://www.stimson.org/2021/https-www-stimson-org-2021-iskp-and-afghanistans-future-security, 2022-04-01.

2　"Taliban Delegation Visits Tehran, Holds Extensive Talks: Spokesman," *Tasnim News Agency*, December 31, 2018, https://www.tasnimnews.com/en/news/2018/12/31/1912107/taliban-delegation-visits-iran-holds-extensive-talks-spokesman, 2022-04-01.

红海和亚丁湾沿岸国家理事会（Council of Arab and African States Bordering the Red Sea and Gulf of Aden），成员包括沙特、埃及、约旦、厄立特里亚、也门、苏丹、吉布提和索马里。2020年9月22日，东地中海天然气论坛（East Mediterranean Gas Forum，EMGF）在埃及开罗签署宪章，成员包括埃及、约旦、法国、意大利、希腊、以色列、塞浦路斯和巴勒斯坦民族权力机构。东地中海天然气论坛明显有针对土耳其和利比亚民族团结政府的地缘战略意图。2020年9月27日到11月10日，亚美尼亚和阿塞拜疆之间爆发战争，土耳其深度介入，支持阿塞拜疆，伊朗则同情亚美尼亚。从这个意义上讲，2021年8月阿富汗局势变化，使其成为中东地缘战略竞争的新焦点国家。卡塔尔基于其长期的外交政策，与塔利班进行了将近10年的密切接触，深度影响阿富汗事务。土耳其迅速调整对塔利班政策，将塔利班再度掌权视为战略机遇，依托卡塔尔加大对阿富汗的介入力度。伊朗出于复杂的历史、现实和地缘考量，对塔利班心存疑虑又不得不与之接触，因而采取了既合作又限制的政策。沙特有意利用其传统影响力与塔利班接触，埃及担心穆兄会势力借阿富汗恢复和扩大实力，但这两个国家在阿富汗的影响力有限。

　　总的来看，中东地区的地缘战略竞争由核心区向大周边和外围地区扩散，跨区域联动成为其新的重要特征，包括在红海和非洲之角地区与非洲跨区域联动，在东地中海地区与欧洲跨区域联动，在南高加索地区与欧亚地区跨区域联动，在阿富汗与南亚跨区域联动。这种跨区域联动的交叉和重叠，推动形成了不同规模和形式的多边与小多边机制。

国际移民问题：历史发展与研究挑战[*]

张振江　陈礼豪[**]

内容提要：人口的流动与迁徙是人类社会发展历程中古老而又普遍的现象，但直到领土国家和民族国家从概念到实践逐渐清晰后，国际移民才作为一个具有世界意义的社会现象，引发学界的关注和讨论。自17世纪以来，国际移民研究历经美洲殖民地独立、两次世界大战和经济全球化这三次重大的历史契机，才发展成一个多学科性质的研究领域。进入21世纪以来，国际金融危机和战乱冲突导致的难民潮等新现象，一方面使国际移民研究的关注热点发生变化，另一方面更加凸显了国际移民面临的问题和挑战。未来，国际移民问题仍将一方面长期受困于与民族国家的纠葛，另一方面受困于诸如新冠疫情这类"黑天鹅事件"的冲击，但在实践与理论层面积极因素的助力下，相关研究挑战也有望化作机遇。

关键词：移民问题　现代国家　跨国主义　全球化　百年变局

一、引言

纵观人类社会发展史，人口的流动与迁徙是古老而又普遍的现象。关于现代人类的起源，无论是"非洲起源说"还是"多点起源说"，都注意到了历代先民在十余万年的漫长岁月中不断地跨越地理界限，交流融合，最终才使得人类的足迹遍布全球。当在西欧率先形成的现代国家逐步成为人类社会的主要组织形式

---

　　[*] 本文为国家社科基金重大项目《海外华人与人类命运共同体研究》（项目批准号：21&ZD022）的阶段性研究成果。

　　[**] 张振江，暨南大学国际关系学院/华侨华人研究院教授；陈礼豪，暨南大学国际关系学院/华侨华人研究院2020级博士研究生。

后，领土国家、主权国家与民族国家的概念与实践愈发重要和固化。即便如此，国家对国民的管理依然无法阻挡人类的流动，此后，跨越国家边界的移民（即国际移民）成为一个具有特殊意义的现象，逐渐引发学界的关注和讨论。[1]本文首先简要介绍作为一种现象的国际移民的由来与发展，接着对国际移民问题及其研究的发展脉络及代表性理论成果进行回顾，然后进一步剖析国际移民问题当前关注的热点、面临的挑战，最后对国际移民问题的研究前景作出展望。

二、国际移民问题的由来与发展

人类的流动与迁徙由来已久，但国际移民却是国家，特别是现代国家诞生以来的一种特殊现象。随着现代国家逐步成为人类社会的主要组织方式，国际移民也越来越引人注目。国际移民组织（International Organization for Migration, IOM）最新研究报告指出，全球国际移民规模在新冠疫情的冲击下仍继续增长，截至2021年底总量已达2.81亿人，占世界总人口的3.6%。[2]这足以彰显国际移民之于当今世界的重要意义，有学者认为当今世界已进入"移民时代"。[3]

国际移民经历了一个逐步发展的历程。成规模的、持续的、洲际的国际移民与地理大发现相伴相生。1500—1800年的世界被沃勒斯坦（Immanuel Wallerstein）称为"现代世界体系"，它实际上是由数百万欧洲殖民者、非洲奴隶、罪犯、农场主、宗教异端人士、自由农民和工匠等群体的移民，在主要以西欧、非洲和南北美洲为主的环大西洋之间的流动所建构而成。随着亚洲被纳入欧洲殖民体系，以及西欧国家工业革命所带来的社会动荡与交通技术的大大改进，资本主义的扩张再次促成欧洲人的大量迁移。有统计显示，1800—1925年，有5000万—6000万欧洲人奔赴世界各地，其中85%的人口集中在阿根廷、澳大利亚、加拿大和美国。[4]正是在这一时期，大规模的华工出国现象开始出现，华工开始接替非洲奴隶被纳入西方资本主义经济体系。这两波国际移民均以欧洲殖民者及其经济扩张所需的劳动力为主。一方面，资本主义的内生矛盾与扩展逻辑驱使欧洲人向外大量移民，正如马克思指出的那样，"不是生产力不足造成人口过剩，而是生产力增长要求人口减少，并且通过饥荒或移民来赶走过剩的人口"。[5]另一

1　李明欢:《国际移民政策研究》，厦门：厦门大学出版社，2011年版，第3—7页。

2　Marie McAuliffe and Anna Triandafyllidou, eds., *World Migration Report 2022*, Geneva: IOM, 2021, p. 2.

3　Hein DeHass, et al., *The Age of Migration: International Population Movements in the Modern World*, 6th Edition, Houndmils: The Macmillan Press, 2020.

4　李其荣:《国际移民政策与治理》，北京：中国华侨出版社，2017年版，第52页。

5　[德]卡尔·马克思、[德]弗里德里希·恩格斯:《强迫移民》，载《马克思恩格斯全集》第十一卷，中共中央马克思恩格斯列宁斯大林著作编译局译，北京：人民出版社，1995年版，第662页。

方面，欧洲的殖民与市场扩张催生了对劳动力的大量需求，于是，大量奴隶、苦力、契约劳工等被从非洲和亚洲诱骗、拐卖到新兴殖民地，构成了以欧洲殖民者及其扩张的经济活动所需的劳动力为主的错综复杂的跨洲跨国的国际移民大潮。值得注意的是，这两波移民大潮却因西方国家内部的限制（诸如臭名昭著的"排华法案"）、第一次世界大战、经济大萧条以及第二次世界大战等因素被打断而告终。

全球"移民时代"是全球化发展的新产物。二战结束后，世界总体上进入和平年代，伴随着交通、通信与信息等新技术革命，世界进入"移民时代"。根据联合国国际移民组织的统计（见表1），1970—2020年，国际移民数量的绝对人数，以及21世纪以来国际移民占世界总人口的比例，都在持续稳定增加。

表1　1970—2020 年国际移民数据

年份	国际移民数量/人	移民在世界人口中占比/%
1970	84,460,125	2.3
1975	90,368,010	2.2
1980	101,983,149	2.3
1985	113,206,691	2.3
1990	152,986,157	2.9
1995	161,289,976	2.8
2000	173,230,585	2.8
2005	191,446,828	2.9
2010	220,983,187	3.2
2015	247,958,644	3.4
2020	280,598,105	3.6

资料来源：International Organization for Migration, "World Migration Report 2000," https://worldmigrationreport.iom.int/2000, 2022-04-03。

如果说二战前的国际移民主要是以欧洲殖民者为主（欧洲人外迁以及欧洲殖民扩张催生的洲际移民），新时期的国际移民则更加多元。美国学者亨廷顿（Samuel Huntington）注意到，人口输出可能是16—20世纪西方崛起最重要的衡量标准，但到20世纪末，却"出现一个不同以往但规模更大的移民浪潮"——一个受到"非西方社会经济发展"所带动的以"非西方人口"为主的移民大潮。[1]实际上，"非西方"只是这波新的国际移民浪潮的一个新特征，这波正在发生的移民潮在人口规模、迁移流向、移民类型、迁移动机、政治经济社会影响、各国

---

[1]［美］塞缪尔・亨廷顿：《文明的冲突与世界秩序的重建》，周琪等译，北京：新华出版社，2002年版，第218页。

移民政策、全球移民治理等方方面面都出现了新的特征，成为当今世界政治经济最重要的话题之一，也成为改变世界政治经济格局的一个重要因素。

各个国家都开始注重走向海外的本国侨民以及迁入本国生活的外国侨民，21世纪以来，越来越多的国家设立了部级以上的机构，专门处理国际移民问题。正因为移民流动在软硬件上的便捷，以及来自不同国家的"拉力"与"推力"，移民开始更大规模地跨国流动。一些国家的"引智"政策，造成了另一些国家的"智力流失"；一些国家鼓励"叶落归根"，引发了另一些国家对移民"落地生根"的要求。国家层面的国际移民理性政策，可能导致全球层面的非理性，甚至是"公地悲剧"。由此，全球层面的国际移民治理也开始得到各界人士以及主权国家政府的重视。以国际移民组织的发展为例，1951年时其成员国家仅有23个，2023年已经有175个，观察员国家有8个，1950年其工作人员有352人（代表18个国家），2021年已经发展到10,184人（代表172个国家）。[1]值得注意的是，经过多国反复交涉与磋商，第73届联合国大会最终在2018年12月通过了《安全、有序和正常移民全球契约》（Global Compact for Safe, Orderly and Regular Migration，GCM），又称《移民问题全球契约》或《全球移民契约》。这是有史以来国际社会第一次通过政府间谈判达成关于国际移民的共同认识、责任、目标、承诺和行动，提出了解决国际移民问题的全方位构想，形成了全面规范国际移民的合作框架文件，成为国际移民问题全球对话和国际合作历史上的一个里程碑。[2]尽管未来国际移民的合作依然困难重重，《全球移民契约》的达成表明，国际移民问题已经成为这个时代的一个重要现象，成为影响世界经济、政治与国际关系的一个世界性议题。

三、国际移民研究的进展

由于移民跨越了国家边界，国际移民便成为一个世界性问题。自17世纪民族国家诞生于西欧以来，学术界对国际移民问题的研究历经了三次重大的历史契机。第一次契机发生在18世纪末，由于北美独立战争掀起了美洲殖民地的独立浪潮，后续由外迁入的人口成为首批现代意义上的国际移民，这引发了相关学者对移民问题的早期观察和思考，并逐步发展为学科知识的一个子领域。第二次契机发生在20世纪中叶，二战后初期欧洲严峻的人口与难民危机引起对移民问题的集中思考和回应，推动国际移民研究成为一门显学。第三次契机发生于20世纪晚期，加速发展的经济全球化以及新一代通信和交通技术的普及，创造了全新

---

1 *World Migration Report 2000*.

2 Global Compact for Safe, Orderly and Regular Migration (A/RES/73/195), https://refugeesmigrants.un.org/sites/default/files/180711_final_draft_0.pdf, 2022-04-18.

的移民生态，由此盛行的"跨国主义"（transnationalism）思潮带动国际移民研究迈入交叉学科的新路径。

（一）美洲殖民地独立与成为学科分领域的国际移民问题

民族国家在西欧诞生后不久，就迅速转入了向外扩张势力范围的阶段，相继于世界各地开拓殖民据点。17—18世纪，西欧殖民者在大量驱逐、屠戮美洲土著居民后，运用流放、征募、诱骗和绑架等各种手段向美洲殖民地迁徙了大量外来人口，剧烈地改变了世界人口的历史性分布。其中，由西欧国家迁入美洲殖民地的人口在数量上尤为显著。弗朗西斯科·努涅斯·德比内达·依巴斯古念（Francisco Nuñez de Piñeda y Bascuñán）和玛丽·罗兰森（Mary Rowlandson）等殖民地早期居民，通过书信、诗歌、散文和日记等形式的文学创作，记述下艰苦的越洋旅途、对遥远故乡的思念和想象，以及同当地土著共处的生活。[1]虽然他们并非现代意义上的移民，所创作的文学作品也未引起广泛关注，但殖民地时期的美洲文学的确在一定程度上凝结了人们对移民问题的早期观察和思考。北美独立战争爆发后，美洲陆续涌现出一批新兴民族国家。新独立的美洲国家在发展种植园经济及进行工业革命的过程中，继续吸引了大批欧洲、亚洲及非洲人口的移入。有别于殖民地时期，独立后移入的人口创造了更多管理实践层面的新需求。一方面，外来人口此时进入的不再是没有约束的"蛮荒之地"，以美国为代表的新兴美洲国家开始设立专门的移民管理机构，并制定政策作为规范和指引。[2]另一方面，独立后持续移入的人口增加了美洲国家身份建构的变量，如何处理好早期移民及其后代、当地土著和新移民共处下的各种社会关系，自此成为这些国家最关注的社会热点之一。[3]

以此为契机，美洲各国社会舆论对移民的讨论热度不断攀升，这一点在独立时间最早、移民输入数量最大的美国尤为突出。例如，美国最古老的文学杂志——《北美评论》（North America Review）在1841年刊登评论文章，围绕爱尔兰裔移民潮和波士顿的爱尔兰社群，回顾建国以来有关"移民归化"（naturalisation）的政策讨论，并阐发对构建美利坚民族的思考。[4]另一份美国科普杂志——《科学美国人》（Scientific American）自1847年起动态更新包含某时

---

1 详见张哲俊：《世界近代中期文学史》，北京：中国国际广播出版社，1996年版，第86—99页；姚媛：《玛丽·罗兰森的〈遇劫记〉和美国身份的建构》，《外语研究》，2008年第4期，第94—97页；金莉：《从玛丽·罗兰森的印第安囚掳叙事看北美殖民地白人女性文化越界》，《外语与外语教学》，2016年第1期，第130—137页；等等。

2 Andrew M. Baxter and Alex Nowrasteh, "A Brief History of U.S. Immigration Policy from the Colonial Period to the Present Day," Cato Institute, August 3, 2021, https://www.cato.org/policy-analysis/brief-history-us-immigration-policy-colonial-period-present-day#introduction, 2022-03-06.

3 Hein De Hass, et al., *The Age of Migration*, p. 94.

4 "Art. VIII—The Irish in America," *North American Review*, Vol. 52, No. 110, 1841, pp. 191-234.

某地移民人数在内的各种移民信息。[1] 及至 1851 年，目前已知最早以"移民"为题的专论在《马萨诸塞教师》（*The Massachusetts Teacher*）上发表。尽管文字中充斥着种族主义偏见，但其中提出的"区别对待"（discrimination）、"同化"（assimilation）与"遣送"（deportation）三种应对主张[2] 显示人们对移民问题的观察和思考已进入新阶段。其后，移民问题被纳入美国地理学学科的研究范畴，1859 年创刊的《地理学评论》（*Geographical Review*）[3] 成为发表移民问题文献的主要平台。[4] 持续涌入新兴美洲国家的移民潮，不仅提升了当地社会对移民问题的讨论热度，也逐渐引起欧洲移民输出国家学术界对该问题的重视。如在 1868 年，英国人类学家詹姆斯·麦格理戈·艾伦（James McGrigor Allan）于《伦敦人类学会会刊》（*Journal of the Anthropological Society of London*）上发文讨论北美的欧洲移民及其后代。[5] 次年，英国人类学界在伦敦地质博物馆举行会议，探讨与移民密切相关的北美民族构成问题。[6] 可见，美洲殖民地相继独立后，伴随着移民管理实践需求的增加，移民问题由最早的文学题材变成社会舆论热点，最终成为地理学和人类学的研究子领域。

（二）二战后成为显学的国际移民研究

国际移民研究在成为学科的研究子领域后获得了长足发展。但由于不同学科对移民的研究相对孤立，国际移民研究长期未能形成一个一般性的基础分析框架，不利于该研究的进一步发展。这一现象直到二战后才迎来转变。二战无疑是人类文明的一次沉重灾难，却也意外成为国际移民研究大发展的重要契机。残酷的战争夺去了当时 3%—3.7% 的全球人口，还使数以千万计的人流离失所。欧洲

---

1 参见 "Immigration Via Québec," *Scientific American*, Vol. 2, No. 42, 1847, p. 331；"Emigration," *Scientific American*, Vol. 2, No. 51, 1847, p. 403；"Arrival of Immigrants," *Scientific American*, Vol. 3, No. 1, 1847, p. 2；"A Year's Immigration," *Scientific American*, Vol. 4, No. 30, 1849, p. 234；等等。

2 参见 "Immigration," *The Massachusetts Teacher*, Vol. 4, No. 10, 1851, pp. 289-291；"Emigration," *The Massachusetts Teacher*, Vol. 4, No. 10, 1851, pp. 291-293。

3 该刊由美国地理学会出版，为美国首份地理学专业期刊，曾用刊名包括《美国地理与统计学会杂志》（*Journal of the American Geographical and Statistical Society*）（1859—1870 年）、《纽约美国地理学会杂志》（*Journal of the American Geographical Society of New York*）（1872—1900 年）和《美国地理学会公报》（*Bulletin of the American Geographical Society*）（1901—1915 年）等。参见 JSTOR, "Journal Info: *Geographical Review*," https://www.jstor.org/journal/geogrevi，2022 年 3 月 8 日登录。

4 "Immigration to the United States," *Journal of the American Geographical and Statistical Society*, Vol. 1, No. 3, 1859, pp. 90-92；"Russian America," *Journal of the American Geographical and Statistical Society*, Vol. 1, No. 4, 1859, p. 121；"French Emigration," *Journal of the American Geographical and Statistical Society*, Vol. 1, No. 9, 1859, p. 283; etc.

5 James M. Allan, "Europeans, and Their Descendants in North America," *Journal of the Anthropological Society of London*, Vol. 6, 1868, pp. cxxvi-clxvii.

6 Thomas Henry Hxuley, "On the Ethnology and Archaeology of North America: Address of the President," *The Journal of the Ethnological Society of London*, Vol. 1, No. 3, 1869, pp. 218-221.

作为主战场之一，面临着尤为严峻的人员伤亡和流离失所现象。[1]为此，联合国于1950年设立联合国难民事务高级专员办事处（UNHCR），并于次年制定首个与移民相关的国际公约——《关于难民地位的公约》。[2]西欧各国则于1951年12月响应美国和比利时的号召举行国际移民会议，并决定成立欧洲移民问题政府间委员会（ICEM），即国际移民组织的前身。[3]在战后欧洲难民危机与人口问题的刺激下，一批当今最负盛名的移民问题专门研究机构、连续出版物和交流平台相继问世。如在1961年，ICEM主办的《国际移民》（*International Migration*）开始发行。该刊早期主要发表由ICEM官员撰写的政论文章和政策报告，[4]其后逐渐成为国际公认的高层次学术平台。[5]同年，苏塞克斯大学成立了英国最早的移民研究中心。[6]该中心1965年创办的《种族与移民研究》（*Journal of Ethnic and Migration Studies*）影响因子常年稳居社会科学引文索引（SSCI）移民类刊物排行榜首位。[7]同一时期，学界另一个重要的交流平台——纽约移民研究中心（Center for Migration Studies of New York）在美国诞生，其创办的《国际移民评论》（*International Migration Review*）也成为移民研究的顶尖期刊。[8]

　　二战后，欧美地区移民研究的专门机构、连续出版物和交流平台兴起的直接结果之一，便是产生了一批极具代表性且影响深远的移民基础理论，它们历经时间的检验，已经成为理解当今国际移民问题的重要基石。道格拉斯·马西（Douglas S. Massey）、华金·阿朗戈（Joaquin Arango）和格雷姆·雨果（Graeme Hugo）等研究者依据不同的问题指向，将这些基础理论分为两大类。一类旨在解释为何进行国际移民，主要包括新古典经济学的宏观理论和微观理论、移民新经济学（New Economics of Migration）、双重劳动力市场理论（Dual Labor Market Theory），以及世界体系理论，它们将移民归因于个人的成本收益

　　1 "Costs of the War," Britannica, https://www.britannica.com/event/World-War-II/Costs-of-the-war, 2022-02-25.

　　2《联合国难民署的历史》，联合国难民署，https://www.unhcr.org/cn/%e8%81%94%e5%90%88%e5%9b%bd%e9%9a%be%e6%b0%91%e7%bd%b2%e7%ae%80%e4%bb%8b/%e8%81%94%e5%90%88%e5%9b%bd%e9%9a%be%e6%b0%91%e7%bd%b2%e7%9a%84%e5%8e%86%e5%8f%b2，2022年2月25日登录。

　　3 程希：《国际移民组织在华项目有关情况介绍》，中华人民共和国国务院侨务办公室，http://qwgzyj.gqb.gov.cn/gjll/149/1475.shtml，2022年2月25日登录。

　　4 Ahmet Icduygu, et al., "Progress of Migration Scholarship over 60 Years of International Migration," *International Migration*, Vol. 59, No. 6, 2021, pp. 3-7.

　　5 李明欢：《国际移民政策研究》，第26页。

　　6 Sussex Centre for Migration Research(SCMR) Homepage, http://www.sussex.ac.uk/migration, 2022-02-25.

　　7 Social Sciences Citation Index (SSCI), "2020 Journal Performance Data for: *Journal of Ethnic and Migration Studies*."

　　8 Center for Migration Studies of New York, "About CMS," https://cmsny.org/about, 2022-02-08.

计算、家庭劳动力风险对冲决策，以及国内、国际结构性社会经济环境的影响。另一类则专注于探讨国际移民现象为何能持续存在，主要包括网络理论、制度理论、累积因果理论（Cumulative Causation）及移民体系理论，指出移民现象的持续存在得益于移民群体的社会网络、不断完善的各项移民管理制度、持续累积的移民优势因素，以及平衡国际人口流动的结构性力量。[1]尽管上述两大类共九种基础理论仍离不开既有学科的滋养，但它们已立足于不同的分析层次，为全面、深入地认识国际移民现象提供了丰富的视角，可被视为具有一定共识性基础的国际移民现象分析框架。随着国际社会经济环境的变化以及技术的进步，国际移民形势在20世纪90年代出现了新的重大变化。新形势下，学界并未满足于学科知识界限的约束，推动国际移民研究朝着新的方向大步迈进。

（三）经济全球化与国际移民问题的新发展

20世纪90年代以来，美苏两极格局的瓦解进一步消除了全球人口跨境迁移的政治障碍，经济全球化的蓬勃发展也为国际移民注入了新动力。而以互联网为代表的新一代信息通信技术及廉价航空客运在全球的普及，则深刻地改变了包括移民在内的所有人的日常生活。以此为背景，国际移民问题的研究重点由原来的跨境群体渗透至跨境行为本身，名为"跨国主义"的理论新思潮逐渐占据主流。1992年7月，《纽约科学院年报》（Annals of the New York Academy of Sciences）以"移民的跨国视角：种族、阶级、族群与民族主义的再思考"为专题刊登系列文章。[2]这是"跨国主义"在移民问题研究中全面兴起的标志性事件。其中，以美国人类学家妮娜·席勒（Nina G. Schiller）为首的移民研究者指出，一类新型移民正在全球范围涌现，这类移民的网络、活动与生活涵盖了祖籍国与所在国，无法用社会科学中强调界限的既有概念来分析。因此，席勒等学者提倡挣脱社会科学的界限约束，运用"跨国主义"作为移民研究的新框架。其所提倡的"跨国主义"，即"移民建立连接祖籍国和所在国之社会场域（social fields）的过程（processes）"，该框架的理论优势在于"既能观察移民过程中的遭遇，分析移民的缘起，监测迁徙过程的变化，还能了解移民如何影响原籍国和居住国"。自此以后，越来越多的移民研究者转向跨国视角，"跨国移民"在学术表达中的使用

---

1 Douglas S.Massey, et al., "Theories of International Migration: A Review and Appraisal," *Population and Development Review*, Vol. 19, No. 3, 1993, pp. 431-466.

2 Nina G. Schiller, et al., "Transnationalism: A New Analytic Framework for Understanding Migration," *Annals of the New York Academy of Sciences*, Vol. 645, No. 1, 1992, pp. 1-24.

频率渐渐赶超"国际移民"。[1]

佩姬·莱维特（Peggy Levitt）和娜佳·贾沃斯基（Bernadette Nadya Jaworsky）通过总结跨国视角兴起后的理论发展指出，国际移民研究"已成为一个内在的交叉学科领域"。通过研究移民，研究者不仅在重新思考历史上形成的种族、阶级、性别、国家等各种社会边界，也在重塑着社会科学的知识界限。先前，不同的学科都在研究跨越国界的过程，但学科之间很少产生对话。而跨国研究视角则"代表了一种协调一致的努力，即以系统和综合的方式来观察治理、社会运动、收入和宗教生活在跨越国界时是如何变化的"。两位学者还指出，国际移民研究缘起于对移民接收国身份建构的探讨，因此，传统理论更偏重于研究移民的社会同化，而"跨国主义"则更关注移民与祖籍国的联系。跨国视角下的新研究发现，移民在融为接收国的一部分后，继续在经济、政治、社会、文化和宗教五方面与祖籍国保持紧密联系。[2]学界对移民与祖籍国联系的重视，也反映在移民文献连续出版物和研究机构的发展上。如《国际移民》在20世纪90年代后，明显增加了亚、非、拉等地移民研究的刊文量，改变了原来对"全球北方"（Global North）地区的单一关注，拓展了研究视野。[3]而在亚洲移民大国菲律宾，也诞生了亚太地区影响力最大的斯卡拉布里尼移民研究中心（Scalabrini Migration Center）。[4]该中心创办的《亚太移民研究》（*Asian and Pacific Migration Journal*）至今仍是在欧美地区以外出版发行的唯一一本成功跻身SSCI的移民类刊物。[5]上述变化表明，经济加速全球化一方面使国际移民问题进一步突破现有学科的知识界限，成为学科交叉的研究领域，另一方面也使其不断超越以西方为中心的经验传统，汇聚更多不同国家和地区的知识。

四、国际移民研究的热点与前景

对全球化的乐观情绪，不仅推动国际移民研究进一步跨越学科知识的界限，也冲淡了其传统的"国家中心"色彩。国际移民研究继兴起"跨国主义"后又出现了"文化转向"（cultural turn）和"在地转向"（local turn）等进一步去除"国家中心"的发展趋势。但在2008年全球金融危机后，世界各主要经济体在困

---

1 笔者通过中国知网、谷歌学术和科学网（Web of Science）等学术搜索引擎分别对"国际移民"（international migration）和"跨国移民"（transnational migration）两项词条进行内容检索，通过比较二者出现的频次，得出此结论。

2 Peggy Levitt and B. Nadya Jaworsky, "Transnational Migration Studies: Past Developments and Future Trends," *Annual Review of Sociology*, Vol. 33, 2007, pp. 129-156.

3 Ahmet Icduygu, et al., "Progress of Migration Scholarship over 60 Years of International Migration," *International Migration*, Vol. 59, No. 6, 2021, p. 5.

4 李明欢：《国际移民政策研究》，第28—29页。

5 SSCI, "2020 Journal Performance Data for: *Journal of Ethnic and Migration Studies*."

顿中艰难复苏，而频繁的地缘政治冲突、剧烈的气候变化以及各种突发灾害，加剧了极端保守主义和右翼民粹势力在全球的蔓延。时代环境的变化，不仅使国际移民研究关注的热点出现了相应调整，也凸显了其面临的挑战。但国际移民问题在挑战中仍焕发着生机和活力，不乏继续向前发展的机遇，以及进一步探索的空间。

（一）时代环境变化与当前国际移民研究热点

当前国际移民研究热点厚植于冷战后的时代环境变化。当人们普遍沉浸在对各种时代新变化的憧憬时，亨廷顿和本尼迪克特·安德森（Benedict Anderson）这两位富有远见的学者已敏锐地指出人类即将面对的新问题。其中，亨廷顿判断文明的冲突将取代社会意识形态和制度的竞争，成为冷战后人类纷争的主要形态。基于此，他一方面呼吁人们关注"文明的断裂带"以及各大文明人口自然增长率的不均衡发展，[1]另一方面向主要由移民及其后裔构成的美国人发出"我们是谁？"之问。[2]而本尼迪克特·安德森则在日益繁多的跨国行为和联系中，捕捉到"远距离民族主义"（Long-distance Nationalism）滋生的问题。[3]他们颇具前瞻性的洞见，已经逐一得到印证。例如，"9·11"事件成为文明冲突的放大镜和加速器，表明以美国为首的西方世界对宗教极端势力和恐怖主义的失败干预在全球各地埋下了暴力和冲突的种子。此外，资本、货物、人口和信息的全球流动，并未朝着普惠、均衡与可持续的方向发展，反而以某种形式的相对剥夺为代价，一方面腐蚀了理性主义的社会文化根基，另一方面意外触发了包含气候与生物在内的多种自然机制的连锁反应。总之，冷战后种种具有广泛影响的社会与自然环境变化，一步一步牵动着世界迈向百年未有的时代变局。在此变局之下，国际移民研究关注的热点也出现了相应的转变。

阿斯亚·皮萨雷夫斯卡娅（Asya Pisarevskaya）等研究者运用隐含狄利克雷分布模型（Latent Dirichlet Allocation），直观呈现了时代环境变化下国际移民问题热点的转变。他们对40本移民研究刊物和4部移民类丛书进行文献主题建模和计量分析，并划分出"性别与家庭""移民的地理位置""治理与政治""卫生"等8个一级主题分类和59个次级分类。研究发现，"性别与家庭"和"卫生"

1　详见［美］塞缪尔·亨廷顿：《文明的冲突与世界秩序的重建》。

2　详见［美］塞缪尔·亨廷顿：《我们是谁：美国国家特性面临的挑战》，程克雄译，北京：新华出版社，2005年版。

3　详见Benedict R. O'G. Anderson, *Long-Distance Nationalism: World Capitalism and the Rise of Identity Politics*, Amsterdam: Center for German and European Studies, 1992；［美］本尼迪克特·安德森：《比较的幽灵：民族主义、东南亚与世界》，甘会斌译，南京：译林出版社，2012年版，第72—93页；［美］本尼迪克特·安德森：《民族主义研究的新困惑》，高瑾译，载［美］本尼迪克特·安德森：《想象的共同体：民族主义的起源与散布》，吴叡人译，上海：上海人民出版社，2016年版，第244—254页。

主题的研究数量在过去30年间出现快速增长，而"移民融入""移民的地理位置"和"移民数据"主题的研究则显著减少。通过对次级主题分类进行纵向和横向的细化研究，皮萨雷夫斯卡娅等人发现，2008年至今的移民文献主题呈现如下四种发展趋势。首先，"流动性"和"侨民与跨国主义"成为最突出的主题，表明对方法论民族主义（Methodological Nationalism）的反思已占据学界主流。其次，与"冲突、暴力与移民"和"宗教多样性"主题相关的研究数量大增，显示了人们对近年难民危机的广泛关注。再次，"以色列与巴勒斯坦移民""亚洲移民"与"黑人研究"依然是三组关联性较强的主题，反映了以欧美研究者为主导的移民学界的传统地理偏好，以及对21世纪亚洲高技术移民潮的持续关注。最后，移民的主观体验继续得到重视，学界对移民及其后代的"身份叙事"（identity narratives）保持较高的研究热度。同时，学界对"卫生"主题的探讨已由生理层面拓展至心理层面，结构性歧视和种族主义所引发的移民社会心理问题得到越来越多关注。[1]

（二）立于时代的反思、解构与国际移民研究面临的挑战

国际移民研究热点在时代环境变化的影响下出现调整并日趋多元化本是符合研究发展规律的正常现象。但这在一些独具批评精神的研究者看来，却可能隐藏着两方面的挑战。一方面，移民问题研究主题过于贴近广受热议的时代环境变化可能产生学术伦理方面的问题。威廉·申克尔（Willem Schinkel）就以西欧移民问题研究现状为例指出，在特定公共话语下寻求研究资助和发表机会的研究者，容易将移民及其后裔"问题化"（problematization），助长不当的公共话语和政策实践。为此，他呼吁移民研究者常常自省"谁才是研究的真正受众"。[2]另一方面，主题的多元化趋势则可能加剧移民问题研究的"碎片化"（fragmentation）。研究者此前对该领域碎片化的忧虑主要围于学科知识的界限。"跨国主义"兴起后，移民研究成为交叉学科的研究领域，许多研究者曾期待该领域借此能出现更具共识的概念和理论突破。但正如马可·马尔蒂尼埃罗（Marco Martiniello）通过观察欧洲与北美的移民研究现状时所指出的，该领域仍存在多种形式的碎片化，而以研究主题为分界正是其中之一。他认为，当前的移民研究大致可按主题分为两大类：一类旨在分析移民流向和人口流动模式，研究问题包括移民的规模、动因、目的地和移民政策等；另一类则关注移民到达目的地后的遭遇和境况，探讨包括移民的社会融入、移民与当地居民的关系以及针

---

1 Asya Pisarevskaya, et al., "Mapping Migration Studies: An Empirical Analysis of the Coming of Age of A Research Field," *Migration Studies*, Vol. 8, No. 3, 2020, pp. 455-481.

2 Willem Schinkel, "Against 'Immigrant Integration': For an End to Neocolonial Knowledge Production," *Comparative Migration Studies*, Vol. 6, No. 31, 2018, pp. 1-17.

对移民的歧视等问题。这两类研究之间通常缺乏交集。[1]

此外，还有一些研究者不仅反思移民研究当前面临的挑战，还主张从源头解构移民研究存在与发展之合理性，进一步揭示其深层次问题。例如，贾妮娜·达欣登（Janine Dahinden）就直白地指出，"没有现代民族国家，就不存在我们所认知的移民和移民研究"。她认为，移民研究源于民族国家对移民的规范化，移民管理机构的规范化话语已经深深地嵌入人们对移民问题的思考中。移民研究对规范化话语的依赖，不断助长将族裔视为移民天然分类的世界观，最终只能化作合理强化移民管理和控制的注脚而无助于学术进步。[2] 布里吉特·安德森（Bridget Anderson）也认为，如同国家边界并非天然存在，人口的跨境流动也不是一种自然现象，但移民研究者常常"不加批判地将民族国家视为自然的社会和政治形式"，且不自觉地卷入其建构过程。他指出，民族国家基于创建领土边界和人口治理的目的，通过区分"移民"和"公民"固化流动人口在社会关系中的角色，使所有关于移民的术语都内嵌了"本地人"（natives）与"外地人"（aliens）的紧张关系。因此，尽管研究者努力说明移民的移入能带动当地社会的经济与文化繁荣，但人们总是倾向于将移民想象为国家和社会稳定的破坏者。[3] 达欣登与安德森所代表的观点，实则延续了政治学家安德烈亚斯·威默（Andreas Wimmer）与席勒多年前对"方法论民族主义"的反思。这也从一个侧面表明，移民研究同民族国家的"纠葛"（entanglement）并未随时代环境的变化而淡化，反而更为凸显。

（三）国际移民问题的研究前景

国际移民研究无法轻易跳脱"威斯特伐利亚紧身衣"，仍将长期为深层次挑战所困。但是，这并不代表其研究前景黯淡，挑战的背后早已蕴藏了继续向前发展的路线图。首先，从实践角度看，虽然时代环境的变化确实重新彰显了民族国家在移民问题中的地位和角色，但也暴露了其在应对移民问题方面天然的不足。因此，国家层次以外的行为体开始倾注更多资源，助力思考有效应对移民问题之策。例如，欧洲和非洲均各自组建了地区移民研究网络。其中，欧洲的移民研究网络通过设立研究基金资助了多个学术培训、交流和出版计划。[4] 联合国则于2018年宣布成立全球性的移民网络，该网络通过创建虚拟讨论平台、更新移

---

1 Marco Martiniello, "Comparisons in Migration Studies," *Comparative Migration Studies*, Vol. 1, No. 1, 2013, pp. 7-22.

2 Janine Dahinden, "A Plea for the 'De-Migranticization' of Research on Migration and Integration," *Ethnic and Racial Studies*, Vol. 39, No. 13, 2016, pp. 2207-2225.

3 Bridget Anderson, "New Directions in Migration Studies: Towards Methodological De-Nationalism," *Comparative Migration Studies*, Vol. 7, No. 36, 2019, pp. 1-13.

4 "About IMISCOE," IMISCOE, https://www.imiscoe.org/about-imiscoe/mission, 2022-03-15.

民专家数据库和编列同行评议名单等形式，为所有移民利益相关方提供信息和服务。[1] 这些超国家组织针对移民问题的投入和相互协作，不仅能在一定程度上缓解研究者对国家规范化话语和研究资源的依赖、破解"国家中心"的深层挑战，还将推动地区乃至全球移民学界形成更具共识性的概念和理论。其次，从理论角度看，研究者在揭示移民研究现存挑战的同时，也在不断摸索破解之法。一种较进取的观点认为，应将移民问题从民族国家的"原罪"中抽离出来，在研究和规范化话语间保持适当的距离。具体办法包括更多地使用性别、阶级和种族等社会科学分析性概念工具，减少对移民、难民和外国人等规范化术语的借用，以及"将分析单位从移民人口重新定向到全体人口"，等等。[2] 另一种偏温和的观点则指出，应承认并努力揭示国家权力及其主导秩序对移民问题的持续作用，同时注意超国家和次国家行为体对移民问题的影响。[3] 总之，挑战并未真正阻滞移民问题的发展，反而开拓了更多新的可能性。

> 这些超国家组织针对移民问题的投入和相互协作，不仅能在一定程度上缓解研究者对国家规范化话语和研究资源的依赖、破解"国家中心"的深层挑战，还将推动地区乃至全球移民学界形成更具共识性的概念和理论。

五、结语

现代民族国家具有领土、人口和主权三大基本特征，而移民则具有跨越边界、重组人口和冲击主权的复杂特性。数百年来，以民族国家体系的产生、扩散和裂变为契机，移民问题逐渐获得了世界性关注。西欧和北美作为民族国家形成和早期发展的中心舞台，长久以来也是国际移民研究的主要阵地，至今仍对该研究领域的发展路向发挥着举足轻重的影响。由西方移民研究者建构的每一种新范式、提出的每一种新概念或归纳的每一种新理论，几乎都会被迅速引入其他非西方的案例现场反复进行检验，产生巨大的涟漪效应。本文限于篇幅，故仅对国际移民问题在缘起、发展和热点等方面作概要性介绍，没有叙述案例检验的部分。此外，非西方移民的本土经验，除了可以作为西方的参照，更有其自身的独特性。诸如中国的华侨华人研究，已经在国内外产生一大批学术成果，也为国际移民研究作出了西方经验难以替代的贡献。[4]

---

1 "Migration Network Hub," UN Network for Migration, https://migrationnetwork.un.org/hub, 2022-03-15.

2 Janine Dahinden, "A Plea for the 'De-Migranticization' of Research on Migration and Integration."

3 Bridget Anderson, "New Directions in Migration Studies: Towards Methodological De-Nationalism."

4 张振江、吉伟伟编：《"一带一路"相关地区与国家侨情观察2018》，广州：暨南大学出版社，2019年版。

　　实际上，正如亨廷顿所言，包括华侨华人在内的非西方国际移民的实践与理论，在与西方研究的互鉴中，可能会成为国际移民研究新的学术增长点。值得注意的是，因为突如其来的新冠疫情，各国相继出台了不同程度的对跨国人口流动进行控制与管制的措施，加之近几年凸显的难民问题，现实世界并未如很多西方学者呼吁的那样去除"国家中心"，"国家"反而再次回到移民治理的主场。如何让"移民"和"国家"的关系更加融洽，才是未来国际移民研究与治理的题中应有之义。

统筹"一带一路"发展与安全的融合模式[*]

韩卓希　翟　崑[**]

内容提要："一带一路"倡议自2013年提出以来，阶段性成果显著。"一带一路"的发展属性和发展模式逐步成型，成为中国参与和推进经济全球化、推进全球经济治理和人类命运共同体的重要载体。与此同时，"一带一路"倡议面临的安全问题和安全属性问题也日益突出。这不仅包括"一带一路"遇到的各类安全风险挑战不断上升，更包括美国等西方国家对"一带一路"实施"安全化"构建，将"一带一路"包装成一个安全问题和地缘政治问题。由此，在国际上形成我国强调"一带一路"的发展属性，而西方国家强调"一带一路"的安全属性，彼此相背而行的局面。其结果是加剧了"一带一路"发展与安全的矛盾，以及中国与西方世界有关国际秩序构建的结构性矛盾。在百年未有之大变局和世纪疫情背景下，中国不断优化"一带一路"的推进模式。习近平主席在2021年11月第三次"一带一路"建设座谈会上提出包括"统筹发展与安全"在内的"五个统筹"，即应对上述矛盾的"一带一路"融合推进模式。

关键词："一带一路"安全化　统筹发展与安全　五个统筹

2021年11月19日，习近平主席出席第三次"一带一路"建设座谈会时提出"五个统筹"，要统筹发展和安全、统筹国内和国际、统筹合作和斗争、统筹存

＊ 本文是2020年国家社科基金重大项目"印太战略下'东盟中心地位'重构与中国–东盟共建'海上丝绸之路'研究"（项目编号20&ZD145）的阶段性成果。本文于2022年提交，2024年修订。

＊＊ 韩卓希，第一作者，荷兰莱顿大学治理与全球事务学院博士生；翟崑，第二作者，北京大学国际战略研究院特约研究员，北大国际关系学院教授。

量和增量、统筹整体和重点。[1]"一带一路"倡议自2013年提出以来成果显著，但面临的安全挑战也日益突出，其中以"安全化"问题尤为严重。所谓"安全化"，是指美国等西方国家认为"一带一路"促动的新发展模式挑战了西方主导的国际秩序，因而刻意淡化"一带一路"的发展属性，突出"一带一路"的安全问题。西方国家通过强化"一带一路"的安全属性，制造"一带一路"发展与安全的矛盾，挑战"一带一路"作为国际经济合作倡议的基本属性与合作内核，阻碍中国促进国际经济治理和人类命运共同体建设，从而维护西方秩序。因此，应对"一带一路"的"安全化"问题这一战略性挑战是维护高质量建设"一带一路"的重大而迫切的任务。"五个统筹"是应对该问题的指导原则，是一种融合式的脱困之道。

一、相背而行

"一带一路"是优化中国与世界经济互动关系的国际经济合作倡议，并延伸出"数字丝绸之路""绿色丝绸之路""空中丝绸之路"等。截至2023年8月，中国已与152个国家、32个国际组织签署200多份共建"一带一路"合作文件。[2]西方国家认为"一带一路"可能动摇其主导的国际秩序，焦虑感和危机感加重，将"一带一路"这一国际经济合作倡议视为对西方秩序的安全挑战，并进行"安全化"构建。

（一）西方国家对"一带一路"的认知

西方国家对"一带一路"的认知经历了三个阶段：第一阶段从2013年到2016年。在这一阶段，西方国家对"一带一路"的关注度不断提高，认识到"一带一路"将给世界秩序带来巨大变化。比如，美国学者帕拉格·康纳在其著作《超级版图：全球供应链、超级城市与新商业文明的崛起》中就提出"一带一路"是中国通过全球互联互通构建超级版图，与美国竞争领导力的战略工具。该书还写道，世界从"欧美化"走向"亚洲化"，"一带一路"对亚洲一体化发挥了积极作用。[3]

第二阶段是2017年和2019年两届"一带一路"国际合作高峰论坛期间。两届峰会极大地提升了"一带一路"的国际影响力、感召力，共建"一带一路"的

---

1 《习近平出席第三次"一带一路"建设座谈会并发表重要讲话》，中国政府网，2021年11月19日，https://www.gov.cn/xinwen/2021-11/19/content_5652067.htm，2023年10月13日登录。

2 《我国已与147个国家、32个国际组织签署200多份共建"一带一路"合作文件》，中国政府网，2022年1月19日，http://www.gov.cn/xinwen/2022-01/19/content_5669215.htm，2022年5月23日登录。

3 《〈超级版图〉作者：世界即将亚洲化》，搜狐网，2019年6月15日，https://www.sohu.com/a/320728190_162522，2022年5月23日登录。

国家和国际组织越来越多，已成气候。美欧对"一带一路"的印象趋于负面，将其与"挑战国际秩序""修正主义""欧洲分离主义""国家安全威胁"等议题挂钩。西方世界有人认为"一带一路"是一个战略，尤其是"威胁国际安全的地缘战略"，而非"国际经济合作倡议"。比如，欧洲复兴开发银行认为，"一带一路"是"从海陆两路联通亚欧非，推动经贸发展以促进区域一体化的战略"[1]；英国查塔姆研究所提道，"一带一路"是"将中国与世界其他地区连接在一起的雄心勃勃的计划"等，将"一带一路"定义为一个地缘战略。[2]

　　第三阶段是从2020年新冠疫情暴发至今。疫情加上乌克兰危机，使西方国家将"一带一路"更加置于对立面，对"一带一路"的"安全化"构建变本加厉，推动西方世界产业链与中国"脱钩"，加大对共建"一带一路"国家"选边站"压力。例如，西方媒体持续渲染，习近平主席2024年5月访问欧洲是为了扩大"一带一路"的影响力。[3]在后疫情时代，如果西方国家力促对华"脱钩"，追求所谓的战略自主，推动产业链、供应链、价值链回缩，这将继续给共建"一带一路"国家带来压力。"一带一路"国家将可能被迫在"一带一路"与西方相关经济体系间进行零和抉择。

（二）西方国家对"一带一路""安全化"构建的原因

　　自"一带一路"倡议宣布以来，"一带一路"朋友圈持续扩大，相关议题进入联合国系统，海陆空天网齐头并进等，国际影响力不断扩大。这表明，"一带一路"的发展属性越来越强，日益成为一种新的带动世界经济发展的模式。因此，西方国家不断提高对华竞争意识，加剧中西方对立情绪。

　　一方面，发展模式对发展模式。最初，西方国家提出类似发展倡议，以与"一带一路"倡议竞争。比如，美国提出"蓝点网络"，欧盟提出"睦邻政策"，G7国家提出"B3W"倡议等，乃至当下欧盟的"全球门户"计划、西方国家的全球基础设施伙伴关系，都是希望能在投资、标准和规则上与"一带一路"竞争。实际上，这些倡议与"一带一路"竞争比较困难，这是因为一是西方国家本身经济形势相对困难，对于全球经济发展的支撑作用江河日下。这些针对"一带一路"的新战略和新倡议，并不能给发展中国家带来太多实惠。二是中国经济快

---

[1] European Bank for Reconstruction and Development (EBRD), "Belt and Road Initiative," https://www.ebrd.com/what-we-do/belt-and-road/overview.html, 2022-05-23.

[2] Yu Jie and Jon Wallace, "What Is China's Belt and Road Initiative (BRI)?" Chatham House, September 13, 2021, https://www.chathamhouse.org/2021/09/what-chinas-belt-and-road-initiative-bri, 2022-05-23.

[3] "Chinese President to Visit France, Serbia and Hungary in May," April 25, 2024, Euronews, https://www.euronews.com/2024/04/25/chinense-president-to-visit-france-serbia-and-hungary-in-may. Last retrieved: May 1, 2024.

速发展，对世界经济增长的贡献率不断上升，以"互联互通"为核心的合作模式更适合发展中国家的需求，更具优势。三是西方国家的发展倡议，大多附带政治要求，无法与"一带一路"的"共商共建共享"原则相比。这就导致西方国家在发展模式竞争上的失利。

另一方面，安全模式对发展模式。"安全化"是西方国家惯用的主要战略手段。对"一带一路"进行"安全化"构建成为美国及其盟友联动限制中国崛起的战略行为之一。"安全是一种将政治议题超越已有游戏规则并将之框定为一种特殊类型的政治或高于政治的议题的行为。由此，'安全化'可以被视为政治化的一种极端形式"。[1]"安全化"即动员安全行为体遏制指涉对象"威胁性行为"的过程，并将这一过程合法化。因此，西方国家刻意回避"一带一路"的发展属性，强化"一带一路"的安全属性。"一带一路"的"安全化"构建问题，就是西方国家规制中国，并将其采取的非常规行动合理化为符合"基于规则的国际秩序"的措施。这也符合哥本哈根学派等西方安全理论的框架，即依托言语–行为将"一带一路"塑造成一个"扭曲"现有国际秩序的"修正主义"倡议。

（三）西方国家对"一带一路""安全化"构建的策略

"一带一路"是一个国际倡议，西方国家亦主要动用自身基于国际体系的优势给"一带一路"施压，对"一带一路"进行系统的"安全化"构建。

其一是塑造"一带一路""安全化"的外部环境。西方国家认为"一带一路"破坏现有国际秩序，是对西方主导秩序的系统性挑战，因此不断炮制各种"安全化"理论，毒化"一带一路"的外部环境。这些理论包括但不限于"'一带一路'疫情起源论"[2]"'一带一路'帝国论""'一带一路'新殖民主义论""'一带一路'债务安全论"，以及"'一带一路'见顶论"等。即使是在新冠疫情期间，西方媒体也不忘制造中国在疫情混乱中通过"健康丝绸之路"的建设，催生新世界秩序的言论。[3]

其二是建立针对"一带一路"的敌意网络，持续完善西方内部经济伙伴关系网络。在美国特朗普时期和欧盟的容克时期，美欧分别推出"蓝点网络"和"欧洲睦邻政策"，在全球以及欧洲周边地区构建西方基础设施建设网络联盟。到美

1　Barry Buzan, et al., *Security: A New Framework for Analysis*, Boulder, Lynne Rienner Publishers, 1998, p.23.

2　"China's Digital Silk Road: Integration into National IT Infrastructure and Wider Implications for Western Defence Industries," IISS, June 14, 2021, https://www.iiss.org/events/2021/06/china-digital-silk-road.

3　Rajan Menon, "Biden's Victory Provides an 'Inflection Point' for American Democracy," Atlantic Council, November 6, 2020, https://www.atlanticcouncil.org/blogs/new-atlanticist/bidens-victory-provides-an-inflection-point-for-american-democracy/, 2022-05-23.

国拜登时期和欧盟的冯德莱恩时期，西方国家继续推动新战略以与"一带一路"相抗衡。2021年6月，美国在七国集团峰会上提出"重建更美好世界"（B3W）的全球基础设施投资计划，明确宣布其目的是对抗"一带一路"倡议。[1]此外，欧盟提出"全球门户"计划，又于2022年2月举办首届部长级"印太"合作论坛，[2]与欧盟打造战略自主相结合，目标是将中国排除在自身经济体系之外。此外，西方国家运用"脱钩"、竞争、"竞合"等方式试图孤立"一带一路"。如，2020年特朗普政府搭建的开放无线接入网政策联盟、2021年末拜登政府签署的《2021安全设备法》，以及后续的"印太经济框架"等，都是排他性、排华的方案。

其三是分化拉拢"一带一路"国家。综合运用对外投资、舆论宣传、学术研究、标准制定等多种手段，不断向共建"一带一路"的国家灌输安全威胁意识，施压其"选边站"。比如制造斯里兰卡等国的"'一带一路'债务陷阱论"，[3]提出"一带一路"侵蚀发展中国家主权，加剧发展中国家的腐败和生态恶化等歪曲性言论，认为"一带一路"正在"武器化"等。其中最典型的例子是立陶宛。2021年，立陶宛单方面尝试在台湾设立"代表处"，引发中立外交分歧。此后，立陶宛针对中国、"一带一路"、中俄关系持续进行"安全化"构建。比如，立陶宛称其退出中国–中东欧国家机制是因为"一带一路"侵蚀了本国经济主权，并敦促欧盟其他国家效仿；推动欧盟在世界贸易组织内部对中国进行上诉，联合美欧抵御来自中国的经济制裁；立陶宛国家广播电视台（LRT）大量输出"一带一路""安全化"的舆论。再如，当前乌克兰危机严重冲击"一带一路"建设，西方媒体火上浇油，推动格鲁吉亚等欧洲周边的"一带一路"国家向欧盟靠拢。

二、战略效应

西方国家对于"一带一路"系统化的"安全化"构建已经成型，运用自如，效果明显，很难打破。其所产生负面影响同样也是系统性的，具有长期、对立、外溢效应，但也对西方自身造成不利影响。

> 西方国家对于"一带一路"系统化的"安全化"构建已经成型，运用自如，效果明显，很难打破。其所产生负面影响同样也是系统性的，具有长期、对立、外溢效应，但也对西方自身造成不利影响。

1　"FACT SHEET: President Biden and G7 Leaders Launch Build Back Better World (B3W) Partnership," The White House, June 12, 2021, https://www.whitehouse.gov/briefing-room/statements-releases/2021/06/12/fact-sheet-president-biden-and-g7-leaders-launch-build-back-better-world-b3w-partnership/, 2022-05-23.

2　方烔升、简军波、彭重周等：《中欧观察·圆桌｜欧盟"印太"合作论坛为何没邀请中美两国》，2022年3月1日，https://www.thepaper.cn/newsDetail_forward_16903374，2022年5月23日登录。

3　Zachary Abuza, "Debt-Trapped: Sri Lanka, Laos, and Now Uganda?" Radio Free Asia, December 1, 2021, https://www.rfa.org/english/commentaries/debt-12012021140345.html, 2022-05-23.

（一）恶化"一带一路"外部建设环境

西方国家对"一带一路"的"安全化"构建与国际秩序变动密不可分。当下，西方国家认为"一带一路"动摇了其主导的国际秩序，表明大国竞争烈度与西方国家对"一带一路"的"安全化"构建呈正相关关系。如果"一带一路"所处国际秩序以竞争为主基调，主权国家就更注重国家安全问题，西方国家对于"一带一路"进行"安全化"构建的冲击力度就会更大，冲击范围就会更广。而"一带一路"之"安全化"问题愈严重，中西方对立情绪就愈激烈，中西方竞争烈度也愈强。上述逻辑闭环所造成的后果是，相关国家对"一带一路""安全化"的接受度逐步升高，西方国家对"一带一路"进行"安全化"构建的目标奏效。比如，美国、法国、德国、荷兰与欧盟相继推出"印太战略"，积极布局"印太"，试图在两大洋挤压"一带一路"发展空间。2021年底，G7国家在英国召开外长会，高调宣称会议是"展示统一战线反对恶意行为"的机会，旨在制衡中俄，进一步在陆路抵制"一带一路"倡议推进。2022年，拜登政府发布新版"印太战略"，提出新的"印太经济框架"，试图重新塑造整个"印太"地区的发展秩序，与欧洲协同统筹海陆对冲"一带一路"。2023年底，意大利作为首个加入"一带一路"的G7国家，选择了退出该倡议。总而言之，西方对"一带一路"的"安全化"构建呈上升态势。"一带一路"所取得的成效越显著，在西方国家眼里的"威胁"就越大，其"安全化"构建就越强，对"一带一路"的战略限制也越强。

（二）加剧"一带一路"发展安全悖论

"一带一路"发展进入新阶段需满足自身的安全需求。随着"一带一路"建设展开，我国海外利益随之扩大，海外利益安全保障成为绕不开的话题。截至2021年8月，中国共向海外派出约60万名工人，大多集中于共建"一带一路"国家，[1]而"一带一路"覆盖地区的主要特征之一就是风险集聚高发。因此，保护沿线侨民、海外劳工成为"一带一路"倡议的核心关切之一。然而，此类举措却变成了西方国家眼中的"安全威胁"，使其借此炮制出多种"一带一路"安全谬论。比如，中国海外安保需求持续增加，西方国家认为沿线港口存在强化中国人民解放军远征能力的可能性。如何在不改变"一带一路"基本属性与内核的情况下平衡好港口民用与军用之间的矛盾，成为西方国家、媒体猜测的话题，它们质疑中国如何保证"一带一路"港口不会用于军事用途。美国战略与国际研究所曾于2021年12月20日发文提出，几内亚巴塔港是中国依托"一带一路"打造永久

1　Liza Lin, et al., "Chinese Workers Say They Are Lured Abroad and Exploited for Belt and Road Jobs," *The Wall Street Journal*, October 27, 2021, https://www.wsj.com/articles/chinese-workers-say-they-are-lured-abroad-and-exploited-for-belt-and-road-jobs-11635348143, 2022-05-23.

海港、投射远征军事力量的典型案例。[1] 因此，即便"一带一路"能够使共建国家在经济上获益，部分国家也可能就港口基础设施等项目避免与中国在"一带一路"框架内展开合作，[2] 甚至出现拒绝加入"一带一路"倡议、批判"一带一路"倡议的情景。2017—2019年，比利时布鲁盖尔国际经济研究所针对"一带一路"下的中欧关系进行了大量定量研究。[3] 其研究结果显示，欧洲整体经济发展受益于"一带一路"。如欧洲主要经济体加入"一带一路"倡议，可进一步简化税务问题、降低贸易成本，对中欧双方而言利大于弊。未来，如中美战略博弈烈度加剧，乌克兰危机继续恶化，中俄关系更加紧密，西方国家对"一带一路"的"安全化"构建力度将更强，这将加剧"一带一路"发展与安全的矛盾，阻碍"一带一路"转型升级，提高中国应对外部风险的战略成本。比如，疫情期间，中国出于人道主义对部分非洲国家进行债务减免。然而，在西方国家媒体舆论鼓动下，部分国家进一步要求中国减免不必要的债务，提高我国与之谈判的成本。[4] 吉布提财政部长达瓦勒就曾于2020年以中国在吉布提海外军事基地为借口尝试对华重新提出贷款谈判条件。[5]

（三）阻碍"一带一路"转型升级

"一带一路"是随着内外形势变化而不断升级的，但西方的打压不仅阻碍了"一带一路"的转型升级，而且产生了负面"外溢"效应。其一是对"一带一路"建设延伸出的新领域，美国等西方国家极力进行围堵和打压。2021年，英国国际战略研究所（IISS）的专题研究认为，中国依托"数字丝绸之路"将其信息和通信技术融入他国数字生态系统，使西方国家关键基础设施、情报机构和国防工

---

1 Bonny Lin, et al., "Is China Building a New String of Pearls in the Atlantic Ocean?" CSIS, December 20, 2021, https://www.csis.org/analysis/china-building-new-string-pearls-atlantic-ocean, 2022-05-23.

2 Daniel Russel and Samuel Locklear, "China Is Weaponizing the Belt and Road. What Can the US Do About It?" *The Diplomat,* October 22, 2020, https://thediplomat.com/2020/10/china-is-weaponizing-the-belt-and-road-what-can-the-us-do-about-it/, 2022-05-23.

3 Alicia García-Herrero, "China Cannot Finance the Belt and Road Alone," Bruegel, May 12, 2017, https://www.bruegel.org/2017/05/china-cannot-finance-the-belt-and-road-alone/, 2022-05-23. Shivali Pandya and Simone Tagliapietra, "China's Strategic Investments in Europe: The Case of Maritime Ports," Bruegel, June 27, 2018, https://www.bruegel.org/2018/06/chinas-strategic-investments-in-europe-the-case-of-maritime-ports/, 2022-05-23.

4 "China Faces Wave of Calls for Debt Relief on 'Belt and Road' Projects," *Financial Times*, April 30, 2020, https://www.ft.com/content/5a3192be-27c6-4fe7-87e7-78d4158bd39b, 2022-05-23.

5 Masanori Tobita, "Coronavirus in Djibouti Increases Risk of China Debt Trap," *NIKKEI Asia*, April 26, 2020, https://asia.nikkei.com/Spotlight/Belt-and-Road/Coronavirus-in-Djibouti-increases-risk-of-China-debt-trap, 2022-05-23.

业面临挑战。[1]其二是波及中国所提出的其他国际合作倡议。例如，中国构建新发展格局的"双循环"一经提出，就被美国等西方国家贴上了"应对中美供应链脱钩""有利于中国经济自给自足而不利于他国出口"等标签。[2]比利时布鲁盖尔研究所于2021年9月7日发文提出，中国通过"双循环"将自身与世界市场隔离开来，旨在实现经济自力更生，但将使德国、日本、韩国、美国等全球主要技术出口国损失惨重。[3]《区域全面经济伙伴关系协定》（RCEP）等有中国加入的经贸合作倡议，也出现了类似问题。其三是制约全球经济复苏。新冠疫情、乌克兰危机以及多种因素叠加之下，中国、美国、欧洲作为主要经济发展国家/区域或陆续进入低迷期，且难以迅速恢复，全球经济复苏面临的风险依旧存在，新兴经济体将受到重创。各国本应通力合作解决全球危机，"一带一路"致力于世界经济复苏，但西方国家对"一带一路"进行遏制，使全球经济面临全面衰退风险。[4]国际经济合作受阻严重使得"一带一路"难以高效推进，提高了"一带一路"转型难度。

三、内在矛盾

西方国家对"一带一路"的"安全化"构建虽然已经成型，且已取得一定成效，但也会徒增自身对抗中国的战略成本和世界体系发展的成本。

（一）造成西方国家内的政企矛盾

西方国家将安全利益、政治利益奉为圭臬之时，其跨国公司商业利益受损，可能激化内部矛盾。根据美国消费者新闻与商业频道的民调数据，部分美国公司将"一带一路"视为自身业务增长的契机之一。[5]比如，霍尼韦尔国际公司总部位于美国新泽西州，业务涉及航空、汽车、工业控制技术等诸多方面，是美国著名

1　Dr Bastian Giegerich, et al., "China's Digital Silk Road: Integration into National IT Infrastructure and Wider Implications for Western Defence Industries," IISS, June 14, 2021, https://www.iiss.org/events/2021/06/china-digital-silk-road, 2022-05-23.

2　Alicia García-Herrero, "China's 'Dual Circulation' Plan Is Bad News for Others' Exports," Bruegel, September 15, 2020, https://www.bruegel.org/2020/09/chinas-dual-circulation-plan-is-bad-news-for-others-exports/, 2022-05-23.

3　Alicia García Herrero, "What Is behind China's Dual Circulation Strategy," Bruegel, September 7, 2021, https://www.bruegel.org/2021/09/what-is-behind-chinas-dual-circulation-strategy/, 2022-05-23.

4　Kenneth Rogoff, "Risk of Recession in Europe, US and China Is Rising by the Day," *The Guardian*, April 28, 2022, https://www.theguardian.com/business/2022/apr/28/risk-of-recession-in-europe-us-and-china-is-rising-by-the-day, 2022-05-23.

5　Evelyn Cheng, "Honeywell, Other US Companies Look to Benefit from China's Gigantic 'Belt and Road' Initiative," *CNBC,* March 12, 2018, https://www.cnbc.com/2018/03/12/honeywell-other-us-companies-look-to-benefit-from-chinas-gigantic-belt-and-road-initiative.html, 2022-05-23.

的高科技企业。霍尼韦尔认为"一带一路"倡议可以为其公司带来巨大机遇，其公司产品也有助于协助解决"一带一路"推进过程中所面临的难题。从霍尼韦尔与中国惠生工程有限公司、中国石油天然气集团公司等合作案例来看，其在"一带一路"框架内不断探寻、优化合作模式，将自身战略重点聚焦于中国国内、中亚地区等"一带一路"国家范围内，不断扩大运营规模。[1]美国通用电气公司与"一带一路"倡议的合作伙伴签署了多项协议；卡特彼勒公司在"一带一路"倡议框架下推动合作，帮助解决巴基斯坦严重的电力短缺问题；花旗银行积极通过共建"一带一路"市场为项目提供融资。这些跨国企业受益于"一带一路"发展，但受制于美国等西方国家政府对"一带一路"的遏制。美西方国家对"一带一路"的遏制加剧了政企矛盾。

（二）凸显南北国家之间的矛盾

一方面，大部分"一带一路"项目使发展中国家受益匪浅。例如，中巴经济走廊（CPEC）创造了超过7万个工作岗位。世界银行估计，全球范围内计划和正在进行或已经完成的"一带一路"项目已超过5万亿美元，切实服务了项目所在发展中国家经济发展等需求。此外，世界银行数据显示到2030年，"一带一路"倡议将有望帮助760万人摆脱极端贫困，帮助3200万人摆脱中等贫困，而保护主义、贸易壁垒、单边主义等将阻碍"一带一路"倡议达成高质量合作。[2]

另一方面，西方国家对外投资附带过高的政治要求，削弱了发展中国家的发展动力。以欧盟的"欧洲睦邻政策"为例，该政策囊括欧盟周边16个国家，而接受该政策的投资需满足欧盟关于民主、法治、人权等评估标准。欧洲学者、智库曾不止一次要求欧盟对"欧洲睦邻政策"进行更新，以进一步刺激该政策发展，但效果不佳。同时，西方国家对"一带一路"的阻滞又使得"欧洲睦邻政策"覆盖国难以接受来自中国的投资，放慢了相关国家的发展。因此，西方国家对"一带一路"的"安全化"构建对发展中国家的经济发展造成了负面影响，[3]甚至使得相关国家经济体系在某种程度上被"孤立"。此外，囿于价值观、意识形态等问题，美国对部分"一带一路"国家实施经济制裁。而受美国制裁的发展中国家数

1　Honeywell, "What Is the Belt and Road Initiative?" September 7, 2017, https://www.honeywell.com/us/en/news/2017/09/what-is-the-belt-and-road-initiative, 2022-05-23.

2　Paul Tembe, "High-Quality Cooperation in the Belt and Road Initiative," *Independent Online*, April 21, 2022, https://www.iol.co.za/news/politics/opinion/high-quality-cooperation-in-the-belt-and-road-initiative-c96d3dd1-906b-49d6-90a1-85c22af2c03c, 2022-05-23.

3　Shaban Syed, "While US Destroys through Incessant Wars, China Builds Economies,"*Global Village Space*, May 14, 2022, https://www.globalvillagespace.com/while-us-destroys-through-incessant-wars-china-builds-economies/, 2022-05-23.

量越多，第三世界"反美"情绪就会越严重。[1]西方国家政府如何处理、解释其对"一带一路"进行"安全化"构建的遏制政策与其一直所提倡的开放的全球经济体系主张之间的矛盾，成为西方国家在全球面临的困境。

（三）加剧西方国家的体系化困境

西方国家将过多资源投入在与"一带一路"竞争、对"一带一路"进行"安全化"构建上，致使其本应提供的国际公共产品效能不足，部分地区发展迟缓，区域乃至国际秩序遭到破坏。欧洲杂志《现代外交》称，中国试图通过"一带一路"倡议帮助叙利亚等国解决国内民生、经济危机，但以美国为首的西方国家却以中国"干涉"叙利亚内政为由，导致合作计划被迫中止，进而使西亚、中东等地区区域秩序进一步瓦解。[2]乌克兰危机爆发后，拜登政府持续推动北约扩张、提出新的"印太经济框架"、举办美国-东盟特别峰会，尝试围绕"印太"地区构建一个全方位排除中俄的国际新秩序。美国此举加大了"一带一路"国家与非"一带一路"国家"选边站"的压力，扩大了原有区域和国际体系之间的裂痕。西方国家对"一带一路"进行"安全化"构建的出发点是维持自身基于原有国际秩序的主导地位，而区域和国际秩序撕裂却又将动摇其优势地位，造成西方国家面临的体系困境。这里的体系困境指，西方国家声称要维护"基于规则的、民主的、开放的国际秩序"，然而对"一带一路"进行"安全化"构建的策略却凸显了西方国家"长臂管辖"等破坏规则的、霸权的、独断专行的行为，显示了其言行不一。

> 习近平主席相继提出全球发展倡议和全球安全倡议，并在第三次"一带一路"建设座谈会上提出"五个统筹"，为超越西方制造的"安全陷阱"提供了融合式的解困之道。

综上，西方国家对"一带一路"的"安全化"构建实际上存在三重困境，长期看并不利于维护现有国际秩序。因此，西方国家对"一带一路"的"安全化"构建也存在由强转弱的趋势。

四、融合模式

在百年未有之大变局下，短期内西方国家对"一带一路"进行"安全化"构建的趋势不会改变，中西方对立矛盾很难消除，但长期看存在由强转弱的可能

1　Shaban Syed, "While US Destroys through Incessant Wars, China Builds Economies," *Global Village Space*, May 14, 2022, https://www.globalvillagespace.com/while-us-destroys-through-incessant-wars-china-builds-economies/, 2022-05-23.

2　Mohamad Zreik, "A New Order in West Asia: The Case of China's Strategic Presence in Syria," *Modern Diplomacy*, May 8, 2022, https://moderndiplomacy.eu/2022/05/08/a-new-order-in-west-asia-the-case-of-chinas-strategic-presence-in-syria/, 2022-05-23.

性。然而，新冠疫情与乌克兰危机不仅给共建"一带一路"带来挑战，还使得全球经济发展陷入困境。在此背景下，习近平主席相继提出全球发展倡议和全球安全倡议，并在第三次"一带一路"建设座谈会上提出"五个统筹"，为超越西方制造的"安全陷阱"提供了融合式的解困之道。

（一）"一带一路"建设模式持续优化

"一带一路"的推进模式不断调整，有迹可循。需要说明的是，"一带一路"的推进模式并非重发展轻安全，而是从一开始就是统筹发展与安全的，而且随着"一带一路"自身安全问题的突出和西方对"一带一路"进行"安全化"构建的加剧，不断在加大统筹发展与安全的力度和分量。

在2016年推进"一带一路"建设工作座谈会上，习近平主席提出"三个统筹"，即切实推进陆海统筹、内外统筹和政企统筹。[1] 关于安全问题，习近平在对"一带一路"八项要求的最后一条中提出要切实推进安全保障，完善风险评估。

在2018年推进"一带一路"建设工作5周年座谈会上，习近平强调，共建"一带一路"是经济合作倡议，不是搞地缘政治联盟或军事同盟；是开放包容进程，不是要关起门来搞小圈子或者"中国俱乐部"；是不以意识形态划界，不搞零和游戏，只要各国有意愿，我们都欢迎。同时，他在"一带一路"建设的六点要求中的最后一点也提出了安全保障问题，指出要高度重视境外安全风险防范，完善安全风险防范体系。[2]

在第三次座谈会上，习近平提出了"五个统筹"的融合模式，并且把"统筹发展和安全"放在第一位。习近平指出，要正确认识和把握共建"一带一路"面临的新形势。总体上看，和平与发展的时代主题没有改变，经济全球化大方向没有变，国际格局发展战略态势对我有利，共建"一带一路"仍面临重要机遇。同时，世界百年未有之大变局正加速演变，新一轮科技革命和产业变革带来的激烈竞争前所未有，气候变化、疫情防控等全球性问题对人类社会带来的影响前所未有，共建"一带一路"国际环境日趋复杂。我们要保持战略定力，抓住战略机遇，统筹发展和安全、统筹国内和国际、统筹合作和斗争、统筹存量和增量、统筹整体和重点，积极应对挑战，趋利避害，奋勇前进。[3]

第三次座谈会上有关保障"一带一路"安全问题的内容也大幅增加。习近平

---

1 《习近平在推进"一带一路"建设工作座谈会上发表重要讲话　张高丽主持》，中国政府网，2016年8月17日，http://www.gov.cn/guowuyuan/2016-08/17/content_5100177.htm，2022年5月23日登录。

2 《习近平出席推进"一带一路"建设工作5周年座谈会并发表重要讲话》，中国政府网，2018年8月27日，http://www.gov.cn/xinwen/2018-08/27/content_5316913.htm，2022年5月23日登录。

3 《人民日报评论员：以高标准可持续惠民生为目标共建"一带一路"——论学习贯彻习近平总书记在第三次"一带一路"建设座谈会上重要讲话》，中国政府网，2021年11月22日，http://www.gov.cn/xinwen/2021-11/22/content_5652384.htm，2022年5月23日登录。

强调，要全面强化风险防控。要落实风险防控制度，压紧压实企业主体责任和主管部门管理责任。要探索建立境外项目风险的全天候预警评估综合服务平台，及时预警、定期评估。要加强海外利益保护、国际反恐、安全保障等机制的协同协作。总体上，我国对"一带一路"的安全问题认知不断升级，"统筹发展与安全"成为高质量共建"一带一路"的基本保障。

（二）"五个统筹"是目前最为完整的融合模式

其一是系统性。"五个统筹"涉及"一带一路"的方方面面，兼顾矛盾，相互支撑。未来，如果中国在"一带一路"的国际传播中坚持以发展为主，对安全问题避而不谈，可能落入此类西方国家"安全化"构建的陷阱，会为西方国家继续制造"一带一路"的安全属性、制造安全悖论、营造安全陷阱提供机会。中国在"一带一路"框架内统筹发展与安全，将成为破解西方安全陷阱的关键。

其二是平衡性。"统筹发展和安全"标志着将"一带一路"的安全问题置于与发展问题同等的位置，进一步加强二者的平衡。"统筹国内和国际"是指，"一带一路"主要在国际，根基在国内，需要服务于新发展格局。"统筹合作和斗争"是第一次提，充分表明"一带一路"建设中不仅仅有合作问题，而且存在斗争，要勇于面对斗争，善于斗争，保障"一带一路"行稳致远。"统筹存量和增量"说明，"一带一路"前期已经有很好的基础，而且要开发增量，不会因为疫情限制和国际斗争形势严峻而有所停滞。"统筹整体和重点"说明，"一带一路"是个系统性的整体，要坚持党的集中统一领导，要抓好重大规划、重大政策、重大项目、重大问题和年度重点工作。

其三是辩证性。我们需要辩证看待西方对"一带一路"进行"安全化"构建的成效。此举损害了中国和"一带一路"共建国家，包括西方国家在内的全球企业家和民众的利益。在此背景下，中国需要不断优化"一带一路"的融合模式，促进以和平合作、开放包容、互学互鉴、互利共赢为核心的丝路精神。同时，"一带一路"建设须对外处理好安全关切，将西方制造的"一带一路"安全陷阱作为优化升级"一带一路"推进模式的新契机。西方国家对"一带一路"的"安全化"构建与"一带一路"的融合推进模式之间存在一个长期互动互构的过程。只要"一带一路"建设能够做好"五个统筹"，坚定不移地推动经济合作与发展，美国等西方国家限制"一带一路"的战略成本便会持续上升，效力会减退。因此，"五个统筹"有利于将"一带一路"的安全悖论转变为"一带一路"的发展保障，在长期博弈中将占据优势，有利于整体利益的优化。

五、结语

西方国家将"一带一路"的迅速发展视为对其自身主导的国际秩序的挑战，

威胁感越来越强，安全感逐步下降。但是，西方国家提出的各种发展倡议无法与"一带一路"进行正面竞争，遂对"一带一路"进行"安全化"构建。其主要做法是塑造"一带一路"的"安全化"外部环境，构建针对"一带一路"的敌意网络，进而分化拉拢"一带一路"国家。这种做法的危害在于其会恶化"一带一路"的外部建设环境，加剧"一带一路"发展与安全的矛盾、加大"一带一路"转型升级的难度，同时产生外溢效应并波及中国提出的其他国际合作倡议。然而，西方国家对"一带一路""安全化"构建与全球整体发展态势不符，对其跨国公司利益、新兴经济体发展模式与其主导的国际秩序造成负面冲击。长期看，西方国家对"一带一路"的"安全化"构建存在由强转弱的趋势。

习近平主席提出的"五个统筹"为超越西方制造的"一带一路""安全化"问题提供了融合推进模式与解困之道。"一带一路"统筹发展与安全的推进模式也在不断优化演进。在第三次"一带一路"座谈会上，习近平主席对加强"一带一路"安全和风险防控的论述大幅增加。"五个统筹"是高质量共建"一带一路"的融合模式，涉及"一带一路"的方方面面，相互支撑，兼顾矛盾，有利于将西方制造的"安全陷阱"化为推动"一带一路"高质量发展的新契机。

中国生物安全与生物多样性治理的议题关联[*]

王思丹[**]

内容提要： 自2020年以来，生物安全和生物多样性治理受到广泛关注。观察和梳理中国生物安全和生物多样性治理的发展和整合过程后发现，生物安全和生物多样性治理的议题建构过程具有各自的发展路径和特点，既有议题重合，也有议题分化。本研究揭示了对两者进行协同治理的潜力，但也指出了现有政策之间的差异性。同时，本研究也为生物安全和生物多样性治理的相关学术和政策讨论提供了思考空间。

关键词： 生物安全　生物多样性　全球治理　中国　安全化

一、前言

自2020年以来，对生物安全（biological security or biosecurity）和生物多样性（biological diversity or biodiversity）治理的关注度显著上升。全球公共卫生问题等生物安全挑战明显加剧，对全球政治、经济和社会活动产生了深远影响。例如，全球贸易活动受到空前影响，能源危机严重冲击欧洲国家。可见，新

---

* 本文系作者对其英文文章Convergence and Divergence of Biosecurity and Biodiversity in China修订和更新而成。Convergence and Divergence of Biosecurity and Biodiversity in China原载于北京大学国际战略研究院主办的英文期刊*China International Strategy Review*（Vol. 4, No. 1, 2022, https://doi.org/10.1007/s42533-022-00096-0）。此处刊载已获得作者本人及China International Strategy Review出版商施普林格·自然（Springer Nature）出版集团的授权许可。本文得到北京市社会科学基金青年学术带头人项目的支持（项目编号：24DTR043）。

** 王思丹，博士，外交学院国际关系研究副教授，外交学院全球生物安全治理研究中心兼职研究员。

冠（COVID-19）疫情不仅是全球公共卫生问题，它还延伸到了经济、能源和社会安全等领域。较长时期以来，多元复合安全风险缺乏制度化和系统性的重视和治理。尽管流行性疾病早就被视为生物安全风险，但主导生物安全议题领域的通常是其他更为常见的安全议题，例如生物恐怖袭击问题。因此，揭示和理解生物安全相关概念的定义和发展过程是一项重要的研究议程。

尽管生物安全已经被视为严峻的全球挑战，但是对生物多样性保护的重视程度还有待提高。生物多样性保护就是保护遗传资源、物种和生态系统的多样性。[1] 相较于气候变化行动，生物多样性保护在国际政治议程中受关注不足。例如，气候变化已经成为二十国集团和联合国框架下的多边峰会等全球政治事务的关键议题，但是针对生物多样性的讨论还很缺乏。

尽管这些高级别政治活动尚未高度重视生物多样性的政策行动，但是一系列重要的全球环境治理机制已经开始将生物多样性保护纳入讨论范畴。例如，格拉斯哥联合国气候变化大会、联合国海洋大会和昆明联合国生物多样性大会均提及生物多样性与其他全球环境议题的紧密联系。[2] 然而，这些会议原计划于2020年召开，受到新冠疫情影响不得不推迟至2021年和2022年举行。值得庆幸的是，会议的推迟和开会形式的变化并未冲击生物多样性保护的议程设置。

2021年成为生物多样性治理关键之年，其中有三个原因。第一，中国作为联合国生物多样性大会的主办方，积极推动和促成大会取得成功。第二，2015年巴黎气候变化大会的制度成果鼓舞了生物多样性治理的相关各方，为生物多样性全球治理框架提供了重要借鉴。第三，随着生物安全议题的提升，生物多样性保护的受重视程度也随之提高。

全球公共卫生问题已经被广泛讨论并纳入生物安全范畴，但是生物多样性治理尚未形成自成体系的安全领域。一方面，从某种程度上讲，新冠疫情为生物安全和生物多样性治理之间的关联建构提供了机会窗口，两者从广义角度上可以被归类为生物安全问题。但从另一方面来看，生物多样性具有独特的安全特点。例如，外来物种入侵严重威胁生物多样性，可以归类为生物安全范畴。但是，生物资源和物种丧失又将会导致农业生产力的下降，从而形成粮食安全问题。整体来看，这些对于生物多样性的威胁可以被归类为生态安全或者环境安全。针对对这些安全问题的不同解读，本文将进一步审视生物多样性与生物安全的关联建构。同时，这也有助于理解生物安全和生物多样性治理之间的观念互动的演变过程。

生物多样性和生物安全的政策和治理已经形成了制度成果，但在观察和梳理两者之间的关系方面还缺乏相关研究。本文的主要研究问题是：在话语层面，中

---

1 CBD, "Aichi Biodiversity Targets," Secretary of Convention on Biological Diversity, 2020.

2 "2020: A Crunch Year for the Biodiversity and Climate Emergencies," UNEP, https://www.unep.org/newsand-stories/story/2020b-crunch-year-biodiversity-and-climate-emergencies, 2021-10-12.

国的生物安全和生物多样性治理如何实现议题关联？

本文余下内容分为四个部分：第二部分和第三部分分别阐述中国生物安全治理进程和生物多样性治理进程，第四部分分析生物安全和生物多样性治理实现议题关联的动因和障碍，第五部分提供制度建设和相关政策制定的建议。

二、中国生物安全治理进程

中国生物安全治理进程经历了三个阶段。基于生物研究的学术特点，生物安全植根于自然科学和工程领域的研究。然而，自进入21世纪以来，生物安全议题已经出现在法律、国家安全和非传统安全等相关学术领域。此外，"生物安全"的概念包括五类生物威胁：传染病、生物武器、生物科技、外来物种入侵和生物实验室管理。[1] 随着相关讨论的深入，生物安全概念开始进入国际关系学界视野，主要围绕非传统安全和人的安全开展讨论。[2]

中国生物安全治理进程的第一个阶段主要集中于中国学术界对于生物安全的研究和讨论，这个阶段的发展受三方面的具体原因推动。第一，以生态安全为主的非传统安全议题在学术界受到关注。关于转基因技术的争论在西方国家形成话题并逐步进入中国社会，这可以被视为生物安全议题提升的显著趋势。第二，"9·11"恐怖袭击事件加速提升了关于生物恐怖主义的广泛讨论。第三，2003年"非典"（SARS）疫情拉响了流行性疾病的警报，控制疾病传播旋即成为生物安全的重要议题之一。

第二个阶段以2014年总体国家安全观的确立为重要标志。总体国家安全观确认了包括生态安全在内的非传统安全问题的重要性。虽然生物安全并未被单独列出，但总体国家安全观已经将广泛的安全领域设置为重要的国家安全治理议题。在此框架之下，生物安全可以与资源、生态、军事和技术安全领域密切联系起来，这也说明了生物安全的复杂性特点。[3] 资源安全可以包括传统药材的生物资源，军事安全包含生物武器等威胁，技术安全涉及生物技术的使用和安全问题。然而，这也显示出生物安全含义的多元化特点。值得一提的是，在新冠疫情暴发之前，流行性疾病等公共卫生问题与生物安全的联系相对低于与其他安全领域的关联。

第三阶段显然受到了新冠疫情的影响，并且直接提升了对于控制传染病传播的关注度。新冠疫情这一空前的公共卫生事件加速了《中华人民共和国生物安全

1　张谨：《生物安全问题及我们的对策》，《社会科学》，2004年第9期，第64—69页。

2　周媛媛：《非传统安全视角下的生物安全》，《现代国际关系》，2004年第4期，第17—22页。

3　刘跃进：《当代国家安全体系中的生物安全与生物威胁》，《人民论坛·学术前沿》，2020年第20期，第46—57页。

法》的出台，生物安全被明确纳入总体国家安全观。2021年4月15日，《中华人民共和国生物安全法》正式生效并实施。其中规定，生物安全问题的主要内容包括：传染病和动植物疫情、生物技术、病原微生物实验室、人类遗传资源与生物资源、外来物种入侵和生物多样性、微生物耐药、生物恐怖袭击和生物武器威胁。[1] 至此，生物安全治理已经成为中国学术界和政策界的重要研究议题。[2]

三、中国生物多样性治理进程

中国生物多样性治理包括科学讨论、国际谈判和国内政策制定等主要环节。首先，科学讨论在生物多样性治理早期阶段占主导地位。首要关注议题包括生物技术、生物安全和基因安全等。转基因管理和粮食安全是生物安全的主要关注领域。在国内层面，国家环境保护总局于2000年发布了《中国国家生物安全框架》，这项制度安排说明了生物安全具有生态安全和环境安全的特点。在国际层面，中国积极对接生物安全的国际议程，于2005年批准了《卡塔赫纳生物安全议定书》（Cartagena Protocol on Biosafety）。[3] 这说明中国积极参与全球生物多样性治理和相关谈判进程。

其次，《生物多样性公约》的国际谈判进程是中国生物多样性治理的推动因素之一。从全球范围来看，全球生物多样性治理的国内履约和落实工作主要受到地方环保行动、全球治理进程和国际压力等方面的影响。[4] 但是，中国从自身国情出发，积极采取生物多样性保护行动的经验和政策路径，体现了中国特色生态文明建设的基本特点。1992年，中国在里约热内卢地球峰会期间签署了《生物多样性公约》，并于2010年开始落实"爱知生物多样性目标"（见表1）。中国先后已经递交了六版《生物多样性公约》国家报告，其中第六次报告显示了中国正在努力完成16项"爱知目标"。[5] 这些行动充分说明中国积极开展生物多样性保护行动，并致力于推动全球生物多样性治理进程。

1　《中华人民共和国生物安全法》，中国政府网，2020年10月18日，https://www.gov.cn/xinwen/2020-10/18/content_5552108.htm，2023年10月16日登录。

2　王思丹：《生物多样性议题安全建构的碎片化》，《国际安全研究》，2020年第3期，第127—156页。

3　"The Cartagena Protocol on Biosafety," CBD, https://bch.cbd.int/protocol, 2021-12-14.

4　Jae-Mahn Shim and Eunjung Shin, "Drivers of Ratifcation Rates in Global Biodiversity Governance: Local Environmentalism, Orientation toward Global Governance, and Peer Pressure," *Environmental Politics*, Vol. 29, 2020, pp. 845-865.

5　"China Shows a Way Forward to Biodiversity Conservation Post-2020," ADB, https://www.adb.org/news/op-ed/china-shows-way-forward-biodiversity-conservation-post-2020-niu-zhiming, 2021-12-13.

表 1　爱知生物多样性目标

战略目标	保护目标
将生物多样性纳入政府和社会工作的主流	提高公众意识
	纳入国家和地方发展
	消除补贴等危害生物多样性的鼓励措施
	政府、企业和利益攸关方采取措施
减少生物多样性的直接压力和促进可持续利用	自然生境的丧失速度减缓
	鱼群和无脊椎动物种群及水生植物的可持续管理
	农业、水产养殖业及林业用地的可持续管理
	污染控制
	外来物种入侵管理
	减少多重人为压力（气候变化和海洋酸化）
保护生态系统、物种和遗传多样性	陆地、内陆水域、海岸和海洋区域的保护
	已知受威胁物种的灭绝干预
	栽培植物、养殖、驯养及野生动物的保护
增进生态系统服务和惠益	生态服务和生态系统保障
	生态系统的复原力和碳储存
	遗传资源获取和惠益分享
参与性规划、知识管理和能力建设	生物多样性战略和行动计划
	土著和地方社区的传统知识
	知识、科学基础和技术
	财务资源

资料来源：作者根据"爱知生物多样性目标"自制表格，参见 CBD, "Aichi Biodiversity Targets," Secretary of Convention on Biological Diversity, 2020。

最后，中国规划和建设了一系列生态保护和修复项目。例如，中国从 1978 年开始落实"三北"防护林项目，为防治荒漠化和修复生态作出了重大贡献。[1] 此外，中国行动和方案也为全球生物多样性治理提供了重要参考。2021 年，云南亚洲象群迁徙受到了国际社会高度关注，也成为中国野生动物保护的鲜活写照。云南省各级政府充分确保人民群众的生命财产安全，动用各类资源引导象群的迁徙活动。[2] 这也为其他国家应对此类紧急情况提供了经典案例和参考。此次亚洲象群

1　"Combating Desertifcation in the Korqin Sandy Lands through Integrated Afforestation," FAO, 2002, https://www.fao.org/forestry/4601-034b1dc65853190c321d4e4f0f0e29934.pdf.

2　"Migrating Herd of Wild Asian Elephants in Yunnan Takes a Break," CGTN, https://news.cgtn.com/news/2021-06-08/Herd-of-wild-Asian-elephants-in-SW-China-s-Yunnan-takes-a-break-10VugLV1sli/index.html, 2021-12-10.

迁徙恰逢昆明联合国生物多样性大会召开前夕，全方位保护行动与大会主题"不谋而合"。

中国生物多样性治理安全化也可以分为三个阶段，分别是早期的科学研究和讨论、2010年以来的国家总体政策规划和2014年以来的总体国家安全观。[1]生物多样性的科学研究包括物种、遗传资源和生态系统等多样性保护问题。2010年，随着全球生物多样性保护和国际谈判进程的推进，中国政府发布了《中国生物多样性保护战略与行动计划》（2011—2030年）。[2]

中国生物多样性治理进程主要包括与国家安全相关的重要事件，例如总体国家安全观的落实、《中华人民共和国生物安全法》的立法工作和全球公共卫生事件等。总体国家安全观确认了生态安全的重要性和紧迫性，生物多样性治理涉及的遗传资源、物种和生态系统多样性保护属于生态安全范畴。

新冠疫情不仅提高了生物安全立法的现实需求，也强化了生物安全和生物多样性之间的关联性。2020年通过草案、2021年生效实施的《中华人民共和国生物安全法》，主要应用于应对大流行性疾病和外来物种入侵等各类生物安全挑战。同时，昆明联合国生物多样性大会为2020年后全球生物多样性治理框架提供了关键的讨论平台，最终达成了"昆明-蒙特利尔全球生物多样性框架"和"昆明宣言"。保护生物多样性的紧迫性和重要性也在安全政策领域不断提升。

2021年10月，《中国的生物多样性保护》白皮书发布，阐释了中国生物多样性保护行动的重要进展。白皮书体现了生物多样性问题的生态安全和生物安全要素。其中，生态安全领域的要素包括建设国家公园、保护自然栖息地、设置生态安全屏障（例如青藏高原）、保留生态空间、稳定生态系统和建设国家环境保护模范城市。生物多样性治理和生态安全紧密相关，也和生物安全领域具有协同治理需求。白皮书重点阐释了生物安全治理的相关进展，并提到了外来物种入侵、转基因和生物遗传资源等生物安全议题。[3]首先，控制和管理外来物种入侵是生物安全治理的一项重要任务。外来物种入侵能够威胁本地野生动植物的生存，对于本地物种多样性形成直接影响。这种影响也会给农业生产和粮食安全带来风险。其次，生物多样性治理需要加强转基因管理，特别是生物技术的使用和生物安全的相关措施。最后，生物遗传资源管理可以归类于生物安全领域。例如，中国有权利管理和收集本土的中药材资源数据。总之，保护生物遗传资源对于生物安全治理具有重要的内在价值。

1　王思丹：《生物多样性议题安全建构的碎片化》，《国际安全研究》，2020年第3期，第127—156页。

2　《踏上生物多样性保护的新里程走出人与自然和谐的新路子：写在〈中国生物多样性保护战略与行动计划〉发布之际》，中国生态环境部，2010年9月21日，https://www.mee.gov.cn/gkml/sthjbgw/qt/201009/t20100921_194839.htm。

3　《中国的生物多样性保护》，中国国务院新闻办公室，2021年10月，http://www.scio.gov.cn/ztk/dtzt/44689/47139/index.htm。

四、生物安全和生物多样性治理的议题关联

生物多样性治理首先被建构为生态安全议题，然后逐渐向生物安全等多元安全领域发展。生物安全治理进程和生物多样性治理进程各具特点。在制度建设方面，生物多样性治理的主要管理部门是生态环境部，生物安全的管理部门则相对多元，涉及生态、农业、生物技术、社会安全和公共卫生等领域的主管部门。但是，随着两者的议题关联，也体现出将两者协同治理的潜在需求。因此，有必要讨论生物安全和生物多样性治理的议题关联特点，分析其动因及阻碍因素。

（一）强化议题关联的动因

生物治理概念本身就为生物安全和生物多样性治理的整合奠定了话语基础。生物安全基本上涉及技术发展、生物技术安全、生物恐怖主义和公共卫生危机等问题，而生物多样性治理很大程度上伴随着联合国生物多样性谈判等全球环境治理的进程。从话语角度来看，生物这个词就已经将生物安全和生物多样性联结起来。从制度角度来看，国家环境保护总局在2000年发布《中国国家生物安全框架》体现了生物多样性治理的重要性，这也说明环境治理是生物多样性保护和生物安全的关键主题。

随着生物安全议程的推进，生物安全的定义更加明确和制度化。如表2所示，《中华人民共和国生物安全法》明确了生物安全的定义和范畴。生物多样性是其中的一项安全议题。遗传资源、物种和粮食安全是生物安全和生物多样性治理共同关注的问题。

表2　生物安全和生物多样性之间的议题关联

生物安全	生物多样性
传染病和动植物疫情	植物、农业和粮食安全
生物技术	遗传多样性
病原微生物实验室	—
人类遗传资源与生物资源	遗传多样性
外来物种入侵、生物多样性	物种和生态系统多样性
微生物耐药	
生物恐怖袭击、生物武器	—

资料来源：作者根据《中华人民共和国生物安全法》自制。

遗传资源和遗传多样性的关联是生物安全和生物多样性治理整合的重要因素。生物安全涉及遗传和生物资源的拥有、使用和管理。中国拥有获取自身生物

资源的主权权利，损害和弱化使用资源的法定权利是对国家安全的直接威胁。生物多样性治理关注对遗传资源多样性的保护。遗传资源对于物种和生态系统多样性至关重要，因此需要有效的管理和保护措施。从这个角度讲，生物安全和生物多样性治理都致力于保护遗传资源和遗传多样性。

　　物种多样性和外来物种入侵也具备关联性。生物多样性治理重点关注物种多样性，而物种灭绝对生态系统具有严重影响。国际社会已经开始采取措施和制定政策，控制物种灭绝和生物多样性丧失问题。[1]生物安全也要求控制和管理外来物种入侵，其对于物种多样性保护发挥了重要作用。此外，外来物种入侵与生态系统、环境保护和气候变化也都息息相关，如果不加以管控，将会严重损害当地的生态系统，造成当地物种的损失甚至灭绝。因此，外来物种的传播和运输在全球层面已经被严格管控。[2]同时，外来物种入侵对于物种多样性具有严重威胁，因此也是联合国生物多样性谈判的重要议题之一。

　　粮食安全是生物安全和生物多样性治理的又一项共有议题。生物安全关注传染性疾病和大流行性疾病的管控，特别是"非典"、甲型流感和新冠疫情等严重公共卫生问题。除了人类公共卫生安全，动植物的传染性疾病也是生物安全的重要议题。[3]农业作物具备感染植物类传染性疾病的风险，对于粮食生产水平形成潜在威胁，从而影响粮食供应的稳定和安全。同时，生物多样性治理也关注遗传资源和物种多样性，其中包括农业产品的管理等。与生物多样性治理相关的外来物种入侵问题对于农作物具有严重威胁，可以影响粮食安全。所以，尽管生物安全和生物多样性治理属于不同的政策领域，但在粮食安全领域具有共同目标。

（二）议题关联的阻碍因素

　　尽管生物安全和生物多样性治理具有明显的关联和交集，但两者的议题关联也受到制约。阻碍其实现关联的主要因素包括：生物安全的再定义、生物多样性治理的多元性和全球生物安全治理的制度建设不足等。

　　生物安全从定义上已经被建构为多元议题，生态问题仅是其中一个领域。生物安全议题包括公共卫生危机、生态保

> 生物安全和生物多样性治理具有明显的关联和交集，但两者的议题关联也受到制约。阻碍其实现关联的主要因素包括：生物安全的再定义、生物多样性治理的多元和全球生物治理制度建设不足等。

1 Alice Vadrot, "Endangered Species, Biodiversity and the Politics of Conservation," in Gabriela Kütting, et al., *Global Environmental Politics: Concepts, Theories and Cases Studies*, London: Routledge, 2011.

2 Peter Stoett, "Framing Bioinvasion: Biodiversity, Climate Change, Security, Trade, and Global Governance,"*Global Governance*, Vol. 16, 2010, pp.103-120.

3 Matthew Fisher, et al., "Emerging Fungal Threats to Animal, Plant and Ecosystem Health," *Nature*,Vol. 484, 2012, pp.186-194.

护、生物恐怖袭击、粮食安全和科技安全等，其多元性也造成生物安全和生物多样性治理之间出现政策鸿沟。例如，生物多样性治理要求环境保护部门发挥领导作用，生物安全则需要卫生、国防和农业等不同部门发挥关键作用。此外，在生物安全框架下，生物威胁和国家安全的关系尚需进一步研究和探讨。生物安全定义下的物种和遗传资源可以被理解为生物安全的保护目标，但同属于生物安全框架下的微生物耐药问题以及病毒和细菌则被视为生物威胁。[1]生物安全要求政府采取行动和制定政策，保护相关安全对象，而生物威胁则成为受到管理、防控甚至消除的目标。从这个角度来讲，生物多样性治理需要强有力的保护行动，这与管控生物威胁的措施具有本质区别。

生物多样性治理多元化的建构趋势与生物安全治理的发展方向具有显著区别。生物多样性治理包含多元化、竞争性和争议性的不同概念（例如在生态系统服务等领域），因此呈现出知识政治化的特点；[2]它也被建构成为科学研究问题，强调预防措施的重要性。[3]随着相关知识和科学发现等具有竞争性解释的出现，生物多样性谈判面临各方争论和不同政治立场。昆明联合国生物多样性大会显示了各方立场的差异，主要争议点包括物种、保护区、遗传资源数字序列信息和遗传资源获取和惠益分享机制等，而且发达国家和发展中国家之间的立场矛盾尤为突出。[4]生物多样性治理的多元化解读也造成了对于生物安全概念的困惑。例如，生物安全治理明确保护遗传资源等生物资源，此外，全球生物多样性治理在资源管理方面尚存不同观点。生物资源的拥有方和提供方基于国家主权的基本原则和权利，主张自身有权利保护和管理相关资源。生物资源的使用方关注资源的获取权利，主张分享收益和成果。正因如此，市场机制已经运用于生物资源获取和惠益分享机制，但这也成为生物多样性治理的争论内容。[5]由此可见，生物多样性治理的多元建构路径与前文所述的生物安全内容并不一致。

此外，全球生物多样性治理赤字不利于生物安全和生物多样性的议题关联。缺乏健全而有效的全球生物多样性治理主要由发展中国家和发达国家之间的立场鸿沟、生物资源拥有者和使用者之间的观点差异、国际治理制度碎片化、国家行为体的治理能力不足和公众意识较弱等多种因素导致。[6]昆明联合国生物多样性大

1 刘跃进：《当代国家安全体系中的生物安全与生物威胁》，《人民论坛·学术前沿》，2020年第20期，第46—57页。

2 Alice Vadrot, *The Politics of Knowledge and Global Biodiversity*, London: Routledge, 2014.

3 Deborah Scott, "Framing and Responding to Scientific Uncertainties: Biofuels and Synthetic Biology at the Convention on Biological Diversity," *Jurimetrics*, Vol.56, No. 3, 2016, p. 245.

4 刘哲：《〈生物多样性公约〉谈判形势及其影响》，《国际经济评论》，2021年第3期，第155—176页。

5 Carmen Richerzhagen, "Effective Governance of Access and Benefit-Sharing under the Convention on Biological Diversity," *Biodiversity and Conservation*, Vol.20, No. 10, 2011, pp.2243-2261.

6 王思丹：《全球生物多样性治理升级：困境、动能和前景》，《阅江学刊》，2021年第5期，第15—28页。

会已然为全球具有雄心的生物多样性保护框架提供了重要平台和机遇，不仅提出了"昆明宣言"和2050生物多样性愿景，还达成了"昆明–蒙特利尔全球生物多样性框架"。然而，不同于现有的全球生物多样性保护制度，全球生物安全治理尚须完善应对各项生物安全问题的制度化架构。从现有国际制度角度来看，生物安全已经成为联合国环境规划署、联合国粮农组织、世界卫生组织和联合国裁军事务厅等国际机构的工作内容，它们分别负责生物安全和环境影响、粮食安全、大流行性疾病和生物武器等问题。不同国际组织和机构共同参与生物安全治理，客观上可以提高议题的重要性和公众认知程度。但是，全球生物安全治理仍需要协调各机构的治理目标差异，消除机构之间的竞争性治理路径。由此可见，现有制度建设不足问题导致两者的议题关联缺乏制度支撑力。

五、政策启示

全球生物安全治理的重要性毋庸置疑，但需要共同的治理目标。考虑到目前生物安全治理制度不足的问题，国际社会需要就未来制度建设方向达成共识。除了现有国际制度功能的碎片化，各国也把生物安全治理建构成为不同的政策议题。[1]2018年，英国发布《生物安全战略》，将公共卫生危机、生物恐怖袭击和动植物传染病等确立为潜在生物安全威胁。[2]美国则将生物防御视为国家生物安全战略的优先目标。[3]上述国家的生物安全战略不仅与中国的生物安全范畴存在差异，也体现了各国对于生物安全优先治理领域的不同理解。因此，各国有必要加强对话，促成生物安全治理合作。中国提出的"全球安全倡议"统筹传统领域和非传统领域安全，可以推动将生物安全和生物多样性治理等非传统安全领域纳入全球治理目标。

此外，全球生物多样性治理升级能够支持全球环境和气候治理进程。尽管《生物多样性公约》是支持全球生物多样性和相关国际谈判的核心制度框架，但生物多样性保护并非单一领域的问题，而是面临复杂交织的多重挑战。生物多样性保护不仅能够有效支持气候应对行动，还能从其他全球环境治理行动中获益。[4]中国方案提出的"地球生命共同体"和"人与自然生命共同体"全球治理理念可以深入渗透至全球环境、气候和生物多样性治理领域，还可以支持全球生物安全

---

1 Qin Qin and Sun Youhai, "A Global Biosafety Strategy Research Framework with Specific Implications for China," *Journal of Biosafety and Biosecurity*, Vol. 1, 2019, pp. 105-112.

2 "UK Biological Security Strategy," https://assets.publishing.service.gov.uk/government/uploads/system/uploads/attachment_data/file/730213/2018_UK_Biological_Security_Strategy.pdf, 2021-10-10.

3 "Biological Security," USDHS, 2017, https://www.dhs.gov/topic/biological-security, 2021-12-02.

4 Preet Singh, "Exploring Biodiversity and Climate Change Benefits of Community-Based Forest Management," *Global Environmental Change*, Vol. 18, No.3, 2008, pp.468-478.

合作的国际制度建设。

建立生物安全和生物多样性治理的议题关联，需要推进相关制度建设。尽管两者的整合存在着阻碍，但仍可以建立目标一致的政策和共同行动规划。事实上，生物安全和生物多样性治理之间存在共同关心的治理议题，在物种多样性、遗传多样性和粮食安全等方面具有协同治理的客观需求。例如，外来物种入侵对于粮食安全的威胁不仅是农业治理问题，也是生物安全和生物多样性治理的关键挑战。这需要国家进行顶层框架设计，打通农业、生态环境和自然资源等部门的协调工作。同时，制度建设需要加强联合国谈判和基层行动落实之间的有机联系，确保生态环境部门推动的生物多样性谈判和农业部门推进的粮食生产保障能够实现政策高度协调。此外，在国际层面，落实2030年联合国可持续发展目标（SDGs）可以强化生物安全和生物多样性治理议题，将两者的议题关联纳入其17项具体目标要求。

中国在增强全球生物安全和生物多样性治理的议题关联上发挥重要作用。其一，中国可以通过全球发展倡议、全球安全倡议和全球文明倡议加强相关国际制度建设。中国不仅积极主办和推动昆明联合国生物多样性大会的进程，而且提出了2060年碳中和目标，为全球环境与生态治理提供了重要动力。在生物多样性治理领域，中国不仅是生物资源的重要拥有方，还是相关全球治理进程的积极推动者。在生物安全治理领域，中国已经制定了《中华人民共和国生物安全法》等相关法律法规，积极应对各类生物安全风险。由此可见，中国的积极行动和政策经验，有助于国际社会进一步提升生物安全和生物多样性的议题关联和治理进程。其二，中国声音不仅可以推动全球治理进程，提高中国在全球治理中的地位和角色，更重要的是还代表了广大发展中国家的共同利益和诉求。广大发展中国家在生物资源使用权、生物技术、风险应对能力和治理话语权等方面需要实现广泛合作，协力维护共同利益。

六、结语

本文通过观察和梳理中国生物安全和生物多样性治理的发展进程，发现两者都有各自相对独立的政策领域，但在物种多样性、遗传多样性和粮食安全等领域又有明显交集。

生物安全基本上涉及生物技术安全、生物恐怖主义和公共卫生危机等安全问题，而生物多样性治理很大程度上伴随着联合国生物多样性谈判等全球环境治理的进程，但两者均围绕"生物"概念而展开。其他实现两者议题关联的因素还包括遗传资源和遗传多样性、物种多样性和外来物种入侵以及粮食安全等共同关注议题。诚然，生物安全和生物多样性治理的议题关联也受到制约。阻碍其实现关联的主要因素包括生物安全的再定义、生物多样性治理的多元性和全球生物安全治理的制度建设不足。因此，文本基于分析和讨论、相关政策启示提出，全球生物安全治理需要共同的治理目标，可将两者的议题关联融于2030年联合国可持续发展目标，以及通过全球发展倡议、全球安全倡议和全球文明倡议提高中国在全球生物安全和生物多样性治理中的地位和作用。

增强生物安全和生物多样性治理之间的议题关联具有重要的政策现实意义，但也不可回避其现实阻碍和困境。未来相关研究可以进一步关注其他国家的生物政策整合情况，探析各国生物安全和生物多样性治理议题关联的相似性和差异性。此外，国际制度层面的议题关联也是未来研究值得关注的重点，现有国际机制能否推动全球生物安全和生物多样性治理进程更是需要探索的学术话题。

西方战略思想的变与不变

——《战略的演变：从古至今的战争思考》评介

年　玥[*]

内容提要:《战略的演变：从古至今的战争思考》一书广泛使用希腊语、拉丁语、法语、西班牙语、意大利语、英语和德语的文献资料，从一般性战略（或曰陆战战略）、海军和海洋战略、空中力量和核战略以及非对称战争中的战略等领域，探寻从古至今的战略思想及其运行的社会制度、规范和行为模式的演变，探讨指导战略思想的政策以及影响战略思想的文化等。通过对古往今来战争思考与实践的梳理，该书认为，战争与战略的演变不是单向的、线性的，而是呈波动式发展的。该书为研究西方战略思想提供了清晰的主题和框架指引以及丰富的文献索引。

关键词: 战略思想　战争　陆战战略　海军和海洋战略　空中力量和核战略

现如今，"战略"一词已经被广泛运用于政治、经济、文化等诸多领域，即便在与战争相关的范畴内，现代战略思想也不再把"战略"当作一个纯军事意义上的术语，而是聚焦于思考军事行动与政治目的之间的关系。[1]西方现代战略思想大抵存在从政策/政治、大战略、军事战略、战区作战到战术等从高至低的层级划分，其中军事战略一般而言为原来意义上的、狭义的战略，即为国家最高政策

---

* 年玥，中央党史和文献研究院助理研究员。

1 Hal Brands, ed., *The New Makers of Modern Strategy: From the Ancient World to the Digital Age*, Princeton: Princeton University Press, 2023, pp.17-18.

表达的政治目的而运用武装力量的"艺术"——实战或威慑的"艺术"。[1]《战略的演变：从古至今的战争思考》（以下简称《战略的演变》）就是一部以上述"战略"概念为牵引的著作。[2]

一、其人其书

这本书的作者比阿特丽斯·霍伊泽尔（Beatrice Heuser）在西方战略思想史和战略研究领域颇负盛名。霍伊泽尔博士毕业于牛津大学，曾任教于伦敦国王学院战争研究系和雷丁大学政治与国际关系学院国际史系，并在多所欧洲大学担任过客座教授，目前是英国格拉斯哥大学社会与政治科学学院国际关系（政治学）教授。她的研究兴趣围绕战争展开，重点研究人们为何发动战争以及如何发动战争，特别关注人们在战争中选取（或拒绝采取）何种手段、战略以及如何为其选择辩护。2002年，霍伊泽尔出版了《阅读克劳塞维茨》一书，不仅从克劳塞维茨的著作本身，还从后世战略家对克劳塞维茨著作的理解角度出发，探讨了这位就战争艺术留下经典鸿篇巨制的军事理论家所产生的影响。这为霍伊泽尔的学术兴趣、研究方法和写作风格奠定了基础。2003—2007年，霍伊泽尔担任德国联邦国防军军事史研究室的研究主任，并于2006—2007年在德国联邦国防军大学任教期间对西方战略思想家及其思想进行了大量研究。作为研究的重要成果，《战略的演变》一书以及霍伊泽尔编撰的《战略缔造者：从马基雅维利到克劳塞维茨的战争与社会思想》一书于2010年问世，后者包含早期战略家的文本及对其的评论，可以对前书由凝练概括导致的简短引用进行补充。此后，作者依旧在战略思想史领域笔耕不辍，先后于2017年和2022年出版了《克劳塞维茨之前的战略：战争和治国术的纽带（1400—1830年）》和《战争：西方思想和实践的谱系》等著作，可作为这一主题的延伸阅读材料。

《战略的演变》是一部以西方为主的战略思想史著作，作者从历史上有关战略的文献中梳理对战争的思考以及战略实践的演变。该书采用文本分析和情境分析的方法，深入挖掘战略文献中隐含的假定，从中提炼出发人深省的指标。这些指标可能有关社会制度与规范，可能有关作者对政治以及政治实体间关系的认知与理解，还可能有关价值、意识形态和更宽泛的被动文化与主动文化。[3]在此基础上，该书尝试得出一些更为永恒的结论，这些结论超越其所产生时受到的物质、文化和其他环境因素的影响，有助于更好地理解战争现象本身。从这一意义上，

1 时殷弘：《战略问题三十篇——中国对外战略思考》，北京：中国人民大学出版社，2008年版，第13—14页；Colin S. Gray, *Strategy and Politics*, London: Taylor & Francis Group, 2016, p.3。

2 Beatrice Heuser, *The Evolution of Strategy: Thinking War from Antiquity to the Present*, Cambridge: Cambridge University Press, 2010.

3 Beatrice Heuser, *The Evolution of Strategy*, p.29.

作者将战略视为人、物质和文化因素对战争产生影响的过程。该书关注的也是这些因素对战争产生之影响的历史演变。

如作者所言,"战略"一词本身就具有相当丰富的含义,"人们在使用这一词语时甚少达成一致",且其使用"随时间变迁而发生巨大变化"。[1]《战略的演变》一书关注的"战略"特指政治目的与使用武力或威胁使用武力之间的联系。在对战略的维度进行深度挖掘后,作者总结指出:"战略是使用全面的手段(包括威胁或实际使用武力)追求政治目的,这一过程发生于对立的意志之间,即在一场冲突中至少有两方的参与。冲突各方相互作用,因而,不能随机应变的战略很难取得成功。"[2]

该书共分七篇总计二十章。其中,第二篇和第三篇围绕陆战战略(或曰一般性战略)展开,考察时间范围从古代一直延续到两次世界大战。第四篇讨论在19世纪中期突然大为流行的海军和海洋战略,它在很大程度上受到主流陆战思想的影响,但又因海战特有的语境和术语而与陆战战略相区别。第五篇讨论20世纪兴起的空中战略,它在很大程度上可以看作海军和海洋战略的衍生物,对陆战思想的借鉴则少得多。对于核战略的讨论也放在空中战略部分,尽管随着技术等的发展,核武器的运载工具已不再局限于空中力量,但在战略层面二者仍具有很大延续性。第六篇将关注点转向小型战争(或曰非对称战争),小型战争始终存在,有关的一些关键思考对以大战为主的战略文献来说仍有裨益。第七篇谈及世界大战之后西方战略思想向"有限战争"思想的回归,并简要论述了为什么战略理论和现实运用之间存在鸿沟。

二、钩玄提要

在该书的开篇,作者提出一系列设问:是否存在"西方的战争思考方式"?它是一整套可识别的对上述问题的回答还是存在多种答案?是不同的战略方法同时共存,还是不同的思维方式相继而至?如果是后者,是否存在某些独特的分水岭或转折点?战略的演变是单向的还是迂回往复的?与古老的陆战战略相比,有关海军和海洋战略的思考有多少独特性与原创性?关于空中力量和核武器的思考是另起炉灶吗?某些特定的观点肇始于何处?何人在后世重新论及这些观点?如何运用并将这些观点传承下去?该书明确指出的核心论点是:战略的演变不是单向的、线性的,而是呈波动式发展的。但是关于上述设问的更多答案需要读者在作者展开的关于战略思想与实践的宏大框架和细致描画中自行寻找,这里仅对该书探讨战略思想的框架和主要参照问题做简要摘录。

---

1 Beatrice Heuser, *The Evolution of Strategy*, p.4.

2 Beatrice Heuser, *The Evolution of Strategy*, pp.27-28.

（一）战略的一般性讨论

关于战略的一般性讨论通常与陆战战略的讨论重合。我们从该书的论述中大概可以看出按照从古代到法国大革命以前，从法国大革命到1945年，以及1945年以后三阶段进行展开的安排。但是由于思想的延续性，该书对分期的意图并不明显。即便在上述不同阶段，人们对战争的看法以及战略理论与实践的变化也是时刻演进的，只是在有些问题上分水岭比较明显，而涉及另一些具体的问题时，界限可能更模糊一些。

1. 战争理由

在法国大革命以前，战争的理由五花八门。战争必须为建立或重建和平而进行，这一思想最早可追溯到亚里士多德，但这一点对古希腊的战争实践并未产生多大影响。在从罗马帝国到中世纪晚期这段时间里，宗教这一自变量凌驾于其他所有战争要素之上。战争被认为是上帝赐予的，是上帝的旨意，战争的理由和结果都是如此。这种观念一直延续到近代早期。在近代早期，宗教性战争日渐减少，相应地，在中央集权国家垄断武力的背景下，王朝的战争动因成为最具主导性的战争理由，国家将扩张作为进行领土征服的自然权利被普遍接受。从法国大革命和拿破仑战争开始，被动文化和世界观发生了巨大的变化。与过去不同，这一时期开始出现以社会革命为目的的战争。同时，民族主义、军国主义、社会达尔文主义和种族主义对战争产生了重大影响。克劳塞维茨将战争定义为"使用武力强迫敌人遵从己方意志的行为"，[1] 这一观点在随后几个世纪的战略著作中引起广泛共鸣，成为界定战争目的的普遍观点。从那时起，战争的目的被理解为歼灭敌人，为了追求所谓的胜利，战争的政治目的一度变得模糊。受到两次世界大战的洗礼，尤其是随着核时代的到来，1945年以后，战争理由似乎主要局限于自卫，或者在极少数情况下，战争用来纠正被认为是明显的不公正，在战争理由中，"安全"一词普遍取代了"荣誉"。西方战略家越来越注重说服、威慑，而不是以胜利为目的。对于21世纪初的大多数西方自由主义者来说，胜利似乎没有什么价值，因为胜利的代价可能与收益不相称，而且胜利不能确保和平。该书在探讨未来战争的发展时也指出，在胜利、和平和正义的"三位一体"中，自由社会面临忘记和平本身也不是目的的危险。

2. 战争伦理

有关正义战争的伦理标准可追溯到古罗马思想家西塞罗，他认为，只有追求和平的战争才是正义战争，必须将战争作为实现和平的最后手段，如果不得不诉诸战争，战争必须有节制，且需要在正式宣战后才能动武。在西塞罗的基础上，

1　Carl von Clausewitz, *On War*, ed. and trans. by Michael Howard and Peter Paret, Princeton: Princeton University Press, 1976, pp.1-2.

希波主教奥古斯丁为正义战争理论添加了基督教的要素，认为正义战争需要有正义的开战理由，只有上帝或上帝授权的合法统治者才能为正义而宣战。西方正义战争传统从罗马时代到启蒙运动期间存在显著连续性，尽管在实践中经常发生背离。这一时期的战争文献对战争的正当性（即开战正当性）和对战争行为的约束（即战时正当性）进行了更细致的探讨，尽管遵守战争规则的几乎与违背它的一样多，且对战争行为的限制不适用于某些"他者"的思维模式从古代一直延续至今。到了拿破仑范式盛行的时代，非理性的激情与情绪、仇外民族主义和对战争的赞颂似乎冲淡了对战争伦理的讨论，在总体战的蓬勃发展下，对战争的约束和限制从理论和实践上都变弱了，战斗人员和平民的界限愈发模糊。在总体战的巅峰时期，战争中还增添了种族灭绝的维度。受到两次世界大战重创后的欧洲开始重新思考限制甚至禁止战争的问题，使用武力促进本国的利益（自卫除外）被禁止，如果战争引发的后果比原本应该消除的错误更严重，使用武力就不能被视为合法。这反映了自罗马时代以来，西方乃至全球战争伦理思考的重要连续性，尽管西方在总体战时期曾出现偏离。《联合国宪章》规定侵略性战争为非法，但这也导致1945年以后，战争很少再进行适当的宣告。核武器的存在更是对战争的伦理乃至可接受性提出新的挑战。

3. 战斗人员

军队应以何种形式招募士兵，在很大程度上受到社会制度和文化的影响，主要的组织原则在人类历史早期就分别得到尝试，在后续的不同历史时期中呈现出不同的偏好和排列组合。罗马就尝试过征集捍卫其自身土地及罗马自由的农民－公民参战，也尝试过职业军队中长期服役（以换取土地和提前退休），以及将意大利以外能征善战的"野蛮人"部落整合进辅助部队乃至使其成为职业军队正式成员的做法。在中世纪的欧洲，封建领主有权要求臣属每年服一定时期的兵役。随着货币经济在12世纪再次蓬勃发展，兵役逐渐被缴纳税款取代，领主们可以用收上来的税款雇佣日渐职业化的士兵。欧洲历史上的百年战争在很大程度上是由雇佣军进行的，然而结束百年战争的法王查理七世在西方建立了自罗马灭亡以来的第一支常备（职业）军队，这也成为主权的外部象征。伴随着文艺复兴，应该由谁保卫国家的问题成为一个政治问题。出于意识形态上的原因，从17世纪开始，本土士兵、公民士兵或民兵开始成为一个重要的战略主题，军队属于国家已成为共识，义务兵役制的想法愈来愈多地被考虑乃至实践。到了19世纪总体战的时代，战争已经成为全民的事业，大众战争和全民皆兵并肩而来。征兵和招募职业军队这两种对立的意见相互拉锯，社会内部两种相互抵触的价值体系对战略产生深刻影响。相对而言，具有民主、共和倾向的人往往支持民兵制，拥护君主制或寡头制的人更偏好职业军队。另外，这一时期盛行的民族主义的支持者更喜欢征兵而来的大众军队。到了冷战时期，英、美等国先后放弃义务兵役制，冷战后，大多数欧洲军队都放弃了义务兵役制，只有德国、希腊和土耳其除外。

4. 战争方式方法

关于进攻与防御、避战与决战、有限战与无限战的争论一直是战略思考的重要主题。在西方历史上，从公元4世纪到18世纪末，"费边式"拖延战术一直占上风，决定性会战并不常见。法国大革命和拿破仑战争成为一道分水岭，此后直至第二次世界大战结束，决定性会战成为战争的终极要义。在拿破仑范式的时代，盛行的总体战寻求完全的胜利，这种胜利只有通过敌人无条件投降才能实现。战略思想家们普遍认为通过集中力量给敌人以致命一击才能实现上述目标，因而推崇在决定性会战中歼灭敌人。这一时期弥漫着对进攻的普遍崇拜，并强调先发制人。在上述观念的指引下，第一次世界大战给人们带来深刻的灾难和教训。战后，法国兴起主张全面防御的战略思想，同时萌发了运动战等一系列间接路线战略。然而，该书作者认为，从战争的规模、决定性以及战争目的方面判断，法国大革命和拿破仑战争以前的战争是有限的而其后的战争是无限的这一观点是错误的，战争的演变一直呈现波动式发展而不是单向演进的趋势。有限战争与人类历史一样悠久，在人类历史的长河中，歼灭、彻底击败或支配对手的战争是罕见的。1945年以后，人们重新回归有限战争，但其不同寻常之处在于，有限战争的战略尤其源于对核毁灭的恐惧和冷战的迫切需求。有限战争试图影响而不是粉碎对手的意志，强调劝导、说服和威慑而不是压倒性的胜利，"拿破仑范式"被放弃了。同时这一时期见证了小型/非对称战争的回归，其与大型战争在方式方法上呈现出一些不同的特点。

（二）海军和海洋战略

与陆战不同，有关海洋的战略、战术等必须放在"制海权"的语境下进行探讨。尽管海战和海军古已有之，但"战略"这一术语出现在海军语境下要明显晚于其出现在西方有关战争的一般性著作中。英国战略思想家朱利安·科贝特爵士认为，海洋战略指的是以海洋为重要因素的战争中的支配准则，其必须包括陆战，同时涉及使用海军。[1]

相比于大多数陆地战争，海上的战争更取决于地理环境，因此有关海战的偏好与著作往往因国而异。例如，有潜能支配整个洋域甚至全球水域的第一梯队海洋大国倾向于聚焦歼灭敌人舰队的大型会战，而第二梯队的国家则需要最大化地利用己方特定强项，在避免被数量上占优势的敌人歼灭的同时，追求己方的利益。此外，技术革新对海战的影响要比对陆战的影响大得多，因而，有关海战的争论更加聚焦于最新的技术。19世纪60年代后逐渐形成了"历史学派"和"军备学派"两种海军教学学派。前者试图从历史案例中探寻有关海战的"永恒真理"，后者则主要关注新技术发展，认为技术的演变使过去的经验无法指导现今

---

[1] Beatrice Heuser, *The Evolution of Strategy*, p.202.

的战斗。

正如书中所展示的，在桨帆时代，有关"制海权"、海军会战、海上劫掠与贸易保护、封锁以及修筑海岸防御工事等主题的争论就已显现，并逐渐形成一些具有持久重要性的海洋战略——试图驱逐或对决一切敌对海军从而寻求某种程度控制海洋的战略，机会主义者采取的是通过劫掠敌人的货物同时避免大规模正面交锋使本国财富增加的战略，以及维持"存在舰队"（fleet in being）对他国舰队形成威慑的战略。在接下来的蒸汽时代、世界大战期间以及核时代，基于技术、意识形态以及其他原因，上述战略得到不同程度的发展，或被采纳或被摒弃。比如，19世纪晚期海军主流观点倾向于寻找并摧毁敌人的舰队，即进行海上会战，这与同时期陆战中盛行的"拿破仑范式"相一致，尽管不论是在这一时期还是在两次世界大战期间，海上的决定性会战都不常见。19世纪下半叶兴起了倡导修筑海岸防御工事的"砖头砂浆学派"，该学派的兴起引发了其与主张建设攻防兼备的海军进行战略防御的"蓝水学派"的争论。尽管科贝特等战略家早已强调过海陆协作的必要性，但是在第一次世界大战前夕，英国、美国甚至德国的海军都想只凭借自己而不是凭借与陆军的联合行动赢得决战。然而实际在第一次世界大战中，重要的海上会战稀少而未取得决定性结果。一战后，对进攻的崇拜和决定性会战的兴趣在英、法等国大大减退了，同样逐渐消退的还有希望海军在战争中担任核心角色的思想，之后的战争更多地将海军用于护航、袭扰、海岸防御和封锁。二战后，各主要大国中只有美国还坚信海军会战的作用，其他大国对马汉学说的信奉已经动摇。冷战时期，"决战派"已经销声匿迹，各国开始强调海军与陆军、空军行动的联合，且认为海军主要起到支持作用，不再相信海军能独自起到重大作用。尤其是核武器的产生，使得人们意识到制海权是相对的、局部的，而不是绝对的、普遍的。但是在核时代，海军仍肩负炮舰外交、力量投射、常规威慑、护航和封锁等使命，在和平时期和有限冲突中发挥作用。

（三）空中力量和核战略

不同于一般性战略著作和涉及政治目的的海洋战略著作的兴起远远落后于陆战和海战的实践，在空战方面，战略思想的发展被压缩在很短一段时间内。在1903年飞机首次试飞成功后的40年之内，大多数有关空战的主要思想都已问世。到第二次世界大战爆发时，绝大多数空中力量战略都已得到阐释，甚至有些战略思想走在技术可行性之前，在技术水平达到后才得到蓬勃发展。

空中战略大量承继了海军/海洋战略的思想，对陆战思想的借鉴则少得多。空军和海军一样，都产生过是否应服从于陆战需要的争论，都曾认为仅凭自身军种就可以在决定性海战或战略性空战中打败敌人、赢得战争，都发展出希望绕过敌人强大的陆军，通过封锁或城市轰炸将战争直接带给敌方平民，以此迫使敌国投降的战略思想。

空中力量按照打击目标可以划分为四个学派，分别是旨在威慑的战略轰炸或曰城市轰炸学派、旨在拒止的军事目标学派、以领导人为打击目标的学派和政治信号学派。空中力量打击目标选择和核打击目标选择之间存在直接连续性。在1945年之后，战略/城市轰炸学派迁移到核领域，随着技术精确度的提高，常规（即非核）空中战略在很大程度上放弃了城市轰炸，着重以敌人的战争机器为打击目标，在核时代的背景下军事目标学派声名鹊起。

核战略中的支配性概念主要来自空中力量理论，因此可以说核战略是空中战略的产物。威慑概念在核战略中居于主导地位，事实上，核武器本身就是为了威慑这一目的而研发的。然而，正如以敌方平民为目标、旨在减少敌国士气的轰炸不仅面临道德困境，在实践中也很少取得成功，核威慑更是面临合法性和可信性的质疑。随着多方拥有核武器以及核武器数量的激增，一些人开始思考核武器是否可能仅凭自身就决定乃至避免战争，从而使其他军种无用武之地。就目前而言，核武器的出现终结了古老的"剑"和"盾"之间的技术斗争，迄今为止尚未有技术上的防御手段可以完全抵抗核攻击。核武器带来的相互确保摧毁导致了冷战期间两大对立巨头之间的核均势，在一定程度上消灭了大规模战争。即便如此，对核武器的战略性使用并未能阻止对其战术性使用，以期使之适用于"有限战争"场景的尝试，尽管在一些人看来，对"小当量"核武器的"有限核使用"也是不可接受的。

（四）非对称战争中的战略

相较于战争双方都代表得到承认的国家和政府，由具有同样规模、组织和装备的军队按照默认或成文的法律规则作战的常规、对称战争，该书所探讨的非对称战争主要关注拥有权威的一方与以暴动形势挑战对手权威和地位的一方之间，也可以说是正规军与非正规/相对非正规军队之间的战争。非对称战争历史悠久，但其含义的变化十分频繁以致引发术语混乱。该书认为，美国独立战争以及法国大革命和拿破仑战争使非对称战争（或曰"小型战争"）从由职业的专门部队进行的特殊行动，转变为以意识形态驱动的"人民战争"或者说"暴动"。由此，该书分别从发起"暴动"（游击战或人民战争）以及镇压"暴动"的角度探讨不同战略维度的运用，并特别强调，不论对哪一方而言，赢得民心都具有至关重要的作用。说服力——而不是强加的意志——是非对称战争成功的核心。

值得一提的是，尽管《战略的演变》一书主要聚焦西方战略思想，但是在非对称或"小型"战争的篇章里，该书大量提及非西方的战略思想，不仅将孙子的著作视为所有关于非对称战争写作的起点，而且还重点讨论了毛泽东、武元甲等战略家关于游击战的思想与实践。

三、浅评刍议

如果要对《战略的演变》一书进行精辟而周全的点评，非长期沉浸于战略与军事思想，对战争研究领域的大家杰作如数家珍不可。然从一个初学者的角度，亦可总结出几点研读此书后的收获。

（一）主题聚焦

战争是人类社会一个古老而宏大的主题，衍生出太多的人类文明成果。当人们研究战争时，可能研究指挥艺术、技术形态、战争伦理、经典战例等，不胜枚举；涉及的学科融贯政治学、经济学、社会学、历史学、心理学、哲学、军事学等，不一而足。在翻开一本有关战争的书籍之前，很难想象书中将就何问题进行怎样的探讨。《战略的演变》一书首先聚焦于"战略"问题，将对战争的思考凝聚到探寻使用武力或威胁使用武力与实现政治目的之间的联系上，从而将对技术、战例、伦理等的探讨都纳入是否有助于实现政治目的这一主题。然而，即便聚焦于战略，仍会面临这样一个问题：没有一个固定、公认的框架决定战略文献应该对哪些问题进行探讨。实际上，在不同历史时期，战略关注的问题都是不一样的，某些问题在某一时期是不言自明的，在另一时期则可能引起激烈争论。因此，在阅读这本书时，我们可以观察作者对不同历史时期重要战略主题的判断和选取，其本身就是一个值得研究的问题。而把作者在不同章节对同一主题（如：对进攻或防御的偏好、对战争的约束等）的探讨串联在一起，又几乎可以形成一篇篇或详或简的文献综述，呈现出不同时代的战略思想家围绕这些主题进行讨论的演变脉络。

（二）构建框架

尽管战争思考涉及的主题如此纷繁，但是《战略的演变》一书仍从横向和纵向上为读者构建了一个理解战争与战略问题的基本框架。总体上，该书将战略划分为一般性战略（陆战战略）、海军和海洋战略、空中力量和核战略以及非对称战争中的战略。各种战略间既存在横向的并列、传播关系，也存在纵向的继承与发展关系。在选择探讨不同时期不同战略的参照问题时，该书侧重考察人们对战争的态度、战争的理由与目的、战争的主体和对象，以及战争的形态与偏好（消耗战还是歼灭战，进攻还是防御，等等）。由此，在该书所展开的战略思想史图景中，我们可以再次确认，在从古至今的战争与战略思考中，因何而战、由谁来战、与谁为战、如何而战的问题构成最基础而广泛的框架。[1]而该书在纵向时间维度上略微模糊的组织方式，[2]亦有助于初学者对战争与战略演变的阶段性特征，以及不同时代和思维模式之间的交叠性形成初步的认识，进而加深对该书有关战争不是单向演变之结论的理解。

（三）见仁见智

对于书中的大部分问题，作者都尽可能中立地呈现多种观点，这也许会造成一定困扰，使读者难以形成清晰直观的结论。但是这往往更接近历史的真实，因为历史不是照着教科书答题，很难有统一而确定的答案。即便是在进攻崇拜盛行的时代，仍有呼吁防御性战争的声音。某一时代微弱的呼声可能就是下一个时代的主流，因而战略史上的每一种见地都有其价值。从这一意义而言，《战略的演变》一书可以被视为一部方便读者检索并进行更深入的研究的战略思想的索引。这种博采众家观点，按照特定主题重新组织的方式可能不利于理解某一战略思想家的思想全貌，但这原本也不是该书的目的，读者可以在作者的其他著作[3]或其他研究战略思想家的著作[4]中寻找答案。同样，相信读完这本书，对于是否存在"西方的战争方式"等问题，读者们也会有见仁见智的答案。

通过该书对从古至今战争思考进行的梳理，我们可以发现，战略的内涵和外延是不断变化的，战略的重要参数——例如战争的目的和手段等——也一直在变化，只有人们对指导战争永恒原则的探求是不变的，不论这种探求诉诸的是过去的历史经验、理论反思还是未来的技术发展。总之，战争与战略的演变都不是单向的，而是波动起伏、循环往复的，因而研究战略思想的演变历史有其重要价值。

> 战略的内涵和外延是不断变化的，战略的重要参数——例如战争的目的和手段等——也一直在变化，只有人们对指导战争永恒原则的探求是不变的，不论这种探求诉诸的是过去的历史经验、理论反思还是未来的技术发展。

1　这一点从其他关于战争与战略的概括性介绍中也可得到对比印证。参见[英]劳伦斯·弗里德曼：《战略：一部历史》，王坚、马娟娟译，北京：社会科学文献出版社，2016年版；Margaret MacMillan, *War: How Conflict Shaped Us*, London: Profile Books Ltd., 2020；[以色列]阿扎·加特：《文明世界的战争》，钱铖译，上海：华东师范大学出版社，2022年版；等等。

2　亦可对比[美]彼得·帕雷特主编，戈登·克雷格、费利克斯·吉尔伯编：《现代战略的缔造者：从马基雅维利到核时代》，时殷弘等译，北京：世界知识出版社，2006年版；Colin S. Gray, *War, Peace and International Relations: An Introduction to Strategic History*, London: Taylor & Francis Group, 2011。

3　Beatrice Heuser, *The Strategy Makers: Thoughts on War and Society from Machiavelli to Clausewitz*, Oxford: Praeger, 2010.

4　例如，钮先钟：《西方战略思想史》，桂林：广西师范大学出版社，2003年版；钮先钟：《战略家：思想与著作》，上海：文汇出版社，2018年版；等等。

净评估的三个维度：历史、实践与方法

——《净评估与军事战略：回顾与展望论文集》介评

高　衡[*]

内容提要：《净评估与军事战略：回顾与展望论文集》是一本对净评估进行回顾与展望的论文集，该书由多位学者共同撰写，全面梳理和回顾了净评估的历史、方法和重要议题。在历史层面，该书既展现了马歇尔及净评估办公室在冷战时期的辉煌成就，也描绘了冷战后净评估办公室由于世界格局变化和美国战略调整而面临的尴尬且无奈的境地；在方法层面，该书详细说明了净评估与历史研究、情报研究以及科学方法之间的关系，展现了净评估在方法论上的多样性；同时，该书也阐述了净评估与美国的苏联研究以及"军事事务革命"之间的复杂关系，以案例研究的方式聚焦净评估在事关美国国防战略的重大议题上如何发挥了诊断性和指导性的作用。该书全景式地展现了净评估在美国国家安全战略中所起的重要作用，并且深入思考了净评估在当代大国竞争中应该扮演的角色。

关键词：净评估　军事战略　军事创新　安德鲁·马歇尔

近年来，有不少著作详细介绍了美国国防部的净评估办公室以及该机构的传奇"掌舵人"安德鲁·马歇尔（Andrew W. Marshall）的生平事迹，其中较为经典的作品包括美国学者安德鲁·克雷佩尼维奇（Andrew Krepinevich）和巴里·沃茨（Barry Watts）共同撰写的马歇尔个人传记《最后的武士：安德

---

* 高衡，北京大学国际关系学院博士生。

鲁·马歇尔与美国现代国防战略的形成》，[1] 以及由美国学者杰弗里·麦基特里克（Jeffrey S. McKitrick）和罗伯特·安吉维恩（Robert G. Angevine）共同主编的马歇尔访谈录《对净评估的思考》。[2] 随着美国的国家战略重心日益转向"大国竞争"，美国的相关智库也开始回顾和复兴冷战时期的净评估方法，试图从历史中寻找对未来的指引和启示。[3] 而本文介绍的《净评估与军事战略：回顾与展望论文集》（以下简称《净评估与军事战略》）[4] 一书堪称"净评估的百科全书"，该书收录了11篇文章，全面介绍了净评估办公室的历史沿革、研究议题以及在研究问题中所运用的方法技巧。

　　本文首先将简单介绍《净评估与军事战略》一书中的主要作者，接着依次介绍净评估的历史、实践以及方法，并评述该书主要内容，最后将讨论该书带给我们的启示，即值得继续思考的问题。

一、该书主要作者简介

　　《净评估与军事战略》是一本对净评估的历史、应用以及未来愿景进行全面探讨的论文集，一共收录了11位作者的成果，其中包括马歇尔亲自撰写的序言。在这11位作者中，既有来自净评估办公室的历史亲历者，包括曾任净评估办公室副主任的安德鲁·梅（Andrew D. May），曾任净评估办公室军事助理的巴里·沃茨、约翰·巴蒂莱加（John A. Battilega）和麦基特里克，也有来自政策界的权威人士，例如曾担任小布什政府空军部长的詹姆斯·罗奇（James G. Roche）以及曾在美国国防部长办公室负责军控政策的艾布拉姆·舒尔斯基（Abram N. Shulsky），还有美国高校和智库中长期从事传统安全和战略研究的学者，包括来自哈佛大学的斯蒂芬·罗森（Stephen P. Rosen）、俄亥俄州立大学

1　［美］安德鲁·克雷佩尼维奇、［美］巴里·沃茨：《最后的武士：安德鲁·马歇尔与美国现代国防战略的形成》，张露、王迎晖译，世界知识出版社，2018年版。

2　Jeffrey S. McKitrick and Robert G. Angevine, eds., *Reflections on Net Assessment*, Institute for Defense Analyses, 2022.

3　具体的成果例如：Jack Bianchi, Madison Creery, Harrison Schramm, and Toshi Yoshihara, *China's Choices: A New Tool for Assessing the PLA's Modernization*, Center for Strategic and Budgetary Assessments, July 14, 2022, https://csbaonline.org/research/publications/chinas-choices-a-new-tool-for-assessing-the-plas-modernization; Anthony H. Cordesman, Benjamin Jensen and Adrian Bogart, "Revitalizing Strategic Analysis for a New Era of Competition," Center for Strategic and International Studies, May 24, 2023, https://www.csis.org/analysis/revitalizing-strategic-analysis-new-era-competition; Anthony H. Cordesman and Grace Hwang, *Iran and the Changing Military Balance in the Gulf — Net Assessment Indicators,* Center for Strategic and International Studies, March 26, 2020, https://www.csis.org/analysis/iran-and-changing-military-balance-gulf-net-assessment-indicators。

4　Thomas G. Mahnken, ed., *Net Assessment and Military Strategy: Retrospective and Prospective Essays*, NY: Cambria Press, 2020.

的威廉森·默里（Williamson Murray），以及来自以色列赫兹利亚跨学科研究中心的迪米特里·亚当斯基［Dmitry（Dima）Adamsky］。本书的多数作者都有在政策界和学术界任职的双重经历，他们的文章能够将学术性思考融入对政策的解读，同时也能将丰富的政策实践经验灵活运用于理论的建构，作者们丰富的履历使得本书兼具很高的历史、理论和政策价值。

《净评估与军事战略》的主编者托马斯·曼肯（Thomas G. Mahnken）目前担任美国战略与预算评估中心（Center for Strategic and Budgetary Assessments）主席和首席执行官。与上文提到的诸多作者一样，曼肯也是一位横跨政策界、军界和学术界的学者，他曾服役于美国海军预备役部队，也曾在净评估办公室任职，还曾担任美国国防部负责国防政策规划的副助理部长，并参与了2006年四年期国防审查和2008年国防战略的制定工作。曼肯是一位十分高产的防务学者，善于将政策思考与历史写作有机结合，研究领域涉及国防产业、军事创新、军备竞赛、情报评估与作战研究。曼肯担任主席的美国战略与预算评估中心很大程度上继承了净评估研究的智力财富，该智库长于研究中长期时段的军事战略、作战概念、兵力结构以及国防产业等问题，并且具备很强的概念创新能力和政策影响力。例如，著名的"空海一体战"概念便由战略与预算评估中心提出。[1] 近年来围绕"印太"地区的军事态势，该智库还提出了"马赛克战""侦察威慑""决策中心战"，以及关于西太平洋常规威慑的概念和政策建议。

二、净评估的历史、实践与方法

（一）历史中的净评估

净评估办公室是美国国内诸多战略评估机构的代表之一，自创立至今，该机构经历了由盛转衰的历程。

最早的净评估机构可以追溯至1953年艾森豪威尔政府在国家安全委员会中成立的特别评估小组委员会（SESC），此后净评估便成为美国政府的一项经常性活动。在艾森豪威尔政府执政时期，净评估机构更名为净评估小组委员会（NESC），该小组每年都对美苏全面核战争的可能后果展开评估，直至1965年美国国防部长麦克纳马拉解散该委员会。然而在之后的几年，美国国内要求在国家安全委员会或国防部内重建净评估机构的呼声不断出现，最终导致尼克松在1971年成立了国家安全委员会的净评估小组。曾担任国家安全委员会顾问的马歇尔被邀请领导净评估小组，这也使他进入了政府机构工作。1973年10月，伴

---

1 Jan van Tol, et al., "Air-Sea Battle: A Point-of-Departure Operational Concept," Center for Strategic and Budgetary Assessments, 2010, https://csbaonline.org/research/publications/airsea-battle-concept.

随着第一次国家净评估的开展，亨利·基辛格（Henry Kissinger）默许了时任美国国防部长詹姆斯·施莱辛格（James R. Schlesinger）的要求，将马歇尔和他的小组成员以及净评估小组的职能转移到五角大楼，自此国防部净评估办公室成立并延续至今。在施莱辛格的支持下，马歇尔开始将诊断性净评估发展成为一种新的国防情报分析形式，净评估的目的在于为国防部长和其他国防部高级规划人员就战略问题以及国防领域中出现的新兴趋势提供研判和预警。在20世纪70—80年代，净评估办公室的军事平衡项目试图对美国、苏联及其盟国在最重要的军事竞争领域的相对实力进行评估，这些领域包括：美苏战略核力量、中欧地区的军事平衡、美苏海上力量以及防务负担。

可以说，净评估办公室的诞生既与美国二战后经常性的和较为制度化的战略评估活动紧密相关，同时也离不开以下四个在冷战时期影响美国国防规划的背景性因素：第一，由于面临来自苏联单一且压倒性的"威胁"，美国高度关注国防规划；第二，苏联的"威胁"具有长期性，两极格局也十分稳定，因此美国需要长期且持续性的战略举措；第三，大国之间的核竞争激发了人们对军事平衡评估的迫切需求，因为任何误判都可能导致万劫不复的灾难；第四，美国在越战末期开始削减国防开支，导致战略的长期有效性遭到质疑，也正是在这种情况下，美国开始重视战略思维。

早在冷战结束前，马歇尔就开始转向关注常规精确制导武器和广域传感器与计算机作战网络集成所带来的军事革命的前景。冷战结束后，净评估办公室的多数分析和努力都致力于让美军对成熟的精确打击体系所引发的"军事事务革命"的长期影响展开思考和辩论。但是，在推广"军事事务革命"的阶段结束后，净评估办公室逐渐失去了往日的活力。由于美国在冷战后相当长的一段时间内难以制定一套目标清晰且连贯的大战略，净评估办公室长期处于无所适从的状态。从20世纪90年代中期到2001年，净评估办公室只进行了一项净评估，即1998年的一项海底分析，该分析研究了美国大陆架上的海底基础设施面临的威胁。而在美国转向反恐战争后，尽管净评估办公室仍然不懈地在国防部分发备忘录，希望国防规划人员注重长期战略以及那些有助于美国维持优势的领域，但结果均收效甚微。而后马歇尔时代的净评估办公室受到了效率不高、外包研究过多以及迎合"政治正确"等方面的指责，目前的领导人詹姆斯·贝克（James H. Baker）也卷入了美国政治斗争中，净评估办公室能否在新的"大国竞争时代"重现往日辉煌，仍然要打上问号。

（二）实践中的净评估：成就与限度

1. 净评估在实践中的成就

（1）建立竞争性的分析框架

净评估是一种评估国家间动态竞争的分析框架或分析方法。因此对于净评估而言，首要任务便是确定如何分析国家间或军事组织间的竞争性互动，它假设国家和其他参与者的关系既非冲突也非合作，而是围绕不同的目标展开竞争。不同竞争者在战略上并非封闭自守，而是你来我往。净评估同样假定竞争者可能基于对世界不同的看法而采取不同的行动。具体到军事领域，这意味着不同的国家虽拥有相似的"硬件"，但使用方式却可能存在差异，例如装备相同武器的国家却可能表现出截然不同的军事绩效。

马歇尔建立的净评估分析框架包含三个重要的组成部分：行为者、行为者所处的环境，以及长时段的研究尺度。

行为者

马歇尔认为，净评估面对的行为者包括国家和国家中的军事组织，而对国家及其军事组织的评估不能只看可以量化的数据，而是需要了解它们的优势和劣势、资源和信息约束，以及它们独特的文化与历史传统。

首先，现实中的国家和军事组织并非是铁板一块且只追求收益最大化的"理性人"，官僚政治、组织机构的日常行为路径以及文化因素很大程度上影响了不同行为者的决策和行动，这些因素经常导致双方都将次优行为作为首要行动选择。马歇尔在兰德时期就非常反对在研究苏联时采用"领导人决定论"的假设，他认为苏联军队是一个庞大且复杂的组织，拥有自己的行为特点，而不是被动反映领导人观点的机器。[1]

其次，国家和军事组织的行为难以摆脱有限资源和信息不足的"硬约束"，也就是说，任何行为者都必须在高度受限且不确定的环境中开展行动。马歇尔在采访中谈道，兰德早期的分析员非常不重视总体资源的约束作用，他们往往认为预算问题只是行政或立法机构人为制造的障碍，而不是一个与他们研究议程相关的影响因素。[2]因此马歇尔的主要任务就是说服这些分析员重视宏观经济和长期经济趋势对其研究问题的重要影响，而这一想法后来也融入净评估框架中。马歇尔对苏联国防负担的重新评估便是这一思想的最佳体现。

信息不足带来的则是不确定性，可以从两个层面来理解不确定性对行为者的影响。第一个层面是不能指望任何工具完全模拟现实情况，无论是兵棋推演、模拟仿真还是未来的人工智能，它们所能做的工作更多的是在特定的框架下证实或证伪某个具体问题的可行性，不能指望提供行动的细节或预测结果，因为很多事情的结果往往由系统外的因素决定，而这些因素并不提前为人知晓。第二个层面则是，由于无法获得足够的信息，国家或军事组织在不确定环境中的很多行为都是基于其独特世界观而非信息本身做出的，而这套世界观反映了一系列隐含

1　Robert G. Angevine and Jeffrey S. McKitrick, "Andrew Marshall and Net Assessment," *Journal of Strategic Studies*, December 20, 2021, https://doi.org/10.1080/01402390.2021.2003784.

2　Robert G. Angevine and Jeffrey S. McKitrick, "Andrew Marshall and Net Assessment," *Journal of Strategic Studies*, December 20, 2021, https://doi.org/10.1080/01402390.2021.2003784.

的假定，这些假定可能受到历史传统、文化习俗、组织流程以及决策者个人偏好等因素的影响，即便在信息冗余的情况下，也很容易出现对情报的选择性使用或忽视。因此，理解对手可能比事无巨细地搜集对手的情报更重要。例如，冷战时期，美国陆军作战分析局开发了一种被称为"武器效能指标/加权单位值"（WEI/WUV）的系统，该系统通过量化苏联武器与美国武器的火力、机动性和生存能力，以衡量特定武装力量的潜力。该系统给不同的武器赋予了不同的数值标准。即便如此，该系统并不能准确地反映指挥与控制、军事学说、士气以及领导力等影响战争结果的重要因素，其对历史战役的模拟也并不能得出令人信服的结论。[1]

行为者所处的环境

尽管净评估办公室开展的评估项目主要聚焦于军事战略、国防规划以及战场作战，但是马歇尔并未将研究的视野仅仅局限在军事领域，他非常重视行为者所处的环境或者说"背景"（context）的重要性。这里的环境指的是一些无法被行为者直接控制的因素，例如地理环境、气候变化、流行性疾病、人口出生率以及技术变革等。

马歇尔在评估苏联军事力量时，尤其关注苏联的人口状况，例如，净评估办公室资助了一个采访苏联移民的项目，以了解苏联的征兵体系。该研究项目指出，虽然传统上苏联军队以斯拉夫人为主，但来自中亚地区非俄罗斯裔兵源比例在每年新增入伍的士兵中逐年提高。采访显示，非俄罗斯族裔血统的士兵通常被分配到非战斗岗位，例如铁道部队和建筑部队，或者在一线部队担任炊事员或者杂务工作。他们不能操作技术兵器，例如不能成为坦克手，因为他们得不到信任或者俄语不够流利。最后的评估显示，苏联新征士兵较低的技能水平影响了装备维护以及驾驶和读图这些基础能力，[2]导致苏军的武器装备无法发挥最大效能。除了苏联的民族问题，净评估办公室对苏联人口研究的议题还包括苏联的医疗条件和健康保障情况、酗酒和吸毒状况，以及社会老龄化和预期寿命等。[3]

长时段的研究尺度

净评估非常注重中长期趋势研究的重要性，这种思考通常横跨20年到30年，试图从较为连贯的时间框架反映国家军事力量相对于潜在对手的优势与劣势。因此，净评估非常强调对军事和非军事领域的趋势分析。

马歇尔在采访中谈道，只有基于较长的时间尺度建立竞争框架，才能够使研究者注意到一系列相互关联的竞争目标，而在对短期具体问题的分析中，这种复杂性往往无法体现或者被忽视了，[4]因为研究者需要将复杂的东西简化或还原为具

---

1 Thomas G. Mahnken, ed., *Net Assessment and Military Strategy*, p.18.

2 Thomas G. Mahnken, ed., *Net Assessment and Military Strategy*, pp.8-9.

3 Thomas G. Mahnken, ed., *Net Assessment and Military Strategy*, p.133.

4 Robert G. Angevine and Jeffrey S. McKitrick, "Andrew Marshall and Net Assessment," *Journal of Strategic Studies*, December 20, 2021, https://doi.org/10.1080/01402390.2021.2003784.

体的步骤，从而导致"只见树木不见森林"。此外，很多问题只有在连续的时间尺度中才能够显现清晰的轮廓。例如，在20世纪80年代末为综合长期战略委员会（CILTS）工作时，马歇尔便预感到三个重要的趋势正在显现，即苏联的衰落、精确制导武器的扩散以及苏联军队提出的"军事–技术革命"[1]正在到来，而"军事–技术革命"所带来的战争形态的革命性变化，需要放在几十年的时间尺度中进行思考，并且要求美国的国防规划者们随时为各种可能的突发事件做好应对准备。

（2）开拓性研究与认知纠偏

在冷战期间，净评估办公室的主要任务是对既存战略问题的现状和演变开展评估，例如，美苏战略核力量、海军能力和力量投射能力、中欧前线军力对比、反潜战、指挥与控制问题，以及中东、东北亚和太空的军力对比情况等。除此之外，相较于美国其他的评估机构，净评估办公室最大的成就便是进行了大量的开拓性研究，尝试踏入很多机构不愿涉足的领域，或对大家习以为常的解释作出挑战，这其中就包括将不对称性思维应用于美苏竞争，对"军事事务革命"这一概念的建构和提倡，以及重新评估苏联的防务负担。

不对称性思维的应用

不对称性思维要求对敌我双方的优势和劣势进行全面的评估，找到对手劣势所在，进而运用己方优势，以最小的代价让对手付出最沉重的成本。这一思想最典型的体现是美国的竞争战略，这一战略的目的就是通过自身的相对优势将巨大的竞争成本强加给竞争对手，迫使竞争对手在两种结果中作出选择：要么在明显不利的基础上持续竞争，要么选择退出竞争。[2]同时，不对称性思维也要求及时评估己方的弱点，做到防患于未然。

美国的传统战略思维方式更关注对手的优势领域，甚至经常"料敌从宽"，放大对手的威胁，而不太关注对手可以被利用的缺陷。该书中写道，美国国防情报局在20世纪70年代拒绝讨论苏联坦克部队的弱点，理由是即便弱点存在，苏联人也会对其进行弥补。[3]不对称性思维在政策方面的体现始于1976年马歇尔为时任国防部长唐纳德·拉姆斯菲尔德（Donald H. Rumsfeld）准备的报告——《在持久的政治–军事环境中对苏联的军事竞争战略》，[4]该报告的结论指出，比起单

1　军事–技术革命（Military-Technology Revolution，MTR）后被马歇尔命名为"军事事务革命"（Revolutions of Military Affairs，RMA）。

2　徐若杰：《成本强加：美国遏制苏联的竞争战略及其特点（1983—1991）》，《战略决策研究》，2019年第4期，第19—35页。

3　Thomas G. Mahnken, ed., *Net Assessment and Military Strategy*, p.183.

4　Andrew W. Marshall, "Strategy for Competing with the Soviets in the Military Sector of the Continuing Political-Military Competition," Office of Net Assessment, 1976, https://americawar.files.wordpress.com/2012/12/marshallonsoviet.pdf.

纯反制苏联的"威胁"，美国更应该利用苏联的"弱点"。这一观点得到了拉姆斯菲尔德继任者哈罗德·布朗（Harold Brown）的重视，并且直接影响了美国空军新型轰炸机B-1"枪骑兵"的设计和研发。[1]不对称性思维还体现在净评估对美军和苏军的指挥、控制和通信（C3）能力的评估中。该评估认为，苏军对C3能力的理解更加成熟和体系化，因为苏联已经将指挥、控制与通信列为高度优先和独立的作战领域，并且拟定了在不同情况下实施行动的条令和方法。相比之下，美国关于C3能力的观念则十分零散，主要侧重于技术，缺乏综合性的作战理论与条令的指导。该评估还引发了美国对C3能力问题的全面研究，为未来对C3能力的评估与发展提供了支撑。

建构"军事事务革命"

净评估办公室与"军事事务革命"这一概念的建构和传播密不可分。"军事事务革命"源于"军事-技术革命"概念，而"军事-技术革命"又源自苏联对美国第二次抵消战略的评估。亚当斯基认为，尽管20世纪70年代美国率先在诸如精确制导武器和超视距传感器等技术领域取得了巨大的突破，但是美军仅仅是将先进技术作为抵消苏联在中欧常规力量优势的工具，而并没有思考技术变革可能导致的战争形态的变化。尽管苏联在技术竞赛中处于落后的地位，但是却长于对概念的演绎和创造。[2]1984年，苏联总参谋长奥加尔科夫元帅（Marshal Ogarkov）认为，采用远程高精度制导弹药的自动化察打综合体（automated reconnaissance-strike complexes），辅以计算机控制系统的进步，将大大增强常规武器的杀伤力，使之在战场上达到更接近核武器的效能。

苏联的观点引起了马歇尔的关注，在仔细梳理苏联军事文献后，马歇尔敏锐的判断力促使他将注意力转向由技术突破带来的战争方式的革命。净评估办公室于20世纪80年代末启动了对苏联军事技术革命愿景更详细的评估，而有关海湾战争初步教训的总结进一步促进了这项研究。1992年净评估办公室发布了由克雷佩尼维奇撰写的关于"军事-技术革命"的公开报告，随后，马歇尔用"军事事务革命"一词替代了"军事-技术革命"，他指出，"军事-技术革命"最困难和最重要的组成部分不是新技术本身或如何应用，而是如何为新的军事体系开发新的作战概念，以及如何最有效地组织军队使用这些作战概念。"军事事务革命"的概念一经提出，便引发了美国国防界的热烈讨论，马歇尔也通过举办研讨会和兵棋推演，以及资助民间学者研究军事创新等方式将这一概念广泛传播。尽管从

1　研发B-1轰炸机背后隐含的假设是，苏联十分重视领空安全，会将大量的资源投入国土防空中，而B-1轰炸机超音速突防的能力可以迫使苏联继续加大对防空项目的投资，从而减少其在进攻性领域的资源投入。

2　Dima Adamsky, *The Culture of Military Innovation: The Impact of Cultural Factors on the Revolution in Military Affairs in Russia, the US, and Israel*, California: Stanford University Press, 2010, pp.131-141.

客观结果来看，"军事事务革命"在美军中的推进并不顺利，但是马歇尔和净评估办公室的努力为各国的国防规划和战略研究人员提出了一个明确的问题，即如何在和平时期推进军事创新，以及如何有效利用军事创新带来的机遇提升本国军队的军事绩效。

认知纠偏：评估苏联防务负担

冷战期间，净评估办公室与中情局围绕苏联防务负担的评估问题展开了一场"漫长的战役"。马歇尔对中情局关于苏联防务负担的质疑，与其说是出于"理解对手"，不如说更多的源自常识，因为中情局对苏联国防负担的判断与其提出的另外两个判断自相矛盾：其一，苏联的国民生产总值至少是美国的一半；其二，苏联的国防开支比美国高出150%—160%。综合这两个判断，中情局本应推断出苏联的军事负担至少比美国多一倍。然而，中情局的情报分析师坚持认为，20世纪70年代初苏联的军事负担与美国相同，占国民生产总值的6%—7%。

马歇尔私下认为，苏联的军事活动可能占据了国民生产总值的10%—20%。为了印证这一判断，马歇尔作了两方面的努力：首先，围绕苏联军费开支可能的项目和苏联国家总体经济状况建立评估模型；其次，持续推动情报机构关注这一问题，并且广泛资助体制外的学者开展独立评估，被资助学者既包括马歇尔在兰德公司的前同事，也包括流亡美国的苏联经济学家伊戈尔·伯曼（Igor Yakovlevich Birman），像伯曼这样的流亡者为马歇尔提供了更加"苏联化"的视角。冷战后对苏联经济数据的研究结果更加印证了马歇尔的判断。

马歇尔及净评估办公室关于苏联防务负担评估的不懈努力，在一定程度上迫使中央情报局小幅度修改了评估结果。净评估办公室作为美国国防部长的咨询机构，固然没有能力撼动情报界的固有认知，但是，多一种不同的声音就意味着多一分打破决策流程中回音壁的可能性。正如净评估办公室前台的一句标语所言，"人一生能避免的愚蠢是有限的"。几十年来，马歇尔与他手下的工作人员、同事和合作者都在孜孜不倦地致力于扭转美国国防和情报机构的错误认知。

（3）促进战略和传统安全研究的发展

净评估是一项致力于国防规划的应用型分析框架，但马歇尔以及净评估办公室并没有忽视基础研究尤其是战争史研究的重要性。马歇尔与诸多从事历史研究的学者保持了密切的合作关系，他们也为净评估办公室的诸多项目作出了巨大贡献。例如，在推广"军事事务革命"的过程中，净评估办公室资助历史学家默里和艾伦·米利特（Allan Millett）撰写了关于这一时期军事转型的一系列书籍。

有学者将20世纪70年代中后期到80年代末称为美国国家安全研究的复兴时期，[1]这一时期恰好与净评估办公室的成立和发展同步，净评估办公室也的确为美

1　于铁军：《霸权的护持：冷战时期美国的国家安全研究》，《国际政治研究》，2022年第5期，第9—38页。

国的传统安全和战略研究作出了巨大贡献。马歇尔资助了欧内斯特・梅（Ernest R. May）等人基于高度机密材料进行研究，开创了美国利用历史研究方法理解战略评估问题的先河。在大战略研究方面，马歇尔积极支持默里等学者的写作和出版，由此诞生了包括《缔造战略》（*The Making of Strategy*）、《大战略的塑造》（*The Shaping of Grand Strategy*）、《成功的战略》（*Successful Strategies*）和《缔造和平》（*The Making of Peace*）等大战略研究作品。除此之外，净评估办公室对诸多安全与战略研究者进行召集，使他们形成了一个紧密的学术共同体，而学术共同体反过来又促进了战略史和军事史的研究。

除了促进传统的安全与战略研究的发展，马歇尔和净评估办公室还促成了诸如军事创新与军事绩效等新兴研究议题的出现。以军事创新这一议题为例，该领域受到了"军事事务革命"概念的深刻影响，颠覆性地改变了历史学家和战略研究者看待历史上军事变革的思维方式，从而促进了一大批研究成果雨后春笋般地出现。而这一研究议程在冷战结束后不断开枝散叶，目前已经形成了由数个不同流派组成的成熟学科。[1]

2. 净评估在实践中的局限性

净评估的局限性主要体现在以下三个方面。

首先，净评估能否发挥其强项取决于是否有明确的国防和军事战略牵引。冷战时期，美国的国家战略和军事战略完全服务于遏制苏联，这导致美国国防部的战略需求相对稳定，而美苏对抗的核心区域主要位于中欧地区，从而进一步缩小了净评估的重点评估领域和范围。冷战时期净评估办公室的四个核心项目——美苏战略核力量、中欧地区军事平衡、美苏海上力量以及苏联的国防负担——都是美国国防规划中的核心任务，情报界、国防部、高校以及各大智库对这些问题积累了充分且丰富的研究经验和数据，并且培养了较为成熟的人才队伍，这些都为净评估办公室的工作打下了基础。而在冷战后，美国长期面临战略失焦，"9・11"事件的爆发又使美国的国家大战略出现应激性的政策转向，这也导致净评估在冷战后迟迟无法确定研究方向和议题，只能被动跟随政策的变化，其评估议题的分散化也损害了净评估办公室作为专业性国防规划咨询机构的权威性。

其次，净评估办公室的地位高度依赖办公室主任与国防部长的私人关系，具体而言就是马歇尔与国防部长的关系。净评估办公室的创建与存续是一个高度巧合和偶然的结果，如果没有马歇尔与施莱辛格早年在兰德公司建立的良好私交，那么净评估办公室可能只是美国国安委下属的一个默默无闻的"打杂"机构，不可能拥有在国防部中承担自主独立研究的机会；而如果缺少拉姆斯菲尔德和布朗

---

1 Adam Grissom, "The Future of Military Innovation Studies," *Journal of Strategic Studies,* Vol.29, No.5, 2006, pp.905-934 ; Michael C. Horowitz and Shira Pindyck, "What Is a Military Innovation and Why It Matters, " *Journal of Strategic Studies*, Vol.46, No.1, 2023, pp.85-114.

两位国防部长的"慧眼识珠"，净评估办公室可能会因为缺少实际成果或因为党派政治的原因提早黯然退场。不过，即便作为一个正式机构存在，净评估办公室也随着国防部长的更迭经历着地位的起伏。在施莱辛格担任国防部长期间，慑于马歇尔和施莱辛格的私交，五角大楼内部的官员都小心谨慎地对待马歇尔；在卡斯帕·温伯格（Caspar W. Weinberger）担任国防部长的时期，他有意将净评估办公室边缘化，将其转隶至负责政策的国防部副部长门下；而到冷战结束后，担任国防部长的威廉·科恩（William S. Cohen）甚至想废除净评估办公室，只是碍于前任数位国防部长的反对和威望才悻悻作罢。与国防部长关系的起伏也影响了净评估办公室的产出：马歇尔向布朗提交了11份评估报告；而从1982年到1992年，向温伯格、弗兰克·卡卢奇（Frank C. Carlucci）和理查德·切尼（Richard B. Cheney）一共才提交了8份评估报告；从1993年到2001年，向小莱斯·阿斯平（Leslie Aspin, Jr.）、威廉·佩里（William J. Perry）和科恩只提交了4份评估报告。[1]

　　净评估作为诞生于冷战期间的研究方法，其底色仍然是定量研究，尽管马歇尔试图在其中加入更多的人文因素，但这些因素不可避免地要为最终的量化研究服务。这就决定了净评估方法更加适用于技术兵器发挥重要作用的领域，如核战略、海军和空军战略，但是对于涉及组织、文化、士气以及人类激情等多种因素的陆战，净评估在"拨开战争迷雾"上仍然力不从心。马歇尔团队运用繁杂的模型和指数，才推断出德军在1940年战役中占据优势的原因，远没有通过战役法和战争史来得简单明快。

　　最后，净评估作为一个"诊断问题"而非"开处方"的情报分析框架，既存在优势也存在弊端。其优势在于，这种框架鼓励非标准化和开拓性的分析方式，跳出传统情报分析路径的视野，能够将历史、理论、政策、定性、定量、模拟和推演等多种研究方法和路径融会贯通，从而为美国的国防规划者提供更加完整、清晰和长期的图像，避免了很多情报分析只注重当前形势、忽视前因后果，以及注重情况搜集而非严谨分析的缺点。但是，开创性研究提出的概念往往难以落实，并且概念会在长期演化的过程中逐渐脱离提出者的初衷，甚至成为神话的来源。这里与其说是在苛责净评估办公室的努力，不如说是为了提醒读者，在评估诸如"竞争战略"和"军事事务革命"这样的概念时，要结合当时的历史背景以及事后成果来综合评估其历史影响。例如，"竞争战略"实际成效仍然存疑，因为到目前为止缺乏强有力的史料证明苏联受到这一战略的影响，也很难说"军事事务革命"对美军产生了实质性影响，在冷战后美国大幅缩减国防预算的情况下，这一概念也被异化成了各个军种借机争夺预算的幌子。

---

1 Thomas G. Mahnken, ed., *Net Assessment and Military Strategy*, p.104.

（三）净评估的方法与工具

净评估没有特定的方法，如果从方法论的角度定义净评估，那么净评估是一个以问题为导向、运用跨学科分析工具的诊断性评估框架。净评估的跨学科特性既源于马歇尔个人的研究偏好和背景经历，也来自美国在二战中运用跨学科人才服务于作战分析的历史传统，以及二战后利用社会科学服务美国国家战略规划的成熟经验。[1] 而如何运用跨学科的优势，马歇尔和净评估办公室也给出了答案，那就是开展基于共同问题的研究，共同的问题意识有助于分析者选取最合适的分析工具，同时有助于最大化地减少不同学科内在特性差异对研究造成的干扰和不确定性。

净评估运用的分析工具多种多样，其中既包括建模、建立数据库、仿真模拟等统计和量化手段，也包括兵棋推演、案例研究、专家访谈等服务于定性研究的手段。精细的情报和过硬的数据是净评估赖以推进的重要基础，而建立在对历史、文化和组织分析基础上的定性研究则有助于分析者形成多样化思维方式，并且以动态的视角评估行为者之间的竞争，二者不可偏废。

三、值得继续思考的问题

从该书的内容以及净评估办公室的历史发展角度出发，本文认为有以下三个问题值得在未来继续探讨。

第一个问题是，净评估办公室如何长期维持其影响力。上文提到，净评估办公室的创设源自独特的历史机遇，而其影响力也取决于净评估办公室主任与国防部长的关系。如果只从这个角度看，净评估办公室似乎是一个高度依赖于私人关系网的部门，但是无论是在与国防部长的蜜月期还是冷淡期，净评估办公室都能够对美国的国防战略起到参考的作用。正如该书中所言，"不同的国防部长对净评估办公室有着不同的使用方式。施莱辛格、拉姆斯菲尔德和布朗是其分析方法的消费者。其他人如切尼看到了净评估办公室人才资源的价值。还有一些人，如温伯格、卡卢奇、佩里，甚至科恩，都是其观点的消费者"。[2] 净评估办公室之所以能够长期发挥作用，核心还是源于其独特的分析框架与政策产品、前瞻性的视野、对特定议题的长期跟踪、敢于开拓不成熟的研究领域，以及更为重要的人才队伍建设，这些都是值得学习的宝贵经验。

第二个问题是关于净评估的研究方法，即如何在不确定的环境中建立评估框

---

1 牛可：《智囊的智性：美国社会科学史中的安德鲁·马歇尔》，《世界知识》，2018年第6期，第66—67页。

2 Thomas G. Mahnken, ed., *Net Assessment and Military Strategy*, p.112.

架。净评估在实践中面临的一个重大问题是重要情报的缺失，一方面由于诸如他国领导人意图这样的重要情报难以获取，另一方面任何情报的获取都面临国内不同情报机构间组织竞争的掣肘。因此，如何在"战争迷雾"环绕的不确定环境中开展评估是一个值得思考的问题。马歇尔及净评估办公室给出的答案是：首先，从"顶层出发"，借助有限的情报和基础研究的理论工具建构系统性的分析框架，并确定主要的研究问题及影响因素。尽管这一分析框架对某个国家的特性的诊断并不一定完全准确，但依靠分析框架中对各种长期因素的分析，仍然能够把握研究对象的规律性行为。其次，即便是在有限的信息中，也要从对手的角度出发评估和分析问题，如果陷入"镜像思维"的陷阱，那么情报越多就越可能强化固有偏见，进而增加分析结论对决策造成的误导。而要做到"理解对手"，则离不开对基础研究的长期支持与培育，净评估的成就正是建立在对多学科基础研究的综合运用之上。最后，在人才队伍建设方面，需要培养一批具备语言能力和区域国别知识的专家。此外，还需要培养掌握战略评估目标和方法的人才，以识别本国和其他国家的优势和劣势，并解释其背后的影响。

如何在"战争迷雾"环绕的不确定环境中开展评估是一个值得思考的问题。马歇尔及净评估办公室给出的答案是：首先，从"顶层出发"，借助有限的情报和基础研究的理论工具建构系统性的分析框架。其次，即便是在有限的信息中，也要从对手的角度出发评估和分析问题。最后，在人才队伍建设方面，需要培养一批具备语言能力和区域国别知识的专家。此外，还需要培养掌握战略评估目标和方法的人才，以识别本国和其他国家的优势和劣势，并解释其背后的影响。

第三个问题是，如何看待净评估办公室在政策界和学术界之间的桥梁作用。净评估办公室为来自不同学科的研究者提供了共同的研究方向，而只有对共同问题的研究才有助于形成以问题为核心的学术共同体。此外，净评估办公室为许多从事相关学术研究的学者提供了平台和资金支持，确保了很多冷门领域学术研究的持续性，这些研究的成果最终也反哺了净评估的工作。如何形成一套政策–学术互动的良性机制，仍然是一个值得探讨的话题。

难解的"相关性问题"

——《舍本逐末：美国社会科学对国家安全政策影响力何以式微》评介

同子怡[*]

内容提要：《舍本逐末：美国社会科学对国家安全政策影响何以式微》一书梳理了第一次世界大战以来美国国际关系相关学科的发展脉络，考察了学界面临的如何平衡学术严谨性与政策相关性的难题，并得出了国家安全的学术研究正变得越来越舍本逐末的结论。全书以"相关性"一词为核心线索，运用翔实可考的材料和细致严谨的论述分析相关性问题反复出现的原因，认为需要改善国际关系学科方法论至上的状况，这对处理政学关系和国际关系相关学科自身发展将会有所裨益。

关键词：国际关系　国家安全　政策相关性　学术严谨性

长久以来，如何保证学术界为政策界提供切实可行的智识资源是社会科学研究的重要议题。《舍本逐末：美国社会科学对国家安全政策影响力何以式微》（以下简称《舍本逐末》）一书正是在此意义上追问国际关系等社会科学与国家安全政策实践相距几何，作者迈克尔·C.德施（Michael C. Desch）在书中对这一问题进行了深入的追溯与考察。德施梳理第一次世界大战以来以国际关系子领域为代表的政治科学的学术发展脉络，回顾政策制定者与学者之间的互动关系，并得出总体上社会科学在国家安全方面的影响力正在逐步缩小的结论。该书认为，学

---

* 同子怡，北京大学国际关系学院博士研究生。

界最终无力解决重大国家安全问题，这在很大程度上是由于从事安全研究的社会科学学者醉心于效仿自然科学的研究方法，而疏于关注真正重要的政策议题。[1]

德施是美国圣母大学国际安全中心主任、国际关系学教授，长期研究政治科学学术界与政策界的关系问题。[2]《舍本逐末》一书内容涵盖国际关系、国家安全、公共政策等广义的政治学门类，对社会科学整体的研究趋势亦有所反映，2019年出版后在美国学界引起广泛讨论。本文将首先介绍作者的基本观点与分析框架，梳理书中核心的"政策相关性与学术严谨性"的关系问题；其次，从三方面论述此书的特色与贡献；最后，尝试讨论书中存在的逻辑层面与经验层面的潜在不足。

> 该书认为，学界最终无力解决重大国家安全问题，这在很大程度上是由于从事安全研究的社会科学学者醉心于效仿自然科学的研究方法，而疏于关注真正重要的政策议题。

一、基本观点与分析框架

（一）基本观点

德施通过统计数据与具体案例论证了以下基本观点：自第一次世界大战以来，美国社会科学研究的"相关性问题"（relevant question）[3]在和平时期尤为凸显，学术研究与政策界的需求相去甚远，时常陷入无关宏旨的境地；而在以战争为代表的危机时期，学界与政界的沟通则较为顺畅，学者因"聚旗效应"[4]而更愿意参与国家安全政策讨论，符合严谨性标准的学术研究因而能有效地发挥政策影响力，此时的相关性问题会得以缓解。

德施认为，相关性问题反复出现的关键原因在于学术严谨性与政策相关性之间存在难以弥合的鸿沟，而学者始终对平衡严谨性与相关性抱有过度乐观的心态；当二者注定出现矛盾、无法调和之时，学者往往选择牺牲相关性而保全严谨性，这既是社会科学学科专业化的必然结果，也是学者为避免政治争议而作出的自我选择。[5]久而久之，学术界偏安一隅，无视对现实政治有重要影响的大战略等

1　Michael Desch, *Cult of the Irrelevant: The Waning Influence of Social Science on National Security*, Princeton: Princeton University Press, 2019.

2　参见https://politicalscience.nd.edu/people/michael-c-desch, 2023-06-10; Desch, *Cult of the Irrelevant*。

3　需要说明的是，书中的"相关性"（relevance）并不是指统计意义上的相关性（correlation），即不是指一个变量随另一个变量发生或正向或负向的变化情况，而是用来描述学术研究与政策实践的关联情况，即学术研究是否关切政治现实。"relevant"一词包含"相关的""有意义的""切题的"等多个含义。作者将"relevant/relevance"作为核心分析概念，发挥出了一语多关的效用。书中所指的美国社会科学（尤其是国家安全、国际关系等政治学学科）的"相关性问题"包含了学术研究与政策的相关性、学术研究探讨的议题是否重要，以及学术研究对政策是否发挥作用等多重维度。"relevant"释义可参见《牛津高阶英汉双解词典》，北京：商务印书馆，2009年版，第1679页。

4　"聚旗效应"（rally-around the flag effect）一般指国内民众因外部威胁而普遍抛弃思想上的差异，愿意被动员起来为抵抗外部威胁贡献力量。

5　Desch, *Cult of the Irrelevant*, pp. 68-89.

"大问题"，而热衷于用繁难的方法研究无关紧要的"小问题"。作者亦指出，学术界越来越将严谨性等同于方法的复杂性，认为只有定量研究才称得上严谨。具体而言，美国国家安全研究的发展趋势是不断向自然科学（以及社会科学中最类似自然科学的经济学）靠拢，[1] 这意味着学术研究推崇"形式模型"[2] 等科学化的研究手段，并将此作为学术严谨性的评价标准。如此一来学者对研究方法的追求掩盖了对真正重要问题的关注，而曾经在两次世界大战等危机时期发挥了重要作用的区域国别研究等传统方法则越来越不受重视。该书认为，在定量方法论支配了国际关系研究后，时常出现看似颇具学术严谨性的观点在解决实际问题中力有不逮的情况，这无益于国家安全问题的解决。

德施进而剖析了相关性问题经久难解的原因。第一，从事基础研究的学者相信学术研究存在"涓滴效应"，[3] 即基础研究将自然而然地渗透给政策制定者，并成为有用的、有意义的知识，而学者无须付出额外的努力。[4] 这一假定令学者心安理得地从事以学术严谨性为特征的基础研究，而放弃研究更具政策相关性的议题。第二，美国政策界没有为学术参与打造良好的渠道。一方面，政府官员总是怀有偏见地对待学术思想，倾向于聆听支持自己政策主张的学者的意见，并和与自己的部门有共同利益的学者合作；[5] 另一方面，政策界更看重自然科学研究对国家的贡献，在机制层面缺乏对社会科学的支持。作者在书中详述了国家科学基金支持社会科学研究的艰难过程，并指出，即使在终于决定资助社会科学后，国家科学基金依旧仅愿意为社会科学中的基础研究而非应用研究提供资金支持。[6] 第三，作者也承认国家安全现实议题是混乱复杂的，一项政策失败的原因不仅在于学者对政策相关性的回避，信息隔膜、情势变化以及政治偏好差异等原因都在客观上导致相关性问题无法彻底解决。[7]

作者还发现，即使在学者和政策制定者都努力改善政学关系的情况下，相关性与严谨性之间的紧张关系仍持续存在于国家安全领域。在此基础上，德施为未

1　Desch, *Cult of the Irrelevant*, pp. 24-26, 248.

2　"形式模型"一般指基于数学分析方法的具有较高程度可靠性和严谨性的模型。

3　"涓滴效应"（trickle down），还被译作"下渗效应""利益均沾论"等。这一概念本是经济学中的术语，指的是财富在经济系统中最初被富有阶层拥有，然后通过投资、创造就业机会和促进经济增长等方式逐渐向低收入阶层传递，最终惠及整个社会。政治学者借用了这一概念，用来为基础研究辩护，认为基础研究的有益影响可以自然地渗透到现实政治中，帮助解决现实问题；但批评者常指出，"涓滴效应"并不显著，现实中的政策制定者很少主动使用基础研究的学术成果。

4　Desch, *Cult of the Irrelevant*, pp. 4, 33-41.

5　Desch, *Cult of the Irrelevant*, pp. 85, 198; Peter Dombrowski, "Review of the Book *Cult of the Irrelevant: The Waning Influence of Social Science on National Security*, by Michael Desch," *Texas National Security Review*, August 2019, https://tnsr.org/roundtable/book-review-roundtable-cult-of-the-irrelevant, 2023-07-01.

6　Desch, *Cult of the Irrelevant*, pp. 71, 137.

7　Desch, *Cult of the Irrelevant*, pp. 205-207.

来的社会科学学术研究提出忠告：当学者无法兼顾相关性与严谨性时，相关性是不能被放弃的准则，因为正是相关性彰显着社会科学的现实价值。

（二）分析框架

作为一部思想史著作，《舍本逐末》运用了大量的一手资料与二手文献，以史论结合的方式安排全书的内容。第一章开宗明义地对时下的学术研究现状进行深刻反思，发现政治科学学术界与政策界在危机时期关系亲密而在和平时期关系疏远，且在总体趋势上越来越走向无关宏旨的境地，由此引出全书对相关性问题的分析。第二章至第八章是文章的主体部分，作者按时间顺序梳理了从第一次世界大战至21世纪初，政治科学在国家安全问题上的发展脉络。第二章探讨了第一次世界大战及"两战之间"不同的政学界互动模式，以及学界对解决相关性问题的普遍乐观态度。第三章回顾了第二次世界大战期间社会科学为战争作出的贡献及其反馈，通过战略情报局等案例指出区域国别研究对战略规划和军事行动的帮助，并强调方法论至上的学科专业化动态会令学术研究与实际事务脱节。第四章叙述了冷战初期学界为解决相关性问题而作出的种种尝试，比如"行为主义革命"与"政策科学"运动，但这些尝试最终都归于失败。第五章描绘了冷战期间社会科学的发展状况，以及不同机构的决策者期望社会科学发挥作用的努力。第六章与第七章详述了将社会科学学术知识运用于国家安全政策领域的两个案例，前者聚焦于美国核战略，后者聚焦于越南战争与反暴乱。这两个案例得出了相似的结论，即社会科学的相关性问题在外部威胁降低时再度凸显。第八章讲述了越战之后政治科学如何按照自然科学的研究方式推进学科专业化，以及这一时期的国家安全政策制定者如何应用社会科学。第九章除总结全书外，还回应了对该书的若干批评意见，并对未来的社会科学学术研究提出了具体详细的建议。

该书结构完整，各章主题清晰。每一章既可以作为独立的分阶段学科史来研读，又因"相关性"这个共同的核心线索而紧密相连，一同构成了探讨相关性问题的完整图谱。

二、特色与贡献

（一）视角独到

为了剖析如何有效调动智识资源解决美国国家安全问题，德施选择以"相关性"一词为全书的核心分析概念，并自称受到了历史学家彼得·诺维克（Peter Novick）史学史叙述方式的启发。诺维克以"客观性"（objectivity）这个核心概念的消长来讲述历史学的学科故事，而德施则以"相关性"为切入点来反映以国际关系为代表的美国政治科学的整体变迁历程，以及这门学科与社会其他方面的种种联系。[1]在政治学的论著中，选用一个词为核心研究概念并不是常见的写法，作者完成了一次兼具意趣与意义的尝试。

作者敏锐地捕捉到"相关性"对社会科学（尤其是政治科学）的核心分析作用，不过正如本文第一部分所述，反映政策相关性和学术严谨性的关系是本书的重点。相关性其实是在与严谨性的互动中突出出来的，因而本书实际上拥有相关性和严谨性一明一暗两条线索，二者相互呼应，彼此补充。需要注意的是，虽然认为日益严峻的相关性问题是政治科学走向舍本逐末的原因，但是这并不意味着作者一概而论地反对学术严谨性，他反对的是将严谨性等同于排他性地使用定量方法。由于以抽象复杂的定量方法论来定义严谨性恰恰是20世纪中叶以来美国学界流行的做法，作者在回顾这段学术历史时，看上去似乎始终在强调相关性而排斥严谨性。[2]实际上，作者对相关性与严谨性的分析与评价是基于特定的背景和语境，这也正是该书思辨性的体现。

以此独特的视角为出发点，该书运用丰富的案例描绘相关性问题的细节，大量篇幅围绕着为政策作出实实在在贡献的学者展开，作者细致地评述了他们对政策的影响。这些学者包括麻省理工学院政治系的首任系主任伊锡尔·德·索拉·普尔（Ithiel de Sola Pool）、政治科学家阿尔伯特·沃尔斯泰特（Albert Wohlstetter）和威廉·考夫曼（William Kaufman）等人。[3]全书为读者构筑出了一幅生动全面的学科人物图景，具备很强的综合性与可读性。

（二）论述严谨

《舍本逐末》上溯至第一次世界大战，下迄后"9·11"反恐战争时期，在时间维度上力求广博与完整，讨论了近百年来社会科学在美国国家安全问题上的表现。完成这种全局式的讨论需要清晰的写作脉络和论证思路，作者在此方面展现了成熟的写作与研究能力，不仅对不同时代的政学关系特色作了精准的归纳与分析，也为书中的主要论点提出了有力的论据支持。比如在论述"相关性问题在危机时期缓解，在和平时期凸显"这个核心观点时，德施仔细回顾了社会科学专业化以来，每一次外部环境变动对政学关系的影响，运用以小见大的写作方法，通过聚焦于智库、大学的研究中心与联邦资助的各类项目来反映相关性与严谨性关系的变化规律。又如在解释学者为何会纷纷选择严谨性而非相关性时，作者没有满足于给出单一的解释，而是深入剖析了多个层次、多个主体的因素，既从宏观层次上描绘了国会、行政部门与各军种对此问题的态度，也从微观层次上刻画了

---

1 Desch, *Cult of the Irrelevant*, p. 9.

2 Desch, *Cult of the Irrelevant*, p. 18.

3 本书考察了普尔为融合学术严谨性与相关性的各种艰难尝试；深入评析了沃尔斯泰特和考夫曼这些学术战略家对美国核战略的塑造作用，还论及了他们对"涓滴效应"的怀疑。参见 Desch, *Cult of the Irrelevant*, pp. 150-175。

某个学校、系所与学者更具个性的想法。

在资料运用方面，除了考察有关美国政学关系的已有研究外，本书还使用了大量的一手材料，包括国会记录、私人档案与直接采访等。资料的丰富性令作者得以自主从容地展开论述，并在必要时挑战学界传统的思维定式。比如在探讨托马斯·谢林（Thomas Schelling）和伯纳德·布罗迪（Bernard Brodie）等军事战略家对美国政策的影响时，作者就没有服膺于主流学术观点，而是提出了富有新意和反思性的看法。作者参考了谢林与布罗迪的著述、通信和行程等资料，详述了在面临严谨性与相关性之间的张力时，这两位学者所持的复杂态度。德施承认谢林在科学战略家中的卓越地位，尤其肯定了谢林学术生涯初期对理论与政策的良好结合，但认为谢林最终还是放弃了政策相关性，其推崇的"讨价还价模型"逐渐偏离了政策界的真实需要。他将谢林的这一转变过程形容为"经济学家谢林战胜了政策分析家谢林"。[1]反观布罗迪的思维轨迹则恰好与谢林相反。布罗迪在职业初期对运用科学化的经济学模型解决国家安全问题充满信心与激情，但是很快便发现，现实政治中的许多问题都无法被简单地量化，甚至需要加入主观价值判断。因此，布罗迪后来不再满足于纯粹的定量方法，而是以更综合的思路考虑国家安全问题。[2]由此，作者判定更准确地把握了核革命实质的学者应属在理论和方法论上都更折中多元的布罗迪，而非更具盛名的谢林。从中我们可以看出，得益于出色的资料收集与整合能力，作者不仅有理有据地证明了自己的观点，而且还原了更为立体的学者形象。

（三）意义深远

全书尝试从两个方面对"国际关系、国家安全等学科在专业化的过程中应如何才能为政策制定者提供有益的智识贡献"这一核心问题展开思考。第一，作者明确指出了社会科学与政治现实脱节的问题。政策制定者囿于自身知识与经验的有限性，不得不在具体议题上仰赖学者提供专业知识，但是政学界时常无法有效沟通，阻碍了学界发挥建言献策的作用。作者指出，弥合政学界的鸿沟绝非易事，双方需要积极接触、增进了解，并在政治实践的紧迫性和学术研究的严谨性中找寻微妙的平衡。学者应确保自己的研究是恰切可行的，同时，政策制定者也应真诚客观地考察学术思想，不能仅因为一种学术研究恰好符合自己的政策主张就贸然推行。

没有群体生活在政治的真空中，社会科学学术与现实政治的关系尤为密切，社会学家马克斯·韦伯（Max Weber）对学术与政治的关系作出过振聋发聩的阐

---

1 Desch, *Cult of the Irrelevant*, p. 164.

2 Desch, *Cult of the Irrelevant*, p. 131.

述，他既倡导学术研究价值中立，又反对学者在书斋中说教。[1]德施批判性地继承了韦伯对政治参与和学术研究的关注和思考，他希望以此书召唤更多的学者承担起参与现实政治的责任，运用自身的研究专长为政策界贡献有益的智识力量。

第二，本书对国际关系、国家安全及相关学科的学科定位与发展方向给出建议。作者极富洞见地指出，意图良好的学术思想可能会带来事与愿违的政策结果，即仅有为现实政治服务的良好意愿尚不足够，还需要合理恰当的实现方式。这一观点颇具启发性，作者认为在20世纪50—60年代经历了"行为主义革命"等方法论变革后，美国政治科学学界出现了回避"大问题"、主张方法论至上的倾向，具体表现为定量研究占据了绝对优势地位，传统的以历史、语言、文化和战略思想为主导的研究方法被不断边缘化。针对这一状况，国际关系学界展开了关于方法论的学术大辩论，使用传统定性研究方法的学者对量化模型的批评集中于两点，一是运用最烦琐的方法说明最简单的道理，二是难以将现实世界的众多因素准确地纳入其中。[2]

以这一方法论大辩论为背景再读《舍本逐末》，会对该书有更深刻的理解。定量研究因数据模型的客观性和精确性带给学者巨大的安全感，但这种安全感很可能是虚幻的，是以牺牲问题意识和宏观视野为代价的。正如布罗迪所言，"优雅简明的方法即使在与重要问题无关或不适用的情况下也具有惊人的诱惑力"。[3]该书尝试从学界对国家安全影响日渐式微这一角度介入讨论，说明如果持续盲目地崇尚定量方法，社会科学研究就会越来越没有意义，以此驳斥学界的"定量霸权"思维。事实上，该书本身就可以被视作一个反对定量霸权的例证。德施通过适当的统计数据与翔实的历史论述，将定量方法与定性方法优雅地结合，出色地证明了不过度依赖定量方法论依旧可以生产出优秀的学术作品。

在涉及国家安全政策的问题上，作者重视长期积累得来的经验与技能，如历史、语言乃至学者在海外的生活经历，这些无可替代、不易获得的知识和经历是学者真正宝贵的资源，也是保证对外政策平稳运转的关键。书中作者的这一观点深刻启发了国际关系及相关学科：学科专业化的过程不应以放弃承认人类社会的复杂性为代价。书中详述的越南战争等案例充分反映出普遍主义的局限，因此，

---

1 马克斯·韦伯：《学术与政治：韦伯的两篇演说》，钱永祥等译，北京：生活·读书·新知三联书店，2019年版。

2 Robert Jervis, "Realism, Game Theory, and Cooperation," *World Politics*, Vol. 40, No. 3, 1988, pp. 317-349; Stephen Walt, "Rigor or Rigor Motis? Rational Choice and Security Studies," *International Security*, Vol. 23, No. 4, 1999, pp. 5-48.

3 Bernard Brodie, "Why Were We So (Strategically) Wrong?" *Foreign Policy*, No. 5, Winter, 1971/1972, p. 156.

该书鼓励学者在追求普遍性时仍对特殊性予以重视，认为运用基于历史与文化之上的经验和技能，敢于抓大放小，有所取舍，才能产出更具实际意义和价值的理论成果。

三、对书中潜在不足的思考

（一）逻辑层面

对该书最为尖锐的批评是指责作者将严谨性与相关性置于对立状态的理由不够充分。有学者认为，基于严谨、科学的量化研究方法的学术研究也可以是由"现实政治问题驱动的"，不能仅因使用了定量方法就判定某项研究缺乏政策相关性，亦不能仅因使用了定性方法就认为某项研究必然具备政策相关性。作者对这一问题的忽略令该书核心论点的逻辑链条有所欠缺。[1] 此外，作者将"学术严谨性"等同于在研究方法论上使用定量模型，这种界定方法本身存在问题。国际关系学者赫德利・布尔（Hedley Bull）在近半个世纪之前就曾明确地指出过，定性研究同样可以展示出高度的学术严谨性，严谨性与相关性之间没有必然的对立关系。[2] 在这个意义上，书中所批判的"学术研究为了追求严谨性而放弃相关性"的问题就在很大程度上得到了解决。最后，亦有学者批评该书对相关性问题的探讨仅局限在武力使用和战争方面，忽略了国际关系的其他议题，而那些被忽略的侧面并不能支持作者的论点。[3]

实际上，德施在书中对上述质疑或多或少有所回应，但是着墨不足，并不能令批评者满意。不过，如果将美国政治学界的现状作为思考的背景，似可以窥见作者如此行文背后的逻辑：由于运用科学方法的基础研究在学界地位居高不下且继续呈上升之势，德施希望用一种看似"矫枉过正"的方式来撼动定量研究霸权；作者并非不承认定量研究有可取之处，但既有现实意义又遵循科学方法的研究终究是美国政治学界中的少数。而且德施明确指出，美国学界相关性问题的症结不是学者过度地置身于政治当中，反而是多数学者都选择与政治保持距离以避免争议，用看似客观的、排除价值判断的定量方法进行学术研究。[4] 为了改善定量研究

1　Jonathan Schulman, "Review of the Book *Cult of the Irrelevant: The Waning Influence of Social Science on National Security*," by Michael Desch," *H-Diplo, H-Net Reviews*, August, 2019, https://networks.h-net.org/node/28443/reviews/4433817/schulman-desch-cult-irrelevant-waning-influence-social-science, 2023-06-20.

2　Hedley Bull, "International Theory: The Case for a Classical Approach," *World Politics*, Vol. 18, No. 3, 1966, p. 375.

3　Muhammad Faisal, "Review of the Book *Cult of the Irrelevant: The Waning Influence of Social Science on National Security*, by Michael Desch," *Strategic Studies*, Vol. 39, No. 3, Autumn 2019, pp. 111-114.

4　Desch, *Cult of the Irrelevant*, p. 197.

占压倒性优势的现状，只有大声疾呼、力陈其弊才能唤起美国社会科学学界对这个问题的重视。因此，从这个角度而言，逻辑层面的缺陷并不会强烈地动摇作者的立论基础。德施之所以忽视自己逻辑链条中明显缺失的一环（即"严谨性和相关性存在相容的可能"），而反复强调"严谨性与相关性之间存在张力"，在很大程度上可被视为一种策略性行为，以此为裹挟于国际关系科学化的浪潮中的定性研究保留一席之地。

（二）经验层面

本书在经验层面的不足在于忽略了学术研究提供相关性的其他形式。例如，很多学者认为，学术研究可以通过军方通道影响政策，有学术背景的军方决策者可以直接参与国家安全政策制定，军队内部经常开展的学术项目也令学界与政界的沟通渠道相对畅通。[1]此外，还有学者直截了当地指出美国的政学互动关系并不像德施描绘的那样令人担忧。一方面，政策制定者会从多种渠道听取政治学者的意见，比如斯蒂芬·克拉斯纳（Stephen Krasner）、柯庆生（Thomas Christensen）等学者在政策界颇有影响力；[2]另一方面，学界的理论成果也不时被政策制定者参考借鉴，尽管决策者并不一定直接使用结构现实主义等国际关系的宏大理论，但对外政策等"中层理论"（mid-level theories）经常为决策者解决现实问题提供思维框架。[3]

可以看出，该书的批评者认为，政界和学界的联系并没有完全割裂，双方保留了多条沟通渠道和路径。不过，从德施选取的材料与指标上看，美国学界确实在逐渐走向方法论至上、脱离政策现实的境地（至少显示出了这种趋势）。对相关性问题严重程度的不同认知，反映出不同学者在看待这一问题时的侧重点不同，并在对学术研究前景的乐观程度方面存在着差异。因此，如果将该书视作德施在为美国社会科学学术研究敲响警钟，视作在定量霸权时代对多元方法论的倡议，则能避免陷入因在经验层面缺乏共识而无法对话的情况。

---

1 Paula G. Thornhill, "Review of the Book *Cult of the Irrelevant: The Waning Influence of Social Science on National Security*, by Michael Desch," *Joint Force Quarterly* 102, 3rd Quarter 2021, pp. 96-97; 美国军队内部的学术项目包括"空军参谋长博士项目"（Chief of Staff of the Air Force Captains Prestigious PhD Program）等，参见Schulman, "Review of the Book *Cult of the Irrelevant*."

2 Bridget Coggins, "Review of the Book *Cult of the Irrelevant: The Waning Influence of Social Science on National Security*, by Michael Desch," *Texas National Security Review*, August 2019, https://tnsr.org/roundtable/book-review-roundtable-cult-of-the-irrelevant, 2023-07-01.

3 Dombrowski, "Review of the Book *Cult of the Irrelevant*."

四、小结

《舍本逐末》一书梳理了一战以来美国政治科学相关学科的发展脉络，考察了国际关系学界面临的平衡政策相关性与学术严谨性的难题，并发现由于逐渐屈从于定量方法论，国家安全方面的学术研究正变得越来越舍本逐末。全书以"相关性"一词为核心线索分析国际关系的政学互动，视角独特，意蕴丰富，翔实可考的材料和严密细致的论述令本书兼备理论意义与现实价值。

"文章合为时而著，歌诗合为事而作。"在保持政策相关性的愿景上，古今中外都是相通的。这一愿景的实现有赖一代又一代学者的努力，他们不仅需要抵御参与现实政治后偏袒特定政策研究的冲动，亦需要抗拒带来虚幻安全感的科学方法的诱惑。在国际环境不断变化的当下，希望引介该书可以为国内国际关系学界突破既有范式、贡献智识力量带来些许思考与启发。